포용적 세계화로 이끌어 나가는

'일대일로, 건설

本書受到"中華社會科學基金Chinese Fund for the Humanities and Social Sciences 資助"
(18WGJ002)
이 도서는 중국 정부의 중화학술번역사업에 선정되어 중국사회과학기금(Chinese Fund for
the Humanities and Social Sciences)의 지원을 받아 번역 출판되었습니다.(18WGJ002)

포용적 세계화로 이끌어 나가는

'일대일로, 건설'

류위동劉衛東 지음

류우劉宇 · 강보유姜寶有 · 이중희李重熙 옮김

일대일로는 경제 세계화를 심화시키는 중요한 프레임이며, 기존의 경제 세계화를 단순히 이어가는 것이 아닌 새로운 세계화의 표현 방식이다. 또한 실크로드의 문화적 정신을 내포하고 있는 것이 특징이다. 간단하게 말하면, 일대일로는 포용적인 세계화의 표현이라고 할 수 있다.

學古房

2017년 5월 14일~15일 중국은 '일대일로' 국제협력 정상 포럼을 성공적으로 개최하였다. 110여 개 국가 및 70개 국제기구에서 1,500여 명의 내빈이 참석하였다. 그 가운데에는 외국 정상과 정부 수뇌부 29명, 장관급 이상의 고위급 관료 100여 명, 60개 국제기구의 대표가 포함되었다. 이번 포럼은 1949년 이래 중국에서 개최된 포럼 가운데 최대 규모이자 최고위급의 외교 활동으로, '일대일로' 건설을 새로운 단계로 격상시키는 계기가 되었다. 정상 포럼 기간 개최된 원탁회의에서는 30여 개 국가의 지도자와 유엔UN, 세계은행World Bank, 국제통화기금IMF의 책임자들이 모여 〈'일대일로' 국제협력 정상 포럼 원탁회의 공동성명〉(이하 약칭 〈공동성명〉)에 합의했다. 〈공동성명〉에서는 "'일대일로' 이니셔티브가 각국의 협력을 강화하고, 세계적 위기에 공동으로 대응하는 데 중요한 기회를 제공하며, 개방과 포용·호혜의 세계화를 촉진하는 데 큰 도움이 될 것이다."라고 표명하였다.

정상 포럼에서 많은 국가 정상들은 연설에서 '일대일로' 건설은 강한 포용성을 갖고 있으며 더 많은 지역이 '일대일로' 건설을 통해 세계화의 혜택을 받게 될 것이라고 언급했다. 예를 들어 파키스탄의 셰리프Mian Muhammad Nawaz Sharif 총리는 '일대일로' 이니셔티브가 강한 문화적 다양성과 포용성이 있으며 세계화의 주변부에 있는 사람들에게 발전의 기회를 제공했다고 말했으며, 도미니크 드 빌팽

Dominique de Villepin 프랑스 전 총리는 '일대일로' 건설은 고금을 통틀어 미래로 향하는 다리이며, 발전 과정에서 '한 사람도 뒤떨어지지 않게 한다'는 것이 목적이라고 하였다. 칠레의 미첼 바첼레트Michelle Bachelet 대통령, 터키 레제프 에르도안Recep Tayyip Erdogan 대통령, 체코 밀로시 제만Milos Zeman 대통령, 에티오피아 물라투 테쇼메Mulatu Teshome 대통령 등도 이와 같은 기대감을 나타냈다. 유엔 사무총장 안토니우 구테흐스António Guterres는 정상 포럼을 앞두고 CCTV와의 인터뷰에서 "'일대일로'는 세계를 하나로 통합하는 매우 중요한 이니셔티브로서, 세계화를 더욱 공정한 방향으로 발전시킬 수 있을 것이다."라고 말했다. 〈공동성명〉에서는 '자유롭고 포용적인 무역'의 촉진이 채택됨으로써, '포용적 세계화' 추진이 이번 포럼에서 각국 정상들이 합의한 중요한 공감대 중의 하나라고 할 수 있다.

경제 세계화는 지난 30~40년간 세계 경제 발전과 구도를 바꾼 주요 메커니즘으로 세계 경제의 전반적인 성장을 이끌었으나, 심각한 불균형과 사회 양극화 문제를 초래하였다. 경제 세계화는 시장의 역량, 기술의 진보 및 제도적 요인이 맞물려 생긴 역사적 현상이며, 그 뿌리는 신자유주의 사상에 있다. 현재 점점 더 많은 정치인과 학자들이 신자유주의 기치 아래에서의 경제 세계화의 한계와 경제 세계화가 지속 가능한 발전에 미치는 폐해를 우려하여 새로운 형태의 세계화의 필요성을 주장하고 있다. 이런 상황에서 '실크로드 정신'에 기반한 '일대일로' 공동 건설 제안은 경제 세계화의 메커니즘 개혁과 지속적인 발전을 위해 새로운 아이디어를 제공한 것이며, 이는 포용적 세계화를 이끌어 나아갈 수 있는 동력이 될 것이다. '포용적 세계화'는 신자유주의의 세계화를 겨냥한 것이며, 세계 경제 거버넌스의 새로운 사고이자 새로운 패러다임이다. 이 책은 여러 곳에서 이 개념에 대해 설명을 하였으므로 여기서는 더 이상 언급하지 않겠다.

'포용적 세계화'는 필자가 2015년 5월에 발표한 〈'일대일로' 전략의 과학적 함의와 문제〉(이 책에도 실려 있다)라는 논문에서 제기한 이론적 개념이다. '일대일로'는 …… 경제 세계화를 심화시키는 중요한 프레임이며, …… 기존의 경제 세계화를 단순히 이어가는 것이 아닌 새로운 세계화의 표현 방식이다. 또한 '실크로드'의 문화적 정신을 내포하고 있는 것이 특징이다. 간단하게 말하면 '일대일로'는 포용적인 세계화의 표현이라고 할 수 있다. 2016년 1월, 《國家行政學院學報국가행정학원학보》의 요청으로 기고한 〈'일대일로' 전략에 대한 오해에 관하여〉라는 논문에서, 필자는 '일대일로'는 포용적 세계화의 제안이며 포용적 세계화의 새 시대를 열어갈 것이라고 밝힌 바 있다. 2016년 11월 《Area Development and Policy》에서 Michael Dunford와 공동으로 발표한 논문 〈Inclusive Globalization: Unpacking China's Belt and Road Initiative〉에서도 '일대일로' 이니셔티브는 포용적인 세계화를 의미한다고 거듭 논술하였다. 2017년 4월 《中國科學院院刊중국과학원학보》의 '일대일로' 연구특집에 〈"一帶一路": 引領包容性全球化포용적 세계화로 이끌어 나가는 '일대일로' 건설〉라는 논문을 발표하였다. 이외에도 2017년 1월에 출판한 《'일대일로' 전략 연구》에서도 포용적 세계화의 이념과 함의를 설명했다. 수십 차례의 국내외 학술세미나와 수많은 언론 기자들과의 인터뷰에서 필자는 '포용적 세계화'의 이념을 거듭 천명하였다. 한 가지 반가운 일은 포용적 세계화라는 개념이 점점 더 많은 학자들의 공감을 받고 있다는 사실이다. 특히 십여 차례에 걸쳐 외국의 학자 및 관료들에게 '일대일로' 이니셔티브를 설명한 결과 포용적 세계화라는 개념이 이들로 하여금 '일대일로'의 정수를 쉽게 이해하는 데 큰 도움이 되었음을 알 수 있었다.

물론 '포용적 세계화'는 새로운 이론 개념인 만큼 학계가 공동으로 심도 있는 논의를 통해 이론적인 함의를 보완해야 할 필요가 있다. 이를 위해 중국 최대의 출판사인 상무인서관商務印書館의 도움으로 필자는 지난 3년간 '일대일로' 및 '포용적 세계화'에 관련된 저서 일부와 학술 논문, 그리고 언론사 인터뷰 등을 책으로 묶어 독자 여러분의 고견을 듣고자 한다. 이 자료집이 향후 이루어질 연구의 방향을 제시할 수 있기를 기대한다.

'일대일로' 건설의 국제적 영향력이나 발전성과에 비해 관련 학술 연구는 부족한 실정이다. 실천이 학술 연구와 이론 연구를 앞선 셈이다. 한편으로는 '일대일로'에 대한 학술계의 이론적인 합의가 완벽히 이루어지지 않아 국내외에서 다양한 해석이 이루어지고 있는데, 이 중에는 '일대일로' 건설에 대한 곡해와 오해가 존재하며 심지어는 성과를 폄훼하는 상황까지 발생하고 있다. 또 한편으로는 중국은 '일대일로' 주변 국가의 지리적 특성, 사회경제 및 구조, 법과 제도, 비즈니스 환경, 종교 문화 등에 대한 연구가 불충분하여 아직 기업의 '해외 진출'을 뒷받침하지 못하고 있다. 이런 문제들을 해결하려면 학술계의 장기적인 공동 노력이 필요하다. 지난 2016년 8월 17일 중국 중앙 정부에서 열린 '일대일로' 건설 사업 간담회 자리에서 시진핑 국가주석은 필자와 악수를 하면서 "연구를 강화하라"고 당부하였다. 필자는 학술계의 동인들과 함께 '일대일로' 연구를 더욱 폭넓게 진행하고 싶은 마음이다.

류웨이둥劉衛東

2017년 7월 13일

제1장

실크로드와 실크로드 정신

소재를 제공해 주신
범육정范毓婷과 송도宋壽께 감사를 드린다.

'실크로드 경제벨트'와 '21세기 해상 실크로드'는 모두 '실크로드'라는 개념을 사용했다. 이는 '실크로드'라는 다소 역사적 무게감이 있는 학술 명사를 정책 결정의 핵심과 여론의 핵심이 되게 했다. 비록 많은 사람들이 실크로드를 고대의 무역로, 역사 유적, 문물 등 구체적인 역사적 현상으로 보고 있지만, '일대일로'가 실크로드를 사용하는 것은 이러한 구체적인 역사 현상에 있는 것이 아니라 실크로드의 역사·문화적 함의를 사용하거나 '실크로드 정신'을 사용한 것이다. 실크로드 정신이란 바로 '실크로드와 21세기 해상 실크로드 공동 건설 추진에 대한 비전 및 행동'(이하 〈비전과 행동〉으로 약칭)에서 언급한 핵심 이념인 '평화, 발전, 협력, 상생'이다. 또 우리는 실크로드를 중국에 관한 오래된 '전설'처럼 생각하지만, 실제적으로는 유라시아 대륙은 물론 아프리카 여러 나라가 공유하는 하나의 역사문화유산이다. '일대일로'는 '실크로드'라는 역사문화유산 (즉, '실크로드 정신')을 활용해 현시점 연선 국가들과의 경제·무역 협력에 역사적 연원을 제공하고, 참고할 수 있는 협력 정신과 모델을 제공하고 있다.

국경을 넘나드는 장거리 무역은 이미 수천 년 동안 인류 역사에 존재해 왔다. 고대의 장거리 무역 역사는 기원전 3000년경으로 거슬러 올라갈 수 있는데, 주로 메소포타미아와 인더스강 유역에서 진행되었다는 기록이 있다. 이 시기에 거래된 상품은 주로 향료, 방직품, 귀금속 등 고대 사치품들이다. 수많은 고대 국제도시들이 번창해진 것 역시 지역 무역 네트워크에서 핵심 결절점에 위치해 있었기 때문이다. 이들 도시는 향료, 방직품, 보석, 예복 등 사치품을 많이 매매하는 곳으로 주변 지역의 구매 수요를 충족시킬 수 있다. 예를 들어 기원전 2000년경에 키프로스는 파피루스와 양털이 풍부해 지중해 동부 연안 지역과 이집트의 무역 중심지가 되었다. 항해로 유명한 페니키아는 향백나무와 아마포, 염료의 무역을 통해 차츰 지중해의 중심지로 떠올랐다. 유럽과 아시아 대륙을 잇는 실크로드는 고대 국경을 넘나드는 무역과 문화 교류의 대표이자 상징이다. 따라서 '실크로드'는 일정 부분 고대의 '세계화'라고 말할 수 있을 것이다.

'실크로드'는 고대부터 형성되기 시작한 유라시아 대륙 및 북아프리카와 동아프리카를 포함하는 장거리 상업 무역과 문화 교류 노선의 총칭이다. 실크로드가 나타난 것은 고대 중국이 다른 나라, 다른 민족과 물질 문화의 교류를 진행한 결과물로 동·서양 문명 간의 상호 융합의 결과이자, 중화민족의 개척정신으로 일관된 역사 기록이라 할 수 있다. 역사적으로 그것은 동서문화를 연결해 실크로드의 각 민족과 국가의 물질적 생활을 풍부하게 하여, 세계 문명의 흐름을 이끌어왔다. 2,000여 년의 역사를 돌이켜 보면 '실크로드'는 고정된 무역로가 아니라 동서양 간 교류의 '교량'이며, 그 구체적인 노선은 지리적 환경 변화와 정치·종교적 정세의 변화에 따라 끊임없이 변화해왔다. '실크로드'의 개통과 번영은 정치, 경제, 문화 등 여러 측면에서 세계 인구가 가장 밀집한 지역의 경제 발전을 이끌어왔다. 따라서 '실크로드'의 역사는 연선국가 및 여러 민족·지역들 간의 교류사이며, 상품 및 무역 거래, 문화 교류의 역사라고도 할 수 있는데, 노선에 인접해 있는 지역민들 모두가 그 혜택을 받아왔음은 자명한 일이다.

실크로드는 경제와 문화의 발전 토대 위에서 탄생한 것이며, 인류 문명의 고도화된 발전의 결정체이다. 그러므로 연선 각 지역, 각 민족의 경제와 문화 발전은 실크로드 형성의 토대가 되는 것이며, 동·서양 고대 문명의 발전이 없이는 실크로드가 형성될 수 없었을 것이다. 각국의 경제·문화 등 종합적인 고도성장이 실크로드의 발생과 형성에 물질적인 토대를 만들었고, 자연환경과 경제적 차이는 각 지역 사람들 사이에 강력한 물질 및 문화교류의 소망과 수요를 창출하게 된 것이다.

정치적인 요인도 실크로드 발전에 큰 영향을 미쳤다. 중국의 일부 왕조가 실크로드 개척에 능동적인 정책과 조치를 시행하였고, 연선의 여러 강대국들의 흥성과 발전도 실크로드의 형성과 원활한 발전에 중요한 역할을 했다. 이 가운데 전한前漢 시기 장건張騫은 두 차례 서역으로 출사하였고, 후한後漢 시기 반초班超, 반용班勇 부자의 서역西域 및 중앙아시아, 서아시아 진출, 북위北魏 시기 한양피韓羊皮 등 사신을 여러 차례 중앙아시아, 페르시아 등의 지역에 파견, 수-당隋唐 시기에 서역, 중앙아시아와 서아시아에서의 활동 등은 모두 실크로드의 개척과 원활한 소통에 중요한 역할을 하였다.

기술의 발전도 실크로드의 발전과 변천에 있어 중요한 요인이기도 했다. 조선기술과 항해기술이 발전함에 따라 해운의 안전성과 운송비가 크게 개선되면서 해상 운송이 국가 간 무역의 주요 방식이 되었다. 남송南宋이 동남쪽에 있는 항주杭州에 수도를 정한 후 고대 중국의 경제, 산업, 문화의 중심축이 연해 지역으로 옮겨지게 되어 해운기술의 발전을 추진함과 동시에 해상 실크로드도 점차 번성하기 시작했다. 정화鄭和의 대항해는 해상 실크로드 번영의 징표이다. 해상 실크로드를 중심으로 한 무역의 발달은 낙타를 타고 사막을 건너던 육상 실크로드 시대를 훨씬 뛰어넘었다.

1. '실크로드'의 기원

13세기 말, 마르코폴로Marco Polo의 《동방견문록》은 유럽에서 출판되자마자, 유럽인들의 중국과 동양 신화에 대한 동경을 불러일으켰다. '사제왕 요한의 전설'을 찾는 선교사들의 중국 관련 저술이 쏟아져 나오면서 유럽에서 중국 붐이 일었다. 기원전에 알려진 '세리카 Serica국', '진니China', '모코진니'부터 풍요로운 '도화석', '사제왕 요한의 전설'에 이르기까지 중국과 동양으로의 길을 향한 서양의 열망은 강화되고 있었다. 19세기 실크로드 탐험은 바로 이 열망의 연장이다. 19세기 이전에는 사람들이 동·서양 문화 교류에 대한 인식이 비교적 얕았고, 실크로드가 아시아-유럽의 경제·문화 교류의 대동맥으로서, 중국과 유럽 간의 중요한 교역로라는 성격과 의미에 대한 이해가 비교적 모호하였다. 19세기 이후, 탐험과 고찰을 통해 실크로드의 기본 노선을 그려낼 수 있었다.

'실크로드'라는 용어의 창시자는 근대 독일의 지리학자 페르디난트 폰 리히트호펜Ferdinand von Richthofen(1833~1905)이다. 리히트호펜은 1860년 독일 경제사절단을 따라 극동지역을 방문한 바가 있다. 그는 1868년부터 중국에서 4년 가까이 지질과 지리에 관해 연구 및 답사를 진행했다. 독일로 돌아간 후, 리히트호펜은 베를린 국제지리학회 회장, 베를린대학교 총장, 본대학교University of Bon 지질학 교수, 라이프치히대University of Leipzig 지리학 교수 등을 역임했으며, 인생의 후반기 대부분 시간을 《중국: 나의 여행과 그 연구 성과》(이하《중국》)라는 책을 집필하는 데 할애했다. 35년에 걸쳐 출판된 5권의 대작 중 리히트호펜이 생전에 직접 집필한 것은 1, 2권뿐이며, 나머지 3권은 주로 학생들이 그의 생전 자료를 바탕으로 정리하고 편찬한 것이다. 그는 1877년에 출판된 이 책의 제1권에서 처음으로 Seidenstrasse (독일어: 실크로드)라는 개념을 제시하였다. 이 용어는 그가 근거 없이 생각해 낸 것이 아니라, 그의 교통로를 연구하는 습관과 관련이 있다.

매번 조사를 할 때마다, 그는 물산을 기록하는 것 외에 특히 이 물산들을 운반하는 교통에도 신경을 썼다. 그래서 그는 가는 곳마다 먼저 각 지역의 육로·수상 교통 상황을 서술하고, 교통을 토대로 하여 형성된 도시와 상업적 노선을 기록함으로써 이것이 그의 보고서의 골자가 되었다.

리히트호펜은 중국의 교통망을 기록하고, 중국 역사상의 상거래 무역로를 연구하면서 '비단(세리카)의 나라'에 대한 서양의 기록과 결합하여 실크로드의 역사적 맥락을 점차 보완해 나갔다. 그는 진/한秦漢시기, 중국의 비단이 오늘날의 신강新疆을 거쳐 중앙아시아, 유럽으로 건너갔다는 사실을 발견했다. 당시 유럽 사람들은 '셀(즉 실)'로 비단을 불렀고, 중국을 '세리카', 즉 '비단의 나라'라고 불렀다. 한漢나라가 건국된 후, 특히 장건張騫이 서역을 평정한 후, 서구 문헌에서 '비단'이라는 단어가 등장하는 빈도가 크게 늘었다. 고대 그리스 지리학자 티로스의 마리노스Marinus of Tyre는 유프라테스강Euphrates 나루터를 출발해 동쪽 세리카국으로 가는 무역로를 기록했다. 1~2세기에 살았던 고대 그리스의 지리학자 프톨레마이오스는 이 무역로를 그가 지은 《지리학》에 적었다. 명나라 때 중국으로 건너온 선교사 마테오 리치도 "나도 '비단의 나라'라는 것을 의심하지 않는다."라고 기록하고 있다. 19세기에 이르러 《동방견문록》 연구로 유명한 영국의 지리학자 헨리 율Henry Yule이 《중국으로 가는 길》을 출판하였다. 실크로드라는 용어가 이렇게 생겨났다.

이런 연구를 바탕으로 리히트호펜은 《중국》이라는 책에서 실크로드를 처음 제시했다. 그러나 당시만 해도 이 용어 사용에 신중했다. 왜냐하면, 이것은 그가 제시한 중국에서 독일로 가는 철도 노선(서안에서 출발해 하서회랑 지대를 거쳐 신장 남부까지, 키르기스스탄, 투르크메니스탄, 이란을 거쳐 유럽으로 가는 길)을 입증하기 위한 것이었기 때문이다. 비록 리히트호펜이 다른 무역로와 해상무역의 존재 및 그 중요성을 분명히 인식했음에도 불구하고, 그의 개념에서 '실식로드'는 단지 한漢나라 시기 유라시아의 무역로, 심지어 기원전 128년부터 기원후 150년까지의 유라시아 교통로만을 가리켰다. 이후 독일의 역사학자 알베르트 헤르만A. Hermann은 1910년 출판한 《중국과 시리아 사이의 고대 실크로드》라는 책에서 리히트호펜의 견해를 인용하였다. 1936년, 리히트호펜의 학생인 스벤 헤딘Sven Hedin은 《실크로드》라는 책을 출판했다. 그때부터 '실크로드'라는 용어가 서서히 대중들에게 받아들여지면서 빠르게 전파되기 시작하였다.

19세기 중엽부터 20세기 초까지는 중앙아시아 탐험의 절정기였고, 미국, 유럽 국가들의 거의 모든 동양학자, 지리학자, 고고학자들이 이곳에 몰려들었다. 대표적인 인물로는 스벤 헤딘Sven Hedin, 아우렐 스타인Marc Aurel Stein, 그륀베델A · Grünwedel, 프르제발스키Николай Михайлович Пржевальский, 코즐로프Пётр Кузьмич Козлов가 있었다. 이 시기는 실크로드 연구의 중요한 단계로, 여러 나라 학자들이 처음으로 근대적이고 과학적인 방법으로 실크로드에 대해 깊이 연구하였다. 당시 서구의 탐험가들은 지리적으로 아직 잘 알지 못하는 중앙아시아의 지질, 지형, 수문에 대해 실측한 것 외에도 실크로드에 면해있는 민족, 인종, 문화, 유적, 문화재, 교통로의 변천, 도시의 흥망, 경제와 사회에 대해서도 고찰 및 연구를 하였다. 이는 근대에 이르러 중앙아시아사, 몽골학, 서역사西域史, 둔황학, 중 - 서교통사中 - 西交通史, 서북민족사, 변강사지 등에서 처음으로 이루어진, 대규모의 체계적이며 비교적 과학적인 고찰이라 할 수 있다. 이러한 고찰은 실크로드에 대한 모호한 내용을 여러모로 풍부하게 해 주었고, 실크로드 연구의 방법과 방향에 영향을 미쳤다.

리히트호펜이 처음 사용한 '실크로드'라는 용어는, 스벤 헤딘의 《실크로드》의 여러 번역본을 계기로 독일어에서 점차 세계 각국의 언어로 번역되어, 흔히 영어의 Silk Road나 Silk Route, 프랑스어의 Routes de la Soie, 일본어의 '견도絹道'와 같이 쓰인다. 20세기 초반에 프랑스의 동양 학자 에두아르 샤반Edouard Chavanne은 《서돌궐사료》에서 처음으로 '실크로드'의 개념을 확장하여, 해상무역 부분을 포함시켰다. 그 후 일본학자들과 중국학자들이 그것을 따르기 시작했다. 20세기 후반 '실크로드'는 고대 유라시아 대륙은 물론 북아프리카와 동아프리카까지 이르는 장거리 무역과 문화교류 교통로의 총칭이 되었으며, 동·서양의 경제·문화·정치적 교류의 대명사가 되었다. 실크로드는 중국 고대에 하서회랑, 신장을 거쳐 중앙아시아, 남아시아 각국과 교류하던 것을 연구하는 학술명사로서, 국제 한漢학자들에 의해 널리 사용되었고, 그 내용도 확장되어 중국 서북의 육상 무역로에서 동남쪽의 해상 무역로로 확장되었고, '해상 실크로드', '도자기로드', '향료로드', '찻잎로드' 등의 명사가 파생되었다.

2. '실크로드'의 형성 배경

2.1 장건張騫의 서역 출사가 유발한 한나라와 유럽 각국 무역의 강력한 동기

진나라 말기부터 한나라 초기에 중국 북방의 흉노세력 범위가 지금의 북한 서쪽에서 신강新疆 동쪽까지 확장되어 고비사막 일대를 통제하고, 중국과 유럽의 무역 교통을 차단하며, 빈번하게 만리장성을 넘어 중원지역을 침범하였다. 중국의 전한前漢은 한 문제漢文帝와 한 경제漢景帝가 통치한 이후 국력이 강해지자 한 무제 유철劉徹은 흉노를 물리치기 위해 장건張騫을 불러들여 대월씨를 비롯한 서역 여러 나라와 한나라의 연합을 꾀할 계획이었다. 장건은 서역 각국의 상황을 자세하게 한 무제에게 보고하였고, 이후 한나라는 당초 서역을 통제하여 흉노를 제압하려는 목적에서 "전쟁을 통하지 않고 강역을 만 리로 넓힌다는" 것으로 목적을 변경하였다. 서역과 장안의 교류를 촉진하기 위해 한 무제는 대량의 중소상인을 모집하여, 정부에서 배급한 화물을 이용해 서역 각지를 다니게 하였으며, 더 많은 사람들을 육상 무역 활동에 끌어들였다. 장건의 서역 출사는 대월씨와의 연합이라는 정치적 목적을 달성하지는 못했지만, 그 출사는 하서회랑, 서역, 나아가 중앙아시아에 이르기까지 그 역사적 의의가 크다고 할 수 있다. 그는 한漢 왕조의 시야를 넓혀 전한前漢의 서역으로 가는 무역로 개척과 이에 대한 경영을 촉진시켰다. 실용성과 예술성을 갖춘 비단은 휴대와 원거리 운송이 용이해 장거리 무역으로 수익을 내는 최고의 상품으로 꼽혔다. 당시 중국이 수출한 상품이 비단으로 대표돼 후세에 이르러 '실크로드'로 불리게 되었다.

2.2 연선 각지의 경제문화의 발전은 실크로드 탄생의 기초

실크로드는 근본적으로 하나의 무역로이며, 이 길을 따라 면해있는 각 지역의 경제문화의 발전이 그 형성의 밑거름이 되어 왔다. 이 무역로에 면해있는 지역은 모두 인류 고대문명의 발원지이자 가장 발달된 지역이었다. 서쪽 끝은 인류 문화가 가장 먼저 발달한 지중해 동부 연안 지역이며, 그중의 고대 이집트, 고대 그리스, 메소포타미아

지역은 모두 세계에서 가장 오래된 인류 문명을 보유하고 있으며, 당시 세계에서 가장 발달한 경제·문화를 가지고 있었다. 동쪽 끝은 고대문명이 발달한 중국으로 특히 기원전 수십 세기부터 운반이 쉬운 비단을 생산하였다. 실크로드의 중부지역은 실크로드에서 허브 역할을 하였으며, 고대 페르시아Persian Empire, 그리스 - 박트리아 왕국 Bactriana, 호라즘Khwarezmia 등 서아시아, 중앙아시아의 여러 나라 그리고 고대 인도와 같은 중간지역이 수 만리 실크로드의 중요한 중추가 되었다. 실크로드에 면해 있는 각국의 정치, 경제, 문화의 발전이 실크로드의 발생과 형성에 있어서 전제조건을 마련하게 하였다.

2.3 중국의 고대 소수민족은 실크로드의 원활한 흐름에 동력을 제공

장건張騫이 서역에 파견되기 전에 지금의 간쑤甘肅 하서회랑에서 활동했던 월씨月氏와 우손烏孫은 기원전 201년 경과한 문제漢文帝 중기 두 시기에 천산天山 북쪽기슭에서 일리강Ili River 지역 및 천산 서부지역으로 이동하면서 천산 동부의 물산, 경제 정보를 가져갔다. 흉노는 실크로드 개척에도 중요하고 특수한 역할을 했다. 흉노족이 끊임없이 한나라의 국경을 침범했기 때문에 한나라는 어쩔 수 없이 해마다 흉노에게 비단, 술, 쌀, 음식 등을 주었다. 그러나 유목 생활에서는 비단이 필요하지 않았다. 그들은 중원에서 얻은 비단을 중앙아시아와 이란 지역에 팔아 더 큰 이익을 얻었다. 흉노인들의 실크로드에서의 역할은 그 후 돌궐突厥인에게서도 나타났다. 남북조南北朝 시대 중국 북방민족인 돌궐족의 세력은 매우 강하여, 돌궐 칸突厥可汗이 기회를 틈타 당시 중원 지역에 인접한 두 적대 정권인 북주北周과

북제北齊에게 비단과 목화 등 재물을 약탈하였다. 그러나 비단은 칸과 친족, 소수의 고위 관리들이 사용하는 사치품에 불과했고, 대부분의 비단은 주로 중앙아시아, 페르시아와 기타 지역에 팔았다. 이러한 활동이 중국과 유럽(서역)의 비단 무역활동과 실크로드의 발전에 중요한 보충적인 역할을 했다.

3. '실크로드'의 역사적 변천

　리히트호펜Richthofen이 정의한 대로, 실크로드는 고대 중국의 정치, 경제, 문화 중심지였던 고도古都 장안長安(오늘날의 시안)에서 시작되어, 아시아, 아프리카, 유럽을 연결하였다. 룽산隴山산맥을 넘어 하서회랑 지역을 지나 옥문관玉門關과 양관阳關을 거쳐 신장新疆에 이르고, 오아시스와 파미르고원 기슭지대를 따라 중앙아시아, 서아시아와 북아프리카를 거쳐 아프리카와 유럽(그림 1.1)에 이른다. 일반적으로 육상 실크로드는 북도北道, 중도中道, 남도南道로 나뉘어져 있는데, 역사적으로 실크로드는 엄격히 규정되어 있지 않았고, 3개의 노선은 수많은 간선과 지선으로 이루어져 있었다. 전체적으로 실크로드 발전 과정은 다음과 같은 단계로 나뉜다.

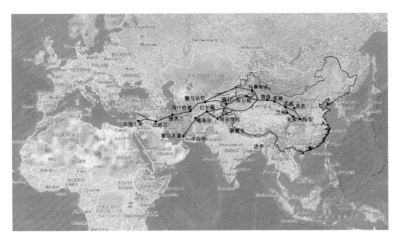

그림 1.1 한나라 시기 실크로드 지도

3.1 전한前漢시대 '실크로드' 개척

전한前漢은 중국과 외국 간 교류의 신기원을 개척하여, 동·서양 사이의 새로운 막을 여는 데 성공하였다. 당시 실크로드는 장안을 시작으로 서쪽으로 무위武威를 거쳐 하서河西회랑을 지나 둔황敦煌에 이르렀다. 옥문관과 양관을 지나 신장으로 들어가 타클라마칸 대사막의 북쪽 끝과 남쪽 끝자락을 따라 두 갈래로 나뉘어 파미르고원에서 합류하고 중앙아시아, 서아시아로 들어가 지중해 동쪽 해안(그림 1.1)에까지 닿는 동안 여러 국가와 민족, 다양한 문화를 넘나든다. 문화는 정신과 물질의 융합으로써, 실크로드 상의 서로 다른 나라, 다른 민족들을 연결시켰다.

실크로드에 있는 중국 및 외국 상인들이 대량의 비단을 유럽 및 서역 각지로 운반하였다. 국가 간의 관계가 좋을 때, 한 나라는 국경 요새에 각 민족이 서로 거래할 수 있도록 전문적인 '관시關市'를 열었다. 한나라가 서역에 관리들을 둔 것을 시작으로 서역 각국은 사절단을 장안에 파견하였다. 한 무제漢武帝는 강력한 국력을 바탕으로 장안에 터를 잡아 육상과 해상에서도 세력을 확장하여 실크로드가 번영의 시대로 접어들기 시작했다. 그 당시 실크로드에는 관료들과 상인들이 오가면서 문화교류와 무역이 중국, 인도, 동남아, 스리랑카, 중동, 아프리카, 유럽 대륙 사이에서 급속도로 발전하였다. 수많은 신기한 물품과 신기술, 개방적인 사상이 유럽, 아시아, 아프리카의 여러 나라로 전파되기 시작했다.

3.2 후한後漢 시기, '실크로드'의 재개

후한 말기에 왕망王莽의 독재로 중국과 서역의 관계가 한동안 중단되었다. 한 애제漢哀帝 이후 중국은 서역에 대한 관리를 포기해, 서역 내부의 각종 분쟁이 끊이지 않았다. 차사국車師國과 흉노 간의 장기적인 전쟁으로 타클라마칸을 출입하는 통로가 거의 막혔다. 그 당시 한나라는 피해를 막기 위해 자주 옥문관玉門關을 닫았다. 여러 가지 원인으로 천산 남쪽 기슭의 교통이 반 이상 정지 상태에 빠졌다. 이 시기의 무역 교류는 분쟁으로 인해 거의 중단됐다.

후한은 수도를 낙양으로 옮겼지만, 여전히 전한 때와 마찬가지로 '경조윤京兆尹'을 장안의 지방 장관으로 파견하여, 장안은 여전히 실크로드를 오고 가는 무역의 중요한 허브로 자리 잡고 있었다. 후한시기에는 반초班超와 반용班勇 부자가 서역에 위세를 떨쳐, 흉노가 차지했던 서역을 탈환하고 서역도호부西域都護府를 다시 설치하여, 하서회랑 지역을 장악하고, 천산天山 남쪽에 진주하였다. 반초는 외교와 무력 수단을 이용하여 50여 개의 도시국가들을 후한에 복속시켰다. 중앙아시아를 안정시킨 후, 실크로드의 교통과 무역은 더욱 번창하였다. 수십 년의 안정된 시기를 거쳐 후한 명제後漢明帝 중엽에 이르러 후한은 흉노인의 위협에 맞서는 물질적인 기반을 탄탄하게 닦아 실크로드의 교통을 회복하였다.

후한 말기부터 남북조 시대의 북주北周가 멸망할 때까지 300년 동안 장안은 예전보다는 번창하지 못했지만, 서역 및 유럽과의 왕래는 중단된 적이 없었다. 동아시아의 한나라, 유럽의 로마, 서아시아의 파르티아, 중앙아시아의 쿠샨제국 등은 그 당시 모두 국력이 강할 때여서, 적극적으로 대외 확장과 교류를 추진하였다.

3.3 위진남북조 시기 '실크로드'의 흥망성쇠

위진 남북조魏晉南北朝시기 통일된 집권 왕조가 무너져 중국 본토는 16개 국으로 나뉘어 혼란스러운 시기가 나타났다. 그러나 서역(지금의 신강 지역을 지칭)과 하서河西, 청해青海 지역이 상대적으로 안정되어 있었고, 정권을 잡은 소수민족들이 대외무역과 교류를 중요시하였기 때문에, 중국의 서부와 중앙아시아, 남아시아 간의 왕래가 끊이지 않았다. 많은 민족들과 문화인들이 전쟁을 피해 하서 지역으로 이주하면서, 하서회랑 지역의 문화가 전례 없이 크게 발전하였다. 오량五涼왕조의 성립으로 많은 인재가 모였으며, 문화수준의 향상과 더불어 많은 지식인들이 외래문화를 받아들이고, 중원 지역으로 외래문화를 전파하는 데 기반을 마련했다.

이 시기에는 이전의 실크로드 노선을 바탕으로 천산 남쪽 기슭인 북쪽에 새로운 길을 개척하였다. 페르시아는 중국의 비단을 도매하는 주요한 허브로 중국과 가장 교류가 많은 나라 중 하나였다. 페르시아 왕은 여러 차례 북위北魏의 평성平城(산시성 다퉁시 동북쪽)과 낙양, 장안에 사절단을 보냈다. 북위의 효문제孝文帝 탁발훙拓跋弘은 한양피韓羊皮를 파견하여, 페르시아 수도 셀레우키아Sel-eukia(이라크 바그다드 서남쪽)를 방문하게 했다. 이 시기에는 비록 나라가 통일되어 있지 않았지만, 전반적으로 실크로드가 교류의 역할을 지속해 왔다. 동진東晉, 오호십육국五胡十六國은 물론 그 후의 남북조南北朝에서도 실크로드를 지나가는 사신들이 끊이지 않았다.

3.4 수/당시대 '실크로드'의 번영

수/당隋唐시기의 실크로드는 한나라 때의 실크로드를 넘어, 전례 없는 번영을 누렸다. 수나라가 남북을 통일하면서 중국의 봉건사회가 전성기에 접어들기 시작했다. 수나라에서는 서역으로의 교통과 실크로드 무역을 기본 국책으로 삼았다. 수 양제隋煬帝는 친히 서북지역을 순방하고, 교통을 방해하는 토곡혼인吐谷渾人들을 정벌하고, 무역박람회를 열어 한때 중-서 교류를 번성하게 하였다. 그 당시 실크로드는 로마 동부, 페르시아, 인도로 통했다. 수나라는 실크로드로 인해 당나라가 전성기를 이룰 수 있는 기초를 닦아놓았다.

당나라는 사회 정세가 안정되고 무역이 번창하였다. 당나라는 돌궐을 물리친 틈을 타서, 서역 전역을 장악하고, 이 무역로를 다시 열었으며, 안서 4진安西四鎭을 서역을 통제하는 기구로 설치했다. 당나라는 옥문관을 새로 보수하고, 다시 실크로드에 면한 여러 관문을 개방하였으며, 천산 북쪽에 있는 실크로드 지선을 다시 만들어, 서부 노선을 중앙아시아까지 통하게 하고, 실크로드의 동쪽 구간을 다시 개방하여, 새로운 지선의 무역로를 많이 개척했다. 당 태종부터 무칙

천武則天에 이르기까지 당나라의 세력이 타림분지의 서쪽에 있는 여러 왕국을 장악하여, 천산 북쪽, 파미르 서쪽 지역 내 각 왕국의 종주국이 되었다(그림 1.2).

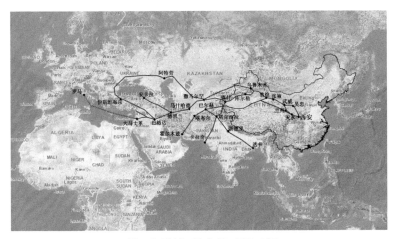

그림 1.2 당/송 시기 실크로드 지도

이 시기에 잠깐이나마 돌궐을 대신하여 몽골 고원을 지배했던 회골인回鶻人(위구르인)이 유목 생활을 포기하고 정착 생활 방식을 선택해, 안정적인 생활을 하기 시작하였다. 당나라와 회골한국回鶻汗國은 관계가 우호적이어서 서역은 전례 없던 안정시기에 접어들었다. 실크로드는 당나라의 이러한 환경 하에서 중-서의 왕래가 원활하였고, 한나라 때보다 무역업이 더 활발해졌으며, 모든 길이 통하는 전성기가 되어 실크로드가 2차 번영기에 접어들었다. 한나라 때의 실크로드와 달리 당나라는 실크로드의 서역과 중앙아시아의 일부 지역을 통제하였으며, 안정적이고 효율적인 통치 질서를 확립하였다.

3.5 당나라 이후 '해상 실크로드'의 번성

당나라 이후 중국 경제의 중심이 남쪽으로 이동하면서 남부 지역의 대외 무역이 상대적으로 증가하였다. 해상무역이 날로 번창하면서 광주廣州와 천주泉州는 점점 남쪽 지역의 경제 대도시로 성장하였다. 또, 안정성 있는 큰 선박과 풍부한 항해 경험으로 인해 안정적이고, 운송비도 저렴한 해상 실크로드가 점점 육상 실크로드를 대체하기 시작했다(그림 1.3). 명나라 때 비록 농업, 수공업이 급속히 발전하고 상품경제가 번성하였지만, 그 당시 서구에서 산업혁명의 붐이 일고 있었다. 명나라는 봉건통치를 공고히 하기 위해 경제와 사회 발전의 조류에 순응하지 않고, 민간의 대외무역을 차단해 실크로드를 통해 행해 왔던 '조공무역'의 독점적 지위를 상실하게 되었다. 청나라 초기 순치제順治帝부터 강희제康熙帝 때에 이르기까지, 이 시기에도 정권을 공고히 하기 위해, 명나라 부흥운동 및 이민족과 왕래하는

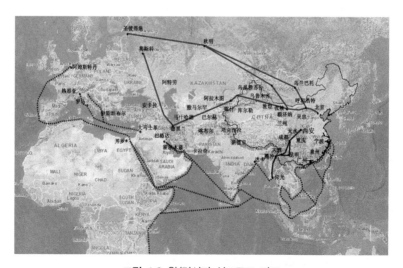

그림 1.3 원/명시기 실크로드 지도

활동 등을 철저히 막았다. 쇄국정책을 실시하면서 실크로드의 대외 무역이 쇠락하기 시작했다.

해상 실크로드는 중국 남동쪽 해안에서 인도차이나 반도와 남중국해의 여러 국가를 거쳐 인도양을 지나 홍해로 들어가 동아프리카와 유럽에 이르러 중국과 외국 간의 무역거래와 문화교류의 해상 대통로大通路가 되었으며, 연선 각국의 공동발전을 추진하였다. 당나라시기에 중국 남동 연해에는 '광저우 통해이도廣州通海夷道'라고 불리는 해상항로가 있었는데 이 항로는 동남아시아, 인도양 북부 여러 나라, 홍해 연안, 동/북아프리카, 페르시아만 연안의 여러 나라로 통했다. 송나라·원나라 시기 중국 조선기술과 항해기술이 크게 향상되고 나침반 기술이 항해에 응용되면서, 선박의 원거리 운행 능력을 대폭 향상시켰다. 이 시기에 중국은 세계 60여 개 나라와 직접적인 해상 무역 거래를 하였으며, 해상 실크로드는 육상 실크로드를 대체해 중국 대외 교류의 중요한 통로가 되었다.

명나라 때 해상 실크로드 항로가 전 세계로 확장되었다. 서쪽으로는 정화鄭和의 일곱 차례 대항해로 만들어진 항로가 있었다. 그것은 명나라 조정이 조직한 대규모 항해활동으로 아시아, 아프리카 39개국에 도착한 적이 있었다. 동쪽으로 '광저우 – 라틴아메리카항로'(1575)는 광저우에서 출발해 마카오를 거쳐 필리핀의 마닐라항으로 간 뒤 산베르나르디노San Bernardino 해협을 거쳐 태평양으로 이동해 멕시코 서해안에 도착했다. 이렇게 한漢나라 때부터 시작된 해상 무역은 당唐, 송宋, 원元을 거쳐 나날이 발전하여 명나라 때에 드디어 전성기에 이르게 되었다. 명·청 두 왕조는 한때 해운 금지 정책을 실시한 바 있다. 그 무렵 광저우는 중국 해상 실크로드의 유일한 대외개방 무역항구가 되어 전례 없는 무역도시로 발전하여, 아편전쟁 전까지 이러한 무역활동은 지속되었다. 아편전쟁 이후 중국은 해상 권리를 많이 상실하여, 연안 항구를 개방하지 않을 수가 없었고, 이런 항구들이 서구에서 상품을 덤핑하는 시장이 되었다. 결국 서구열강들이 중국의 비단, 도자기, 차 등의 수출무역을 점차 독점하게 되어, 이때부터 해상 실크로드는 쇠락기에 접어들게 되었다.

4. '실크로드'의 시사점: '실크로드' 정신

실크로드는 중국 본토와 서역 그리고 중국과 아시아, 아프리카, 유럽 국가들 사이의 정치, 경제, 문화 교류의 교량이자 연결고리이다. 물질적 교류 면에서는 실크로드상의 무역이 번성하여, 중국의 풍부한 물산이 서역, 중앙아시아, 인도, 페르시아, 아랍과 지중해의 유럽 지역으로 끊임없이 전파되었다. 스키타이인, 돌궐인, 회골인回鶻人(위구르인), 아랍인, 페르시아인의 노력으로 정교하고 다양한 비단과 도자기, 찻잎, 종이, 대나무, 생강, 대황 등의 물품이 서역 및 유럽에 수출되었다. 중국 상품의 서역 및 유럽 진출과 동시에 실크로드 무역을 통해 서역 및 유럽 물품들의 대량 유입은 중국의 물질문명을 풍부히 하였다(예를 들면 유목민족의 양, 말 등 가축, 축산 모피, 모 직물, 서아시아의 산호, 비취, 진주와 보석, 유리그릇, 각종 향료, 개자리, 생강, 포도, 석류, 후추, 시금치 등 식물).

문화 교류에 있어서는 불교, 네스토리우스파와 이슬람교 및 관련 예술이 실크로드를 따라 중국에 전래되기 시작했다. 실크로드를 통해 전래된 서역 문명의 영향은 중국 사회문화의 여러 면에서 표현되는데, 음식, 복장, 가옥, 축제, 오락 등 풍습과 음악, 무용, 문학과 예술에 이르기까지 실크로드는 세계 주요 문화 전파의 토대가 되었다. 이 길은 한때 메소포타미아 문명, 이집트 문명, 호라즘 문명, 인더스 문명, 중국 황하 문명 등 많은 고대 문명을 낳았다. 동로마제국, 아랍제국, 인도와 페르시아제국의 과학기술과 지식, 예를 들면 천문학, 의약, 건축기술, 제당기술, 봉합목선縫合木船 기술 등이 중국에 전해져 중국의 과학기술 발전을 촉진하였다. 1세기경 불교가 중국에 전파된 후 중-서 경제·문화 교류가 나날이 밀접해졌으며 이슬람교, 마니교, 네스토리우스파, 조로아스터교, 유대교, 기독교 등 다양한 외국 종교가 중국에 전래되어 중국 사회구조와 사상철학에 커다란 영향을 미치게 되었다.

실크로드가 민족교류와 이에 면한 지역민들 간의 친선을 강화시켰다. 실크로드의 시작과 함께 중국을 포함한 유라시아 대륙에서 민족이동이 일어났으며, 특히 중앙아시아는 예로부터 민족 이동과 융합의 갈림길이었다. 실크로드는 민족 통합과 교류의 통로이자 연결고리가 되었고, 고대 사카족Saka, 흉노, 월씨족月氏族, 스키타이인, 아랍, 돌궐, 페르시아, 토번吐蕃, 토곡혼吐谷渾, 선비鮮卑, 탕구트, 회골回鶻(위구르), 틸레스, 유연柔然, 저족氐族, 강족羌族 등의 활동은 유라시아 대륙의 역사에 많은 영향을 끼쳤다. 그들이 세운 많은 왕국과 그 역사적 유적들은 문명사의 중요한 부분이 되었다. 여러 민족의 문명이 한데 모였기에, 유라시아 내륙지역이 다원화된 사회구조를 가지게 되었고, 민족융합의 역사적 과정에서 근현대의 다민족을 형성하였다. 특히 중국 서부에서 한문화漢文化를 바탕으로 실크로드를 배경으로 한 민족융합은 통일된 중화민족의 심리와 국가관념을 형성하였다. 이러한 문화의 동질감이 중국 서북, 서남지역의 개척과 안정에 매우 중요하고도 깊은 의의를 가지고 있다.

시진핑 중국 국가주석이 말한 바와 같이 "고대 실크로드는 천년 동안 이어져 평화협력, 개방포용, 상호학습, 호혜상생을 핵심으로 하는 실크로드 정신을 쌓았다." 실크로드의 핵심이 바로 '실크로드 정신'이며 이것이 '일대일로' 건설을 위한 문화의 기초와 핵심 이념을 제공한 것이다. 2017년 5월 14~15일 열린 '일대일로' 국제협력 정상 포럼(이하 '정상 포럼') 개막식에서 시 주석은 '실크로드 정신'에 대해 포괄적이고 깊이 있게 설명했다. 원탁 정상회의 개막사에서 그는 "우리는 고대 실크로드에서 지혜와 힘을 얻고 평화협력, 개방포용, 상호학습, 호혜상생의 실크로드 정신에 입각해 협력을 추진하고 더욱 밝은 미래를 함께 열어갈 것"이라고 재차 강조했다.

평화협력: 역사가 보여주다시피 고대 실크로드는 평화 시기에는 연결되고, 전쟁 시기에는 중단되는 것을 알 수 있다. 그만큼 평화는 교류, 협력, 발전, 번영의 전제임을 보여준다. 중국 한나라 시기의 장건 張騫, 당·송·원나라 시기의 두환杜環, 마르코 폴로Marco Polo, 이븐 바투타لل بطوطةابن, 명나라의 정화鄭和에 이르기까지 대대로 동서양 협력의 교량 역할을 해 왔다. 시진핑 주석은 "이런 개척 사업이 역사에 남을 수 있었던 것은 군마軍馬와 무기가 아니라 카라반과 친선이며, 군함과 화승포가 아니라 보물선(물건을 가득 실은 상선)과 우정을 이용했기 때문"이라고 말했다. 오늘날 세계는 대발전, 대변혁, 대조정의 시기에 처해있다. 비록 평화와 발전이 시대의 주류를 이루지만 충돌과 불안정도 빈번히 발생하고 있다. 고대 실크로드가 우리에게 남긴 '평화협력'의 정신은 '평화적자赤字'를 메우기 위한 유일한 선택이다.

개방포용: 고대 실크로드는 이집트 문명, 바빌론 문명, 인도 문명, 중화 문명의 발상지를 넘어 또 불교, 기독교, 이슬람교 등 종교를 넘

는다. 서로 다른 문명, 종교, 민족이 이견을 인정하면서도 큰 틀의 화합을 꾀한다는 구동존이求同存異의 자세와 개방과 포용의 자세로 서로 존중하는 장대한 서사시를 함께 쓰고, 손에 손 잡고 공동발전의 아름다운 그림을 그려야 한다. "문명은 개방 속에서 발전하고 민족은 융합 속에서 공존한다." 오직 공통점을 찾고 차이점은 잠시 차치하여야만 그 토대 위에서 이익의 합치점을 찾아 협력방안을 함께 만들어 정책 소통, 계획 연계, 발전의 융화, 이익 공유의 새로운 협력 구도를 형성할 수 있다.

상호학습: 고대 실크로드는 일방통행의 길이 아니라 양방향 교류와 상호학습의 길이며, 무역을 위한 길일뿐만 아니라 지식교류의 길이다. 이 길을 따라 중국은 비단, 도자기, 칠기, 철기를 서역 및 유럽에 수출하고, 4대 발명품과 양잠기술을 세계에 전파하면서 후추, 아마, 향료, 포도, 석류, 불교, 이슬람교 및 아랍의 천문학, 역법, 의약을 받아들였다. 인류 문명은 우열의 구분이 없이 평등한 교류와 상호학습을 통해 풍부하고 다채로워질 수 있다. 시 주석은 "더 중요한 것은 상품과 지식의 교류가 이념적 혁신을 가져온다는 점이 교류의 매력"이라고 말했다. 따라서 '일대일로' 공동건설은 상호보완, 상호교류, 협력과 혁신을 이루는 것이다.

호혜상생: 고대 실크로드는 육상에서 "사신들이 서로 마주하고, 상인들이 끊이지 않는 상황"을 연출하였고, 바다에서는 "화물선이 헤아릴 수가 없이 많은 웅장한 장면"을 연출했다. 시 주석은 자금, 기술, 인적 요소의 자유로운 이동을 통해 고대 실크로드가 큰 발전과 번영을 이룩하여 상품, 자원, 성과를 공유할 수 있었다고 강조했다. 역사는 우리에게 교류가 새로운 기회를 만들고 협력은 새로운 장을 만든다는 것을 알려주었다. '일대일로' 공동 건설의 취지는 발전의

최대공약수를 찾고 공동발전의 '파이'를 크게 만들고, 발전성과를 공유하며, 정치적 충돌의 옛길을 피하면서 협력상생의 새로운 길을 열어가는 것이다.

제2장

경제 세계화와 그 한계점

가오보양高菠陽, 예얼컨·우자티叶尔肯·吾扎提의
도움에 감사드린다.

'경제 세계화'라는 용어는 1990년대 후반부터 자주 사용되었지만, 경제의 세계적 확장은 이미 몇 세기 전부터 시작되었다. 생산력의 한계와 교통수단의 제한으로 인해 고대 세계 무역은 주로 주변국과의 지역 무역이었다. 당시 동서양의 무역은 물리적으로 거리가 멀고 위험성이 높은 모험에 가까운 사업이었다. 운송비가 높고 유통할 수 있는 상품의 종류와 양이 적고, 가격이 비싸 주로 상류사회의 사치품으로만 쓰였다. 13~14세기에는 향락을 추구하는 유럽의 봉건 영주들이 동양의 사치품을 대량으로 사들여 유럽은 동양에서 엄청난 무역 적자를 보았다. 금과 같은 귀금속 화폐에 대한 수요가 새로운 항로에 대한 유럽의 탐험 활동에 간접적인 영향을 미쳤다. 15세기 말부터 16세기 초까지 서구 국가들은 대대적인 해외 탐험을 시작하면서 지리적 대발견의 서막을 열었다.

유럽의 해외 탐험활동은 대서양 연안의 스페인과 포르투갈에서부터 시작됐다. 15 세기 포르투갈은 유럽에서 인도로 이어지는 새로운 항로를 통해 아프리카 서해안에서 남해안까지를 통제했다. 스페인은 또 다른 방향으로 대서양을 건너 아메리카 신대륙을 발견해 세계적인 항해를 완성하고, 동서양 교통의 새로운 항로를 개척했다. 그 후 네덜란드, 영국, 프랑스, 덴마크 등 다른 나라들도 적극적으로 탐험에 나섰다. 17세기 말 유럽인들의 세계 육지 면적에 대한 이해 정도는 14세기에 비해 5배나 늘어났다.[1] 이것은 세계 시장과 무역 규모가 전례 없이 확대되었다는 것을 의미하며, 유럽은 새로운 항로를 따라 아시아와 아메리카로 다양한 목적의 '대양大洋 무역'을 발전시켰다.

---

1) 고덕보·왕각, 〈세계 경제사〉, 중국인민대학교 출판사, 2001.(高德步·王珏 : 《世界经济史》, 中国人民大学出版社, 2001.)

아시아에서는 새로운 항로로 인한 운송비의 하락으로, 기존에 거래되던 '사치품'들이 대중적인 상품으로 변화되었다. 반면 아메리카 신대륙에서의 무역은 식민지화의 과정으로, 원료 수급, 제품 판매, 노예무역 등 식민지에 대한 무역이 유럽 무역에서 차지하는 비중이 점차 증가되었다.

이와 더불어 유럽 무역로의 변경과 함께 경제 중심지도 바뀌게 되었다. 새로운 항로 개척으로 경제 중심축이 점차 지중해에서 대서양으로 옮겨졌고, 기존에 지역 우위에 의존해 무역해 오던 이탈리아 도시국가Italy city states들의 경제적 지위가 점차 쇠락했다. 16세기 중반에는 벨기에의 앤트워프Antwerp가 '세계적 상업 도시'로 거듭났다. 그 후 대륙 횡단 무역이 해상 무역에 의해 대체됨에 따라, 네덜란드가 세계 무역의 중심지로 부상하였으며, 네덜란드의 무역회사가 국제 해상 운송의 두 가지 중요한 상품인 소금과 곡물을 독점하여, 암스테르담은 당시 세계에서 가장 바쁜 항구가 되었다. 17세기 말에는 전 세계적으로 곡물 무역 수요가 줄어들었으며, 이에 네덜란드의 상업적 지위가 서서히 영국에 의해 대체되었다.

지리적 대발견 이후 300년 동안 서구의 상인들이 유럽 위주의 지역적인 시장을 아시아, 아메리카, 아프리카, 오세아니아 등과 연결해 서구를 중심으로 한 세계적인 시장으로 키웠다. 무역이 16세기부터 18세기까지 발휘한 역할은 유럽 역사에서뿐만 아니라 인류 역사에도 중대한 영향을 끼쳤다. 무역로의 변경이 유럽의 새로운 경제 중심지를 만들었고, 무역의 중요성은 다른 경제 활동을 능가했다. 특히 주목할 만한 것은 이 시기의 세계 시장은 국제 분업의 바탕에서 이루어진 것이 아니라는 것이다. 당시 무역에서 교환된 상품은 재생산되는 과정을 거치지 않았기 때문에 이 시기의 무역 경제는 산업 자본이 아니라 상업 자본에 의해 이루어진 것이다. 이후 자본 근대사의 서막을 열었다.

1. '제2차 세계대전' 이전의 세계 경제 확장

1.1 자유 자본주의 시기(1780~1873): 자유무역, 상품 거래와 식민지 확장

지리적 대발견이 세계 경제 확장의 출발점이라면, 산업혁명은 경제의 상호의존과 융합을 고도화하는 출발점이라고 할 수 있다. 대륙 및 해양에 대한 인류의 탐험은 전 세계를 연결해 각 지역 간의 폐쇄성을 무너뜨렸으나, 글로벌 생산과 무역 구도의 변화, 해외투자의 규모 및 복잡성의 증가 등 경제 세계화의 중요한 특징은 산업혁명 이후에 대두되었다.

18세기 말부터 19세기 중엽까지 제1차 산업혁명은 영국에서 시작해, 서구와 북미, 세계 각지로 급속히 퍼져 나갔다. 영국은 먼저 산업혁명을 완성하여, 맹주의 지위를 공고히 했다. 산업화는 우선 생산력의 비약적인 향상을 가져왔다. 기계가 사람을 대체하고, 공장이 수공업 공방을 대체함으로써 대량 생산이 현실화되었으며, 무역 가능한 상품의 종류도 눈에 띄게 늘어났다. 그럼에도 불구하고, 이것을 가치로 따져 보면 1820년에는 세계 상품의 99%가 아직 국제무역 시장에 진입하지 못하였다.[2]

생산력의 향상은 이러한 자본주의 공업국가에 수출 능력을 갖추게

---

2) Taylor, J. G. Williamson, *Globalization in Historical Perspective.* University of Chicago Press, 2005.

하였다. 시장의 이익을 더욱 확보하기 위하여, 그들은 정복 활동을 강화하였으며, 식민지를 원료 공급지, 상품 판매 시장 및 자본 수출의 장소로 삼았다. 이로써 경제 활동의 지리적 범위를 세계로 확대시켰다. 상품 가격의 수렴이나 무역액 증가 차원에서 볼 때, 국제 경제는 유례없는 상호작용 증가가 이루어졌으며, 국제 자본이 대규모로 이동하고, 대형 금융회사와 주식회사가 등장하기 시작했다.

이때 초보적인 국제 분업과 세계 시장이 형성되기 시작했고, 중심－주변부와 같은 구조적 특성과 함께, 지리적 특화 현상이 나타나게 되었다. 산업화 국가를 중심으로 제조업이 빠른 속도로 확산되면서, 상품 생산과잉 현상이 나타나기 시작했다. 당시 '세계의 공장'이었던 영국은 절반 이상의 공산품을 해외로 수출하는 한편, 국내 생산에 필요한 대부분의 원자재는 해외로부터 공급받아야 했다. 반면, 비산업화 국가(주로 식민지국)는 산업화 국가에 원자재와 식량을 제공하고, 제조업 상품의 판매 시장으로 전락했다. 많은 식민지 국가들은 점차 농업과 광업 위주의 단일화 된 경제 구조를 형성하게 되어, 경제적으로 심각한 종속적 지위에 처하게 되었다. 예컨대 이집트는 당시 영국의 면화, 양모 등의 중요한 원료 생산지였다.

이 시기의 세계 무역은 흔히 '자유무역'의 가면을 썼지만, 식민주의의 토대 위에 세운 것이라는 점을 주목해야 한다. 유럽의 식민지 개척자들은 식민지와 반半식민지 국가를 자신들의 원료 생산지와 판매 시장으로 삼고, 무력으로 자유무역의 간판을 내세웠으며, 관세를 낮추거나 심지어 철폐하는 등의 수단으로 목적을 달성하려 했다. 식민지 알제리의 경우, 1835년부터 프랑스 상품 수입에 대해 전면적으로 면세 정책을 실시하였다. 1851년 이후 알제리가 프랑스에 상품을 수출할 때에도, 대부분 관세를 내지 않았으며, 1867년에는 면세 범위를 프랑스로 수출하는 모든 품목에 확대 적용하였다. 반半식민지 튀니지는 원래 외국과 통상하는 것을 거부하였는데, 군사적 패배로 문호를 열 수밖에 없었다. 유럽의 식민주의자들이 튀니지에서 자유 무역의 권리를 얻어 무역을 하게 되면서, 각국은 튀니지에 3% 정도의 수입 관세만 납부하였다.3)

당시 유럽은 산업화로 인해 기술력과 경제력이 점점 강해지고 있었던 반면, 다른 지역은 서구 국가의 침입을 막아 내지 못해 심각한 위기에 빠졌다. 아시아, 아프리카, 오세아니아는 유럽에 의해 강제적으로 개방돼 세계 정치·경제 체계 속으로 급격히 편입되었다. 일본은 1854년에 서구 열강에 의해 무역이 개방되었으며, 중국은 1840년과 1856년에 아편전쟁을 겪은 뒤 어쩔 수 없이 항구를 개방하고, 반식민지 국가로 전락하여 독립적이고 자주적인 지위를 상실했다. 식민지로 전락한 인도의 경우 직접적으로 영국 동인도회사의 통제를 받게 되었다. 자유 자본주의 시기 아프리카에 대한 유럽의 침략은 본격화되지 않았지만, 유럽의 방직품과 무기는 아프리카에 대량 수출되었고, 1830년에 프랑스가 가장 먼저 아프리카를 식민지화하기 시작했다. 이 시기 경제의 세계적 확장은 이러한 식민주의의 기반 위에서 전개된 것이다.

제2차 산업혁명 이전까지 영국은 자본 수출 규모 및 식민지 규모 면에서 가장 큰 나라였으며, 세계 경제를 주도하였다. 1870년 영국의 석탄 채굴량은 세계 총량의 51.5%, 철강 생산량은 세계 생산량의 50%, 목화 소비량은 세계 소비량의 49.2%를 차지하였으며, 전체 무

---

3) Charles Issawi, *An Economic History of the Middle East and North Africa*. Columbia University Press, 1982, 29 (1): 464-465.

역액은 세계 무역 총액의 25%를 차지했다.[4] 당시 영국이 '핵심 국가' 중의 핵심이라는 사실은 의심할 여지가 없다(표 2.1). 그러나 제2차 산업혁명의 바람이 불어 닥치는 시기에는 '해가 지지 않는 나라'의 위용이 전과 같지 않게 되었다.

표 2.1 1820~1870년 주요 공업국이 세계 공업과 무역에서 차지하는 비중(%)

연도	영국		프랑스		독일		미국	
	공업	무역	공업	무역	공업	무역	공업	무역
1820	50	27	15~20	9	—	—	10	6
1840	45	25	—	9	12	8	11	7
1850	39	22	—	11	15	8	15	7
1870	32	25	10	10	13	10	23	8

자료 출처: 쿠친스키 지음, 진동욱 옮김: 〈자본주의 세계 경제사 연구〉, 생활·독서·신지 3련서점, 1955(库钦斯基著, 陈东旭译:《资本主义世界经济史研究》, 生活·读书·新知三联书店, 1955) ; W. W. Rostow, The World Economy: History & Prospect. The Macmillan Press Ltd, 1978, pp.70-71.

1.2 제2차 산업혁명(1873~1913): 독점자본주의와 신제국주의의 대두

19세기 말부터 20세기 초까지 경제가 발전함에 따라 각종 발명품이 끊임없이 쏟아져 나왔다. 미국과 유럽에서 제2차 산업혁명이 시작되었으며, 전기가 증기를 대신하는 새로운 동력이 되었다. 많은 국가들이 당시 산업혁명을 계기로 강국으로 부상하였다. 영국은 미국과 독일에 의해 1위의 자리에서 밀려났으며, 미국은 영국을 대신하여 세계 1위의 산업 강국으로 부상했다. 1913년, 영국은 세계 공산품 총생

4) Dicken, Peter, *Global Shift: Mapping the Changing Contours of the World Economy (Sixth Edition)*. Guildford Press, 2010.

산량에서 차지하는 비중이 14%로 하락했으나, 미국은 오히려 36%로 성장했다.5)

교통 및 통신업에서의 혁명은 경제의 세계적 확장의 계기가 되었다. 자동차, 비행기, 전화를 발명하였고, 국제철도, 운하, 전신 및 우편업도 모두 큰 발전을 이루었다. 영국은 자국의 철도 노선이 거의 포화상태에 이르자 산업화 중인 국가 및 식민지의 철도 건설에 투자를 시작했다. 기존의 산업화에서 다소 뒤떨어졌던 미국은 수많은 외자를 끌어들여 철도 및 공공시설 건설공사를 진행하여 교통, 통신에서의 개선을 빠르게 실현하였다. 1866년에는 대서양 해저 케이블이 성공적으로 설치되었고, 1869년에는 영국과 프랑스에 의해 통제되던 수에즈 운하가 정식 개통되었다. 1876년에는 벨Bell이 전화를 발명하였고, 1914년에는 미국이 관할하는 파나마 운하가 정식으로 개통되었다. 그래서 멀리 떨어진 사람들이 더 빠른 속도와 저렴한 비용으로 화물 운송과 정보교환을 할 수 있게 되었고, 세계 경제 활동이 시간 및 공간적 측면에서 더욱더 긴밀하게 연결되었다. 서구 열강들의 세계무대에서의 이권쟁탈도 편리해졌음은 분명하다.

생산력이 크게 향상됨에 따라 당시의 주요 산업 국가는 자유 자본주의에서 독점자본주의 단계로 들어섰다. 제1차 산업혁명 시기, 국제무역과 자본 이동의 수요를 충족시키기 위해 영국에서 자유무역 체제를 확립하였고, 이것이 유럽의 다른 나라까지 신속하게 확산되었다.6) 각종 관세와 소비세는 지속적으로 인하 또는 폐지되고, 그전에

---

5) Dicken, Peter, *Global Shift: Mapping the Changing Contours of the World Economy* (Sixth Edition). Guildford Press, 2010.

6) 사실상 19세기 중엽 영국은 자국의 '곡물법'을 폐지한 후, 서유럽 국가들에

특권을 누렸던 회사는 더 이상 독점적으로 무역을 하지 못하게 되었다. 동인도회사가 바로 그 대표적인 사례다. 소규모 자본의 사기업 수가 점차 증가하면서, 세계 경제의 일체화를 가속시켰다. 그러나 이런 자유경쟁적인 시장경제 하에서도 대규모 자본이나 대량 생산이 경쟁에서 더 유리하였다. 업계 간 경쟁이 갈수록 치열해졌고, 1873년에는 경제 위기로 인해 수많은 중소기업이 도산하였으며, 그 결과 많은 독점 기업 심지어는 국제적 독점 그룹이 생기게 되었다. 일련의 개혁을 통해 산업화를 마친 일본은 이때 약탈의 진영에 합류했으며, 20세기 초에 이르러 세계 시장은 기본적으로 자본주의 강국에 의해 분할되었다.

산업화는 해외 투자에 새로운 계기를 제공하였다. 국제 자본시장은 무역시장과 마찬가지로 신속히 확장되었다. 1900년에 전 세계의 해외투자 총액은 47억 5,000만 파운드(약 230억 달러)였으나, 1914년에는 이 수치가 95억 파운드(약 430억 달러)에 달했다. 산업혁명의 진전에 따라 미국도 대對 캐나다, 멕시코, 남미의 광업 및 제조업에 대규모 투자를 진행하였는데, 그 목적은 자국 산업에 원료를 공급하고 시장을 선점하려는 데에 있었다. 1870년 이전에 미국의 해외투자는 7,500만 달러를 넘지 않았지만, 1899년에는 6억 8,500만 달러, 1914년에는 35억 1,400만 달러에 달했으니 이 시기의 세계 경제 확장은 '전성기'에 접어든 셈이다. 그림 2.1과 2.2에서 보다시피 세계무역과 해외직접투자가 세계 GDP에서 차지한 비중은 1870년 무렵에서부터 지

완전한 자유무역을 실시하자고 제안하였으나, 불과 몇 년 만에 다른 나라들이 자국의 손해를 인식하여 보호무역 조치를 하기 시작했다. 그 후 이른바 '자유무역'은 주로 식민지국에 그것을 받아들이도록 강요하는 무역 조건이 되었다.

속적으로 상승하여 제1차 세계대전 직전에는 최고치에 달했다.

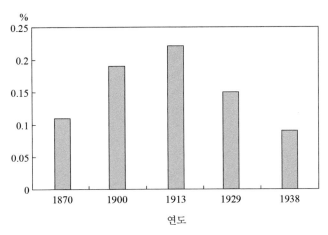

그림 2.1 1870~1938년 국제무역이 세계 GDP에서 차지하는 비중

자료 출처: A. Estevadeordal, A.M.Taylor, The Rise and Fall of World Trade, 1870-1939. *Quarterly Journal of Economics*, 2003, 118(2):359-407.

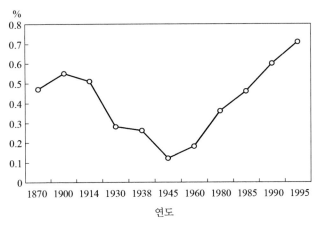

그림 2.2 1870~1995년 해외직접투자가 세계 GDP에서 차지하는 비중

자료 출처: M. Obstfeld, A. M. Taylor, Globalization and Capital Markets. NBER Chapters, 2002, 15(2-3):233-248.

1.3 두 차례의 세계대전(1914~1945): 경제의 세계적 확장 '퇴조'

1914~1945년 사이 두 차례의 세계대전과 1929~1933년의 경제 대공황은 세계 경제 질서에 큰 영향을 미쳤다. 제1차 세계대전 이전까지만 해도 세계 경제는 기본적으로 자유로운 상태에서 운영되어 무역량은 꾸준히 증가세를 이루었다. 그러나 전쟁으로 인해 국제무역이 중단되면서, 교전국과 비非교전국 모두가 상품, 가격, 생산량, 노동력 등에 대한 통제를 강화했다. 결국 제1차 세계대전으로 인해 국제무역액은 40% 정도 감소되었다. 이와 함께 영국, 프랑스 등 주요 해외투자국들은 심각한 손해를 입었으며, 손실비율은 각각 15%, 50%에 이르렀다. 따라서 국제금융 질서가 무너지고 금본위제가 붕괴되었다.

세계 경제가 어려움을 겪었음에도 불구하고, 미국의 경제 규모는 오히려 전쟁 중에도 호황을 누리게 되었다. 미국은 지리적으로 전쟁의 중심에서 멀리 떨어져 있었기에, 전쟁 초기 중립을 유지하여 큰 피해를 면할 수 있었으며, 물자와 무기 공급 등을 통해 막대한 이익을 얻었다. 이 외에도 미국은 전쟁 중에 많은 인재를 끌어들여 더욱 강해질 수 있었다.

전반적으로 볼 때 초기 세계 경제의 확장은 기초 단계에 머물러 제조업 생산, 국제 분업, 시장 무역, 국가 간의 자본 이동 등의 비교적 단순한 구조로 이루어졌다. 자본주의 시장경제의 시작부터, 제2차 세계대전 이전까지의 세계 경제 구도는 기본적으로 '핵심 - 주변부'의 형태를 보였다. 영국이 맹주 자리를 차지했던 제1차 산업혁명 시기나 미국이 맹주 자리를 차지했던 제2차 산업혁명 시기에는 제조업 생산이 주로 몇몇 주요 국가에 집중되어 있었다. 전 세계 제조업의 71%가 제조업 규모가 가장 큰 4개 국가에 집중되어 있었으며, 전 세계 제조업의 90%가 상위 11개국에 집중되어 있었다. 그 당시 일본은 아시아에서 유일한 공업 국가였으나, 제조업 총량은 전 세계의 3.5%에 불과했다. 국제 노동 분업이 지속적으로 존재했는데, 중심 산업 국가가 65%의 완제품을 주변부에 있는 국가와 지역으로 수출하고, 동시에 이들 국가에서 중간재의 80%를 받아들였다. 해외직접투자도 주로 핵심 공업 국가의 기업 주도로 이루어졌으며, 해외 투자의 65%가 개발도상국에 몰려 있었다.

이 당시 세계 경제의 확장은 주로 선진국이 식민지 패권으로 후진국을 침략하거나 약탈하여 이루어졌으며, 이것은 심각한 착취적 성격을 띠고 있었다. 이와 같은 '핵심 - 주변부'의 경제 구조는 많은 문제점을 남겼으며, 이것이 지금도 여전히 존재한다. 두 차례의 세계대전은 전 세계 경제를 위기에 몰아넣었고, 기존의 세계 구도와 질서를 파괴했다. 전쟁에 의해 전 세계(북미를 제외하고)의 공업 생산 능력은 파괴되었지만, 수많은 산업 기술이 또한 전쟁 중에서 혁신과 개선을 이루어 냄으로써(예를 들면 항공기 제조업), 이후의 세계 경제 발전과 구조의 기틀을 마련하게 되었다.

2. '제2차 세계대전' 이후의 경제 국제화

제2차 세계대전 이후 서구 국가들은 자본주의 시장경제 체제를 구축하여 경제 국제화를 새로운 단계로 끌어올렸지만 '냉전冷戰'이라는 정치적 대립으로 인하여 이러한 국제화 과정은 이데올로기의 제약을 받았다. 제2차 세계대전 이후 30년간의 경제 국제화 과정은 이러한 시대적 특징을 반영하였다고 할 수 있다.

2.1. 글로벌 제도 구축과 경제 국제화의 진전

제2차 세계대전 이후 미국이 세계 1위 경제 대국으로 부상하게된 반면, 유럽 대륙은 그 입지가 크게 약화되었다. 1945년 미국의 GDP 는 전 세계 총 GDP의 절반을 차지했으며, 1950년 유럽 지역의 경제 가 회복될 무렵에도 미국은 여전히 전 세계 총생산량의 27%를 차지 했다. 게다가 당시 미국은 전 세계 금 보유량의 60%를 점유하고 있 었다. 이런 배경 하에서 미국은 국제 협력기구와 국제 금융 규칙을 만드는 데에 앞장섰다. 한편 사회주의 진영은 서구 국가들과 대립하 기 위해 소련의 지도아래 조직적으로 국제 협력을 강화했다. 당시에 생긴 조직과 규칙(표 2-2)은 경제 국제화를 제도적 틀 안에 포함하여 세계 경제를 빠르게 재편성하였다.

표 2.2 전후에 설립된 주요 국제 경제 기구 및 협정

	설립시기	창립 멤버	성격
세계은행 World Bank	1944.7	미국, 영국 등	국제 금융 조직
국제통화기금 IMF	1944.7	미국, 영국 등 29개국	국제 금융 조직
관세 무역 일반 협정 GATT	1947.10	미국, 영국, 중국 등 23개국	다자간 국제협정
경제상호원조회의 COMECON	1949.1	소련, 불가리아 등 6개국	국제 정치경제 협력 조직
경제협력개발기구 OECD	1961.9	미국, 캐나다, 유럽 등 20개국	국제 정치경제 협력 조직

세계은행WB, 국제통화기금IMF, 관세 무역 일반 협정GATT은 공동 으로 미국 달러 중심의 국제통화체계 즉, 브레튼 우즈 체제Bretton

Woods system를 구축하여 세계 경제에서의 미국의 주도적 지위를 확고히 했다. 1970년대 브레튼 우즈 체제가 해체된 후에도 미국은 여전히 달러에 의지해 세계를 제패할 수 있었다. 다른 나라에서도 전후 복구를 위한 원활하고 활발한 무역 환경이 필요했으며, 브레튼 우즈 체제를 중심으로 한 외화, 자본 및 무역 자유화가 역사상 또 한 번 경제를 전 세계로 확장시키는 '황금시대'를 만들어 냈다. 이 시기를 경제 국제화 단계라고 부를 수 있다.

종전의 경제의 세계적 확장은 자연스러운 발전 과정이었으며, 각 국가의 경제 발전에 적합했다고 할 수 있다. 교통 및 운송 기술의 발달로 많은 나라들이 혜택을 보았고, 인류 발전 과정의 자연스러운 산물이라고 할 수 있었다. 제2차 세계대전 이후의 일련의 국제협력기구와 협정 등이 모두 치밀한 계획을 통해 만들어졌고, 이들 제도가 경제의 세계적 확장을 촉진해 국제무역과 자본의 유동성을 극대화하였으며, 다국적 기업 확장의 토대가 되었다. 그러나, 국제기구 간의 상호작용은 서구의 선진국과 대다수 후진국 간의 불평등 관계를 제도화시켰다. 서구 국가가 만든 새로운 제도는 시장 경제의 자유주의 이론을 바탕으로 한 것으로, 이는 소련 등 사회주의 국가의 계획경제와는 상반되는 것이었다. 장기화된 양측의 정치적 대립으로 인해 사회주의 진영의 국가들은 이 제도에서 배제되었고, 이러한 국제화는 일방적인 국제화라고 할 수 있다. 그리고 미국은 새로운 세계 경제 확장 과정에서 절대적인 지도자의 지위를 유지하면서 국제적 협력은 반드시 미국의 뜻에 따라야 하고, 미국이 정해 놓은 길로 나가야 했다. 그러므로 이른바 '자유'란 사실상 자본 강국의 이익만을 위한 것이라 할 수 있다.

2.2. 국제화의 공간적 표현: 대립적인 국제정치와 경제세력

이 시기의 경제 국제화는 뚜렷한 정치적 색채를 띠었다. 전 세계는 3대 진영 즉, 자본주의 진영, 사회주의 진영, 제3세계 국가로 분류되었다. 자본주의 진영은 서구 국가 즉, 북미, 서유럽의 오래된 자본주의 국가를 중심으로 구성되었다. 미국은 '제2차 세계대전' 기간의 축적을 통해 자본주의 진영의 주도권을 잡았다. 서유럽 국가는 정치·군사적으로 미국과 동맹을 맺어 사회주의 국가와 '냉전' 상태를 유지했다. 서유럽의 경제는 미국의 도움으로 빠르게 회복되었다. 1948년 미국은 마셜 플랜Marshall Plan을 통해 서유럽의 각국이 전쟁에서 입은 경제적 피해를 복구하는 것을 도왔다. 이 계획으로 서유럽 각국 간의 관세와 무역장벽이 무너져 국제 무역량이 급증하였으며, 유럽의 통합이 가속화되었다. 제2차 세계대전 이후 불과 몇 년 만에 대다수 서구 국가의 경제는 전쟁 이전의 수준으로 회복되었다. 그 후 20년 동안 신기술혁명이 급속하게 이루어짐에 따라, 자본주의 국가의 경제 발전은 '전후 번영기'에 접어들었다. 1950~1973년 이들 국가의 GDP 평균 성장률은 전쟁 전 산업화 시기의 두 배에 달했다. 또 수출 증가량은 8.6%로 전쟁 전 산업화 시기의 두 배이며, 1913~1950년의 8배인 점도 주목할 만하다.

또 다른 두드러진 변화는 동유럽과 아시아 지역에 분포된 사회주의 국가의 대두이다. 이들 국가는 소련을 주도로 연맹을 형성하였는데, 전쟁에서 심각한 타격을 입었으며, 경제적 기반 또한 비교적 취약했다. 전후에 각국이 잇달아 소련의 모델을 따라 사회주의 공유제를 실시하고, 계획경제 관리 모델을 구축하여 산업 발전에서 중공업을 강조하였다. 소련 모델도 전후 30년간 괄목할 만한 성과를 거두었으며, 1950~60년대의 사회주의 진영의 높은 경제 성장률은 고속 성장하는 서구 국가들과 비슷하였다. 하지만 1970년대에 이르러서는 그 한계가 나타났는데 특히 소련이 그러했다. 서구 국가와의 냉전 구도는 유럽과 아시아 대륙 간의 경제 국제화 진전을 크게 방해하였지만, 사회주의 국가 간의 경제 일체화 과정은 멈추지 않았다. 1949년에는 소련, 불가리아, 헝가리, 체코 등이 경제상호원조회의Comecon를 설립하였으며, 1955년에는 바르샤바 조약 기구Warsaw Pact를 통해 군사동맹을 맺었다. 경제상호원조회의의 설립은 회원국 간의 경제 협력을 강화하였으며, 사회주의 국가 간의 무역과 투자 협력을 촉진했다. 그 가운데 경제상호원조회의 회원국의 소련에 대한 무역 비중이 가장 높았고, 이것은 동유럽 국가들의 소련에 대한 의존을 강화시켰다. 이 시기의 무역 구조의 특징은 매우 뚜렷하며, 대부분의 수출입 무역은 비非대립 국가 간에서 이루어졌다. 소련의 무역 수치를 예로 들어보면 1950년 사회주의 국가 및 제3 세계 국가와의 무역은 소련의 대외무역 총량의 85%를 차지하고, 사회주의 국가 가운데 경제상호원조회의 회원국들과의 무역액은 69%에 달했다. 이런 현상은 정치적 관계가 무역 거래에 그대로 반영되었다고 볼 수 있으며, 이 시기의 국제화는 정치적 색채를 띠고 있다는 것을 알 수 있다.

이 시기 경제는 유례없이 성장해 '황금시대'로 불렸지만, 사실상 일부 국가만의 '황금시대'였다. 대부분의 제3세계 국가들은 이런 '황금시대'를 누리지 못했고, 이들 국가의 대부분이 식민지 박해를 받았으며, 민족해방운동을 통해 식민통치에서 벗어나 독립적인 민족국가를 세웠다. 냉전시기 동안 '비非동맹 운동'의 정신으로 이들 국가가 어느 진영에도 속하지 않고, 세계 정치 구도에서 독립된 제3의 세력을 형성하였으며, 미국과 소련의 힘겨루기 각축장이 되었다. 미·소양측은 군사적 및 경제적 지원을 통해 전략적으로 제3 세계 국가의 지지를 얻어내려 하였다. 지원을 받는 나라의 발전 방식은 원조국의 모델에 기반을 두고 있었다. 서구 사상의 영향을 받은 국가는 대부분 세계은행WB과 국제통화기금IMF의 '지도' 아래 수입 대체와 수출 지향형 발전 방식을 실시하여, 짧은 시간 내 수출과 외자 유치가 빠르게 성장하였다. 그러나 이들 국가는 자본 축적이 불충분하여, 국제 시장에서 기대했던 이익을 얻지 못했을 뿐만 아니라, 경쟁력 부족으로 오히려 자국 경제에 대한 통제력을 상실해 경제 국제화 과정에서 오랜 시간 '주변부'의 지위에 머무를 수밖에 없었다.

3. 경제 세계화 시대의 도래

전후 번영기에 서구 주요 국가들은 케인스주의Keynesian 정책을 채택해 정부의 규제와 개입조치가 필요하다고 주장했다. 당시 서구 주요 국가의 경제는 호황이었고, 자본 축적의 부담도 크지 않았기 때문에, 굳이 해외로 진출하려는 내적 동력이 약했다. 게다가 냉전의 영향으로 이 시기 경제의 세계적 확장 중 무역의 비중이 자본의 확장(해외투자) 보다 훨씬 컸기 때문에, 경제 세계화가 아닌 경제 국제화라고 부를 수밖에 없다. 1970년대에는 서구 주요 선진국들의 전후 호황기가 끝나고 심각한 '스태그플레이션stagflation'이 시작되었다. 이러한 위기를 모면하기 위해 미국 레이건 행정부와 영국 마거릿 대처 정부를 비롯한 서구 국가들은 케인스주의 정책을 버리고 하이에크의 신자유주의 사상을 받아들여 정부 개입을 대폭 줄이고, 공기업의 민영화를 촉진하였으며, 적극적인 투자와 무역자유화를 추진했다.

이런 배경에서 선진국의 자본이 대거 개발도상국으로 확산되어, 피터 디킨Peter Dicken이 말하는 소위 '글로벌 산업 이전Global industrial transfer' 현상이 나타났다. 특히 1990년대 초 '냉전'이 종식된 뒤, 선진국의 해외투자는 폭발적인 성장세를 보였다. 이로써 세계는 경제 세계화 시대로 접어들었다.

1980년대부터 언론계, 학계에서부터 정계에 이르기까지 경제 세계화라는 용어가 점차 유행하기 시작했다. 대중에게 세계화는 하나의 유행어로, 세계 각지에서 온 각종 제품과 수많은 정보를 의미한다. 정치인에게 세계화는 세계 변화를 촉구하는 '나팔'로서 자주 쓰이는 외교 용어이며, 세계 정치 무대에서 사용되는 강력한 도구이다. 언론에서의 세계화는 쉽게 접할 수 있는, 신문의 헤드라인이나 이슈가 되는 사건의 배경이다. 그러나 학자들에게 세계화는 하나의 엄밀하고 중요한 연구 과제이다. 앞서 언급한 것처럼 다양한 형태의 '세계화'가 자본주의의 탄생과 확장이 이루어진 18세기까지 거슬러 올라가기도 하고, 심지어 '실크로드' 시대의 국제무역까지 거슬러 올라가지만 실질적인 세계적 경제로의 변화는 1970년대부터 시작된 것이다. 이와 관련하여 여러 가지 대표적인 사건을 열거할 수 있다. 예를 들면 브레튼우즈 체제가 해체됐다든가 해외 직접 투자가 급증했다든가 등의 사건들이 있지만 세계화는 근본적으로 자본축적을 위한 '공간적 조정spatial fix'과 신자유주의 사조가 완벽하게 결합한 결과물이다. 물론 '냉전' 시대의 종결과 교통·통신 기술의 비약적인 발전도 중요한 역할을 하였다.

3.1. 세계화의 유래

지난 30여 년간 세계화의 개념이 사회 전반에 폭넓게 퍼졌다. 이에 많은 사람들은 이것이 역사의 필연이라고 생각했다. '세계화'에는 어느 정도 객관적 동력이 존재하지만, 사실은 정치인, 기업가, 학자들이 만들어 낸 발전 메커니즘이며, 세계 다수 국가의 동의를 얻어 보편적으로 사용되는 하나의 제도이다. 이 때문에 피터 디킨Peter Dicken은 《Global Shift》라는 책의 서문에서 이렇게 언급했다. "우리가 세계화에 대해 언급할 때, 이는 어떤 최종적인 상태가 아니라 일종의 추세라는 것을 기억해야 한다. 지리적 공간이나 어떠한 조직 및 기구에서도 이러한 추세가 모두 불균형적이며, 정해진 경로도 없고, 정해진 종점도 없다."7) 물론 세계화는 객관적인 동력과 어느 정도의 필연성을 가지고 있으며, 이것이 바로 데이비드 하비David Harve가 제시한 자본 축적의 '공간적 조정spatial fix'이다. 마르크스의 《자본론》에 따르면 자본의 축적은 주기적인 경제 위기를 겪을 수 있으나, 기술의 진보와 공간적 이동으로 경제 위기의 발생을 늦출 수 있다. 이것이 바로 '기술적 조정technological fix'과 '공간적 조정spatial fix'이다. 마르크스는 《자본론》의 곳곳에서 자본 축적의 지리적 특징을 언급하였고, 하비는 마르크스의 사상을 발전시켜 자본 축적의 지리적 메커니즘을 완벽하게 해석하는 이론을 만들었는데, 그 핵심적인 개념이 자본의 '공간적 조정'8)이다. 하비는 자본 축적은 공간적 확장을 떠나서는 유

---

7) 피터 디콘 지음, 류웨이둥 외 옮김: 〈글로벌 트랜스포머: 21세기 글로벌 경제 지도 재창조〉, 상무인서관, 2007.(彼得・適肯著, 劉衛東等譯, 《全球性轉變 : 重塑21世紀的全球經濟地圖》, 商務印書館, 2007.)

8) Harvey D., The Geography of Capitalist accumulation: A Reconstruction of the

지하기가 어렵기 때문에, 지속적으로 '공간적인 돌파구'를 찾아야 한다고 언급했다. 따라서 끊임없는 이동restless movement은 자본 축적의 명확한 특징이다.

자본이 공간적 확장을 해야 하는 본성을 가지고 있다면, 1970년대 이전에는 왜 '경제 세계화'란 개념이 존재하지 않았을까? 그 근본적인 원인은 당시 국가의 관문인 '국경'이 비교적 온전하게 존재하여, 자본의 '흐름'은 여전히 국가 안에만 갇혀 있었기 때문이다. 1970년대에는 두 차례의 오일 쇼크로 인해, 서구 선진국이 누렸던 전후 호황기가 막을 내리고 '스태그플레이션stagflation'에 접어들어 심각한 경제 위기에 봉착했다. 이러한 위기에서 탈출하기 위해 1980년대 초에는 레이건과 대처를 비롯한 주요 선진국 정부가 케인스주의Keynesian 정책을 포기하고 신자유주의 사조를 포용하기 시작했다. 신자유주의 사상은 국가의 관문인 '국경'을 개방하기 위해 학술적인 근거를 제공했다. 선진국과 개발도상국 모두 무역과 투자 자유화 정책을 실시한 덕에 상품, 자금, 정보, 노동력 등이 자유롭게 국경을 넘나들 수 있었다. 끊임없이 개선되는 다자간 무역 체계 및 이에 상응하는 조직구조는 (예를 들면 세계무역기구 및 다양한 다자간 무역협정 등) 투자와 무역 자유화를 위한 제도적 장치를 마련했다. 요컨대 자본 축적의 '공간적 조정'과 신자유주의 정책의 결합으로 자본은 전 세계에서 대규모 공간 확장으로의 새로운 막을 열었다. 이것이 바로 우리가 본 지난 30년 동안의 경제 세계화 과정이다.

Marxian Theory. *Antipode*, 1975,2(S): 9-12; Harvey, D. The Spatial Fix: Hegel, Von Thunen and Marx. *Antipode*, 1981, 13: 1-12; Harvey D. *The Limits to Capital*. Oxford, 1982. "spatial fix"예전에는 '공간적 해법'으로 번역했는데 이렇게 번역하면 데이비드 하비가 제기한 개념의 정수를 표현할 수가 없다.

세계화 초기, 세계화에 대해 꿈을 꾼 사람들은 자본이 지역과 국가의 규제에서 벗어나 절대적으로 자유롭게 이동하는 것을 바랐다. 예를 들어 코튼Korton은 '세계의 꿈'이라는 이상적 상태를 묘사했는데, 이는 세계의 화폐, 기술, 시장은 거대한 글로벌 기업에 의해 통제 및 관리되고, 사람들은 평균적인 물질적 만족도에 따라 통일적인 소비문화를 가지고 있으며, 회사는 수익을 위해 자국과 타국을 나누지 않고 자유롭게 행동할 수 있고, 개인과 기업의 관계는 완전히 시장에 의해 결정되는 상태이다.9) 이것이 바로 자본의 유토피아적 모습으로 비록 다소 극단적이지만, 자본의 공간적 확장의 본성을 나타낸 것이다. 이후의 학술연구는 세계화에 대해 많은 이의를 제기하고, 세계화에 대한 인식을 수정하려 했으나, 현재까지도 세계화에 대한 정의와 이해는 점점 더 표면에만 집중되어 그 본질을 파악하지 못하고 있다. 이러한 상황에서 사람들은 세계화의 혜택과 꿈속에 빠져 세계화의 내적 모순을 깊이 있게 인식하지 못하고 있다. 자본은 지구상에서 최적의 생산 지역(시장을 구하거나 자원을 구하거나 값싼 노동력을 구하는 등)을 자유롭게 찾을 수 있으나, 노동력(최소한 블루칼라)은 자유롭게 국경을 넘나들 수 없다. 신자유주의의 세계화는 주로 자본 축적의 '공간적 조정'을 충족시키는 데에 그 목적이 있으며, 일반인들의 수요를 충족시키는 데 그 목적이 있는 것이 아니라는 것이다. 학자들은 예전부터 세계화와 자본의 빠른 이동이 전 세계 정치세력 균형에 영향을 미칠 수 있다는 것을 알고 있었지만, 세계화의 사회적인 결과 즉, 빈

---

9) 피터 디콘 지음, 류웨이둥 외 옮김, 〈글로벌 트랜스포머: 21세기 글로벌 경제 지도 재창조〉, 상무인서관, 2007.(彼得·適肯著、劉衛東等譯, 《全球性轉變 : 重塑21世紀的全球經濟地圖》, 商務印書館, 2007.)

부 격차의 지속적인 확대에 대해서는 소홀히 하고 있었다.

경제 세계화를 이해하는 데 기술의 역할을 소홀히 해서는 안 된다. 지난 반세기 동안 교통기술과 통신 기술이 급속히 발전하면서 '시· 공간 단축'을 이뤄냈으며, 자본 조달의 비용을 낮추고 자본의 대규모 공간 확장의 필수 조건을 제공하는 '촉매제' 역할을 하였다. 한편, 기업의 생산은 과거의 수직적 대량생산의 포디즘Fordism 방식에서 부품을 '아웃 소싱' 하는 융통적인 생산 환경의 포스트 포디즘 post-Fordism 방식으로 전환되었는데, 이는 공급 사슬의 세분화를 가져와, 부품 생산의 전문적 분업이 갈수록 뚜렷해져 공급 사슬 내 무역을 큰 폭으로 증가시켰다. 예를 들어 산업 클러스터Cluster가 확산되고 있지만 현재까지도 동아시아 지역은 70% 이상이 중간재 무역으로 이루어져 있다.

위의 분석에서 알 수 있듯이 선진국의 대규모 해외투자, 생산 방식의 변환, 정보기술의 발전 및 신자유주의 사조의 유행 등으로 인하여 세계는 갈수록 더 긴밀한 사회 경제 공간이 되고 있다. 역사적으로 볼 때, 자본의 공간 확장 성질이 경제 세계화의 원동력이 되었고 기술의 진보는 '촉매제' 역할을 하였으며, 국가의 통제와 간섭은 하나의 '관문'이 되었다. 바로 자본 축적의 '공간적 조정'과 신자유주의 사조의 완벽한 결합으로 자본이 글로벌 스케일에서 대규모 공간 확장을 하는 서막을 올렸으며, 교통과 통신 기술 발전은 이 과정을 가속화시켰다.

물론 국가 개입의 정도에 따라 자본축적의 '공간적 조정'의 범위나 방향, '마찰력(제약)'이 좌우된다. 이 때문에 자본·기술 및 국가는 경제 세계화 과정에서 서로 다른 역할을 하고 있으며, 이 중에서 앞서 언급한 두 가지는 추진력을 담당하고, 마지막은 '조정자'로서 유일하게 세계화의 흐름과 방향을 잡아주는 역할을 한다. 지난 30여 년 동안 신자유주의 사조 아래 정부는 주로 자본이 세계적으로 이동하는데 좋은 정치적 환경을 마련해 주었다. 이 외에도 세계적인 강대국만이 경제의 세계적 확장이나 세계화의 주도자 역할을 했다는 것을 역사적 경험을 통해 알 수 있다.

3.2. 세계화의 현상

경제 세계화는 광범위한 내용을 포함한 현상이다. 자금, 정보, 상품의 세계적인 이동뿐만 아니라 기업의 글로벌 전략, 일부 비非경제적인 사건들(이민·테러 등)이 글로벌 경제에 미치는 영향, 그리고 세계적인 조직(기구)과 문화가 경제 요소 이동에 미치는 영향 등을 포함한다. 전반적으로 보면 세계화는 하나의 특수한 현상이다. 즉, 경제와 기술의 영향으로, 전 세계가 하나의 긴밀하게 연결된 사회 경제 공간으로 재탄생되고, 어느 한 주체의 경제 정책이 다른 지역의 경제나 사회 전체에 심각한 영향을 미칠 수 있다. 경제 분야에서 세계화는 상품·서비스·생산요소 및 정보가 국경을 초월하여 이동하는 규모가 점점 확대되고, 국제 분업과 글로벌 투자를 통해 세계 시장에서의 자원 분배 효율이 높아지며, 또 각국 경제의 상호 간 의존도도 높아지는 것으로 나타난다. 이에 대해 경제협력개발기구(OECD)는 세계화의 개념을 "화물과 노동력(인력자원) 무역, 자본 이동과 기술 이전·확산을 바탕으로 서로 다른 국가의 시장과 생산에 대한 의존도가 지속적으로 높아지는 과정이다."라고 정의했다. 즉, 생산 요소가 세계적인 범위 내에서 이동하고, 자원의 배치를 최적화하는 과정이라는 뜻이다.

이 과정에서 글로벌 경제 시스템이 큰 변화를 겪고 있다. 예를 들어 금융 자본과 공업 축적의 분리로 인해 세계적 범위에서의 자본이 빠르게 이동하고 있고, 금융 기관들은 공간적 차원에서 집적하고 있다. 지식은 하나의 중요한 생산 요소로서 생산, 분배, 이동의 시스템에서 갈수록 중요성이 커지고 있으며, 기술의 빠른 성장에 따라 나타나는 기술 국제화 추세, 다국적 기업의 국제적 독점 현상 심화, 주요 국가의 발전 전략의 세계화 경향 등이 매우 뚜렷하게 나타나고 있다. 그중에 다국적 기업은 경제 세계화의 핵심 역량이며, 해외직접투자 및 국제(상품·서비스) 무역이 대폭 성장한 것은 이 핵심 역량을 가장 직접적으로 표현한 것이라고 할 수 있다. 요약하면 경제 세계화는 다음과 같은 현상을 통해 좀 더 구체적으로 알 수 있다.

첫째, 세계 무역의 성장 속도가 경제 성장 속도보다 빠르다. 그림 2.3에서 볼 수 있듯이 1970년 이후, 많은 연도에서 세계 수출 증가

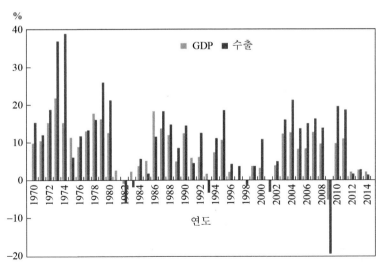

그림 2.3 세계 GDP의 증가 속도와 수출 증가 속도

자료 출처: 세계은행 World Development Indicators

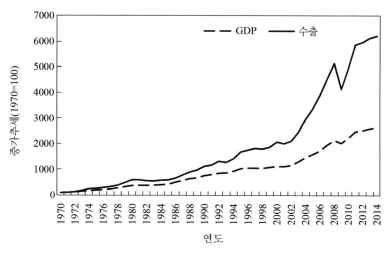

그림 2.4 세계 GDP와 수출 증가

자료 출처: 세계은행 World Development Indicators

속도가 경제 성장 속도(현재 가격으로 계산한 명목 성장률)보다 빠르게 나타났다. 1970~2014년 세계 경제의 총량은 26.5 배 증가했으나, 수출량은 62.2 배(그림 2.4, 현 가격 기준)가 증가했다. 1990년 세계적으로 화물과 서비스 수출액은 세계 GDP 총량의 18.4%에 불과했으나, 2015년에는 28.5%로 상승했다. 이러한 현상은 주로 두 가지 원인으로 인해 발생한 것이다. 하나는 경제 세계화로 인해 자본이 전 세계에서 생산원가가 가장 낮은 지역으로 흘러감으로써, 생산 활동 공간이 집중되었기 때문이다. 예를 들어 제조업 분야에서는 중국이 전 세계 80% 이상의 휴대폰·노트북·데스크톱 컴퓨터 등의 IT 제품과 2/3 이상의 백색 가전제품을 생산하고 있고, 이 중에 상당한 부분이 국제 무역을 통해 세계 각국으로 팔려 나가고 있다. 다른 하나는, 포디즘 Fordism의 대량 생산 방식이 종결되면서 소량 생산 방식과 정교한 분업화가 갈수록 활발해졌고, 이에 생산 활동에서 '아웃 소싱'을 하는 비율이 점차 증가되었기 때문이다. 이런 생산 방식 덕분에 지난 30~40년간 공급사슬Supply chain 무역이 급속히 발전하였다. 예컨대 동아시아 내의 무역 총액 가운데 약 70%가 중간재 무역이다. 애플 휴대폰의 경우 중국의 폭스콘Foxconn에서 완제품을 생산하지만, 부품의 70~80%는 일본·한국·중국의 대만 등의 국가 또는 지역에서 생산한 것을 가져온 것이다. 터치스크린이나 메모리, CPU 및 무선 셀룰러 시스템 등이 이에 해당되며 이 중 80%가량의 제품은 세계 각국에 판매되고 있다. 이것이 바로 오늘날 세계 제조업과 무역 패턴의 전형적인 모습이다.

둘째, 전 세계의 해외직접투자 속도가 무역 증가 속도보다 빠르다. 비록 전 세계 해외직접투자의 변동성이 매우 커서, 어떤 해에는 성장 속도가 50%~60%에 달하고, 어떤 해에는 -30%~-40%에 달하지만, 장기적인 추세에서 볼 때 해외직접투자 성장 속도는 수출 증가속도보다 훨씬 빨랐다(그림 2.5). 1970년~2013년 사이에 전 세계 해외직접투자는 93.8배 증가했는데, 수출은 불과 62.2배 느는 데 그쳤다(현 가격 기준). 이런 성장세는 초기에 주로 유럽, 미국과 같은 선진국의 자본 수출에 따른 것이며, 1970년대에 직면한 '스태그플레이션'을 해결하려고 했던 결과와 밀접한 관련이 있다. 이것이 바로 피터 디킨Peter Dicken이 말하는 '글로벌 산업 이전' 현상이며, 또한 이들 국가의 자본 축적에 대한 '공간적 조정'의 필연적인 결과이다. 2008년 글로벌 금융위기 이후 선진국의 해외직접투자는 둔화되고, 개발도상국의 해외직접투자는 빠르게 증가하고 있다. 유엔무역개발회의UNTCAD 통계에 따르면, 2008년 이전 선진국의 해외직접투자는 줄곧 전 세계 85% 이상을 차지했으나, 2014년에는 61%로 하락하고, 2015년에는 다시 72%로 상승하였다.

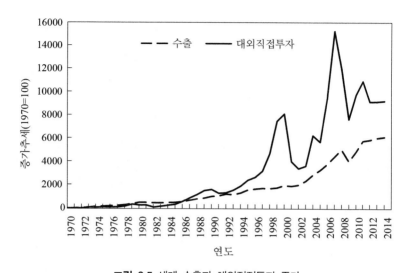

그림 2.5 세계 수출과 해외직접투자 증가

자료 출처: 세계은행 World Development Indicators 및 UNTCAD 해외직접투자 데이터 베이스

셋째, 다국적 기업의 수와 그 독점적인 지위가 급속히 성장하고 있다. 다국적 기업이란 두 개 또는 그 이상 국가에서 생산과 경영 활동을 하는 회사를 말한다. 일반적으로 이들 회사는 하나의 국가에 본사와 경영조직을 설치하고, 다른 여러 나라에 지사와 생산조직을 설치한다. 해외직접투자의 빠른 성장과 함께 세계적인 다국적 기업의 수가 급격하게 증가하였는데, 1950년대 초에는 세계적인 다국적 기업의 수가 2,000개에 불과했으나 1960년대 후반에는 7,000여 개, 1980년대 초에는 15,000개, 그리고 1997년에는 53,000개로 늘어났다. 유엔무역개발회의UNCTAD에서 발표한 《세계투자 보고서》에 따르면, 현재 7~8만 개의 다국적 기업이 180여 개 국가 및 지역에서 70만~80만 개의 계열사를 운영하고 있다. 이로써 세계 경제 총량의 2/5를 차

지하였으며, 글로벌 생산네트워크를 통해 간접적으로 세계 경제의 3/4 이상, 세계 무역 총량의 2/3(이 중에 해외 자회사의 교역 규모는 세계 무역 총량의 38%에 해당), 그리고 해외직접투자의 90% 이상을 차지하고 있다. 많은 다국적기업은 '그 자산이 한 나라에 견줄 만하다富可敵國'라고 할 수 있을 정도로 세계 경제에 미치는 영향력이 막강하다. 예를 들어 2015년 그리스의 국내총생산GDP은 2,400여억 달러였는데 애플사의 자산은 2,905억 달러에 달했으며, 매출은 2,337억 달러, 이윤은 534억 달러였다. 이 때문에 지금의 세계는 이미 국가와 초超국가기구(국제기구) 중심의 관리에서 '다국적 기업 - 국가 - 초超 국가기구'의 공동 관리 시대로 바뀌고 있다. 이러한 시대에 다국적 기업의 운영 시스템을 잘 이해하지 못한다면, 세계 경제의 조직 패턴을 제대로 이해하기 어려울 것이다.

넷째, 글로벌 경제의 일체화와 파편화가 공존한다. 경제 세계화는 투자와 무역의 자유화를 촉진해 세계 경제의 일체화 추세를 뚜렷이 하였다. 특히 세계무역기구WTO의 틀 안에서 세계 각국은 무역활동을 통해 긴밀하게 연계되어 점점 더 일체화되는 세계 노동 분업이 형성되었다. WTO가 견지하는 6가지 원칙 즉, 호혜 원칙, 투명성 원칙, 시장 진입 원칙, 공정 경쟁 원칙, 경제 발전 원칙 및 무차별(최혜국대우 및 내국민대우) 원칙은 더욱 완벽하고(화물, 서비스, 무역 관련 투자 및 지식 재산권 포함), 더욱 활발하고, 더욱더 오래 지속 가능한 다자간 무역 체계를 구축하는 기초이다. 2015년 연말까지 WTO에는 이미 164개의 회원국이 가입되어 있으며, 회원국의 무역 총액은 전 세계의 98%를 차지하고 있다. WTO가 글로벌 경제일체화에 적극적이고 중요한 플랫폼을 제공하였음에도 불구하고, 많은 회원국 간에 협상이나 합의 도출에는 어려움이 따른다. 이것이 바로 도하 라운드Doha

Round 협상이 잘 이루어지지 않는 원인이다.[10) 하지만 세계적으로 소규모 다자 간 및 양자 간 무역 협상은 잘 진행되고 있다. 전 세계적으로 현재 체결되고 있는 소규모 다자 간·양자 간 무역 협정은 1,000개를 넘을 것으로 예상되고, 유엔 아시아·태평양 경제사회위원회 UN-ESCAP의 53개 회원국 사이에는 167건의 무역협정이 이미 타결됐거나 협상 중인 것으로 추정된다. 따라서 글로벌 경제의 일체화와 파편화가 공존하는 상황에서 어떻게 경제 세계화의 성과를 지속하고, 어떻게 글로벌 경제일체화를 촉진할 것인가는 세계 주요 경제주체가 경제 세계화를 진흥함에 있어 직면한 문제이다.

다섯째, 글로벌 생산네트워크가 세계 경제의 주요한 조직형태가 되고 있다. 투자와 무역 자유화의 추세 및 새로운 정보기술의 기초하에, 글로벌 경제가 새롭게 공간을 재편하고 다국적 기업들의 생산 선도 기업은 활동 공간이 한층 더 복잡하고 더 활발해져, 전 세계적인 다국적 생산네트워크가 빠르게 형성되고 있다. 1970년대 이래 정교한 생산 방식이 유행하면서, 생산 활동의 전문적 분업이 점차 심화되어 산업 사슬의 '단편화'가 뚜렷해졌다. 전 세계 곳곳에 흩어져 있던 생산 조직의 '조각'이 통합되어 다양한 형태의 생산네트워크가 형성되었다. 글로벌 생산네트워크global production network, GPN는 선도

---

10) '도하 라운드(Doha Round)'는 세계무역기구(WTO) 회원국 간의 새로운 다자 간 무역협상을 뜻하며, 이 협상에서는 세계무역기구 회원국들이 무역 장벽을 낮추고 더 공정한 무역 환경을 통해 전 세계, 특히 빈곤한 국가의 경제 발전을 촉진하고자 하였다. 협상은 농업, 비농산물 시장진입, 서비스 무역, 규칙 협상, 분쟁 해결, 지적 재산권, 무역과 발전, 무역과 환경 등 8개 의제를 포함한다. 하지만 '도하 라운드'는 18년 동안 '발리 패키지' 협상만 성사되었고 나머지는 별다른 진전이 없다.

기업leading firm을 중심으로 형성된 가치 창출 네트워크를 말한다. 이 가운데 선도 기업은 권위적인 지위에 서 있다.[11] 소위 '생산 네트워크'라고 불리는 GPN은 단지 제조 과정뿐만 아니라 연구개발과 융자, 생산과 유통, 그리고 소비와 회수를 포함한 전 과정을 말한다. GPN연구는 주로 가치 창출과 획득, 네트워크에서의 권한 분배, 그리고 '착근성embedded ness'을 통해 복잡한 생산 활동의 공간 조직을 분석한다. 즉, 다국적 기업과 국가지역 관계를 분석하는 강력한 도구이자 글로벌 경제 통합이 어떻게 작동하는지를 알 수 있는 효율적인 이론이다. OECD의 통계에 따르면 현재 전 세계 무역의 80% 이상이 각종 글로벌 생산 네트워크에서 발생된 것으로 추정하고 있다.

4. 경제 세계화의 한계점

경제 세계화는 세계 경제의 전반적인 성장을 촉진하는 데 긍정적인 역할을 하고 있다. 1980년에서 2015년 사이에 세계 경제의 연평균 성장률은 2.86%였으며 경제 총규모는 5.2 배가 증가하였다. 또한 전 세계의 상품 수출입액은 33조 2,800억 달러로 7.3 배가 증가하였으며, 글로벌 해외직접투자 순 유입량은 2조 1,000억 달러에 달해 40배나 증가했다. 그러나 이 시기에 1997년 및 2008년과 같은 금융 위기를 겪었으며, 지금까지도 여전히 2008년 금융위기의 충격에서 완전히 회복되지 못하고 있다. 2009년에서 2015년 사이의 세계 경제는 연평

---

11) 글로벌 생산네트워크를 상세하게 이해하려면 다음을 참조. Coe N. M. and Yeung W. C. H., Global Production Network. Oxford University Press, 2015.

균 성장이 2.24%에 불과했고, 이 중 2009년과 2015년은 그해의 명목 가격으로 마이너스 성장을 기록했다.

또 글로벌 산업 이전을 통해 전 세계의 경제 성장은 대륙별로 균형화 추세를 보인다. 1980년에서 2013년 사이에 아시아·아프리카·오세아니아의 연평균 경제 성장률은 유럽과 미주보다 높았고, 유럽과 미주의 성장률은 세계 평균보다 낮았다. 이 가운데 아시아의 성장 속도는 4% 이상, GDP는 9.3 배 증가해 25조 달러에 달했다. 5개 대륙 전체의 GDP 규모를 보면 1980년에 유럽은 전 세계의 41.9%로 비중이 가장 높았고, 미주는 그다음으로 32.1%, 아시아는 20.6%, 아프리카는 3.7%, 오세아니아는 1.7%였다. 그러나 2013년에는 아시아의 경제 규모가 전 세계의 33.3%로 가장 컸다. 이어서 미주가 32.7%를 차지했으며, 유럽은 28.6%에 그쳤다(그림 2.6).

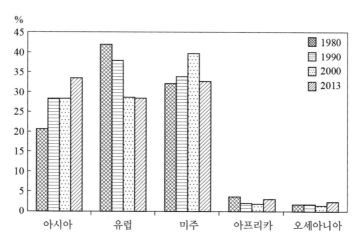

그림 2.6 1980~2013년 5개 대륙 GDP 총량이 전 세계에서 차지하는 비중

자료 출처: 세계은행

그러나 많은 자유무역과 세계화에 관한 학술적 주장과는 달리 세계화는 수많은 지역에서 심각한 불균형 발전과 사회 양극화 문제를 초래하고 있다. 경제학 연구에서는 그동안 자유무역과 자유 투자가 참여자 모두에게 혜택을 줄 수 있다고 말해왔다. 수많은 주류 경제학자들은 자유무역이 각국에 균형 발전을 가져올 것이라고 수학모형을 통해 논증하였으나, 현실은 판이하게 달랐다(최소한 많은 지역에서 그러하다). 사실상 19세기 중엽 영국은 자국의 '곡물법'을 폐기한 후, 서유럽 국가들을 상대로 완전한 자유무역을 요구했으나, 불과 수년 만에 다른 나라들이 불이익을 느끼며 보호무역 조치를 취하기 시작했다.[12] 또 주류 경제학의 자유무역에 관한 이론은 평균 개체 인식론을 기초로 한 이론이기 때문에, 사회 기층에 있는 개인이나 기업을 '평균'으로 취급하기 쉽다. 실제로 관련 규제와 지역별 '사회 - 공간' 위치의 차이로 인해 서로 다른 지역에서 세계화로 얻어 낼 수 있는 이익의 차이가 크다. 특히 많은 개발도상국은 아직 세계화 여정에 깊게 참여하지 못한 상황이다.

세계은행WB의 자료에 따르면 1982년 가장 부유한 국가와 가장 빈곤한 국가의 1인당 GDP의 비율은 272:1에서 2015년에는 336:1로 상승했다(가장 부유한 룩셈부르크 1인당 GDP는 10만 2,000달러인 반면 아프리카의 부룬디는 303.7달러에 그쳤다). 이런 불균형은 구미歐美와 아프리카, 아시아와 라틴아메리카 간에 존재하며, 선진국과 개발도상국 사이에서도 존재한다. 심지어 선진국 내부에서도 나타나고 있다. 최근 일본·독일·미국 등 국가의 빈곤율은 모두 상승세를 보이며 현재 15% 정

---

12) Sheppard, E., *Limits to Globalization: Disruptive Geographies of Capitalist Development*. Oxford University Press, 2016.

도에까지 이르렀다. 최신 연구에 따르면 1970년에서 2014년 사이에 미국 30대 근로자의 소득이 부모 세대의 소득보다 높은 비율은 90% 에서 41%로 하락했고, 그중 중산층에서 가장 심한 하락을 기록했다. 1970년대 이래 미국의 소득 성장은 주로 고소득 가정에 집중되어 중산층과 저소득층 가정의 소득 상승은 갈수록 어려워졌다. 이는 안정적인 제조업 일자리가 계속 유실돼, 예를 들어 1979년에서 2010년 사이 미국의 제조업 일자리는 1,943만 개에서 1,153만 개로 40%나 줄었다. 2016년에는 미국 인구에서 중산층이 차지하는 비율이 40%로 하락했다.

이 외에도 전 세계적으로 빈부 격차가 확대되고 있다. 재산은 소수의 사람에게 집중되어, 빈곤 인구가 소유한 재산은 갈수록 줄어들고 있다. 옥스팜Oxfam 보고서에 따르면, 세계에서 가장 부유한 62명이 보유한 재산은 가장 빈곤한 인구 절반의 재산과 맞먹는다. 또한 '1% 사람의 경제' 현상이라고 불리는 즉, 세계에서 가장 부유한 1%의 인구가 소유한 재산이 나머지 99% 인구가 소유한 재산보다 더 많으며, 지난 5년간 세계 빈곤 인구의 재산은 늘지 않고 오히려 줄었다. 이 밖에 세계화로 인한 상호 의존도가 높아졌으나 취약성도 생겨 각종 리스크(질병, 상품 및 서비스 이동 중단 사태 등)가 생겨났다. 이런 리스크를 억제하기 위해서는 정치적 및 사회적 안정성이 필요하다.

지난 30여 년간 이어져 온 경제 세계화는 미국과 유럽 선진국이 '스태그플레이션stagflation' 문제를 해결하기 위해 만들어 낸 국제경제 관리 메커니즘이며, 그 기초는 신자유주의 사상에 있다. 경제 세계화를 추진하는 과정에서 선진국은 시장이 모든 문제를 해결할 수 있을 뿐만 아니라 세상에 존재하는 '가장 완벽한' 발전의 길이라고 생각하였다. 이것은 그들이 과거에 걸어온 길이며, 이러한 사상을 개발도상국에 끊임없이 전파하고 있다. 1990년대의 '워싱턴 컨센서스 Washington Consensus'는 신자유주의 정책의 산물로 소련과 동유럽 국가를 수년간 경제 침체에 빠지게 하였다. 신자유주의 경제 세계화는 자본의 공간 확장 욕구를 충족시키는 중요한 메커니즘이다. 이 메커니즘을 통해 자본과 대형회사는 많은 이익을 얻었으나, 사회 특히 기층에 있는 민중들은 엄청난 대가를 치러 심각한 사회문제를 초래했다. 이 밖에 자본은 자유롭게 이동할 수 있으나, 노동력은 자유롭게 이동하기 어려운 구조적 모순으로 인해 신자유주의 세계화는 '어떤 사람은 즐거워하고 어떤 사람은 걱정거리가 더 많아지는' 현상을 초래하는 과정이기도 하다. 이 메커니즘이 세계 경제 질서를 지배하도록 방치하다가는 글로벌 사회의 갈등이 점차 심화되고, 지구촌의 지속 가능한 발전 목표를 달성하기가 어려워질 것이다.

세계는 200여 년간의 경제의 세계적 확장을 거치면서 제도·경제·기술 등 요소의 상호 작용으로 경제 세계화 시대에 접어들었고, 경제 세계화는 30여 년 만에 '갈림길'에 서게 되었다. 경제 세계화가 어느 방향을 향해야 하는지는 지속적인 세계 발전을 위해서 매우 중요한 문제이다. 현재 경제 세계화에 대한 논쟁은 의견이 분분하다. 확고한 옹호자도 있으며, 날카로운 비판자도 존재한다. 단, 중국 경제는 경제 세계화에 힘입어 성장한 것이고, 따라서 국내외 많은 학자들과 언론들은 중국이 앞장서서 세계화를 이끌어 갈 것을 호소하고 있다. 그러나 신자유주의 세계화의 한계 때문에, 중국은 세계화를 이끄는 기존의 낡은 길을 따라갈 수 없다. 우선 경제 세계화에 따른 부정적인 문제를 간과해서는 안 되고, 이런 문제를 직시하여 그 해결 방안을 찾아야 한다. 또한 중국이 경제 세계화에서 성공한 것은 강력한 정부가 있어 시장 역량과 정부 역량이 유기적으로 결합된 것이지 서구의 발전 모델을 그대로 따랐기 때문에 성공한 것이 아니다. 이 때문에 중국은 자신의 발전 경험으로 경제 세계화 메커니즘 개혁을 이끌어 나아가야 하며, 국제경제 관리에 있어 중국식 방안을 제공해야한다.

제**3**장

'일대일로'의 거시적 배경

일부 학자나 매체에서 '일대일로'에 대해 논할 때, 특정한 목적이나 단일한 목적이 있다는 것으로 해석하기도 하는데 이는 편향적인 견해이다. 공식적으로는 '일대일로'를 중국공산당 중앙위원회(당 중앙)와 국무원이 국내외 정세를 고려하여 내린 중대하고 장기적인 계획이라고 밝히고 있다. '일대일로'의 제안은 단일한 요소나 목적에서 비롯된 것이 아니라 일련의 복잡한 요소들로 구성된 거시적 구조 변화의 결과라는 것이다. 자세하게 들여다보면'일대일로'는 경제 세계화의 심화, 세계 경제 구조의 변화, 그리고 중국 내부의 발전 패러다임 전환 등에 따른 복합적인 결과이다. 물론 평화적이고 안정적인 주변 환경을 조성하고, 자원 공급을 다변화해야 한다는 점도 포함 되어있다.

1. 세계 구조의 변화

지난 30여 년 동안 세계 사회, 경제 구조에는 경제 세계화를 원동력으로 하는 큰 변화가 일어났었다. 한편 세계는 '핵심(선진국) - 주변부(개발도상국)'의 이원二元 구조에서 '선진국 - 신흥경제국 - 후발개발도상국'의 삼원三元구조로 변화하였으며, 각종 지표에서 빈부격차는 지속적으로 확대되어 세계적 빈곤문제가 여전히 부각되고 있다. 특히 2008년 글로벌 금융위기 이후 세계 경제가 침체되고, 무역 성장이 더뎌지거나 심지어 마이너스 성장을 하기도 했으며, 각종 불안정성 이슈들이 빈발하였다. 경제 세계화에 대한 회의적인 목소리가 커지면서, 보호주의와 포퓰리즘이 고개를 들고 있다. 경제 세계화가 '갈림길'에 다다랐다고 해도 과언이 아니다. '일대일로'는 바로 이런 배경 하에서 등장하게 된 것이다.

지난 40여 년 동안 경제 세계화는 각기 다른 지역의 사회경제적 발전 및 그 공간적 변화에 큰 영향을 미쳤다. 경제 세계화는 세계 경제의 성장을 촉진하였고, 국제적 스케일에서 생산요소 배치의 최적화, 무역과 투자의 자유화에서 이를 확인할 수 있다. 1970~2010년 세계 경제는 연평균 3.16% 성장하였고, 총규모는 3.47배 성장했다. 그러나 2008년 글로벌 금융위기 이후 세계 경제는 연평균 2.2% 성장에 그쳤고, 2009년과 2015년에는 명목 금액(당해년 가격)으로 5~6%의 마이너스 성장을 했다. 다른 한편, 경제 세계화가 세계 각국의 불균형 발전을 심화시켰다. 경제체제의 내재적인 갈등, 즉 자본은 세계적으로 자유롭게 이동하며 생산 원가의 최저 지역을 찾을 수 있는 것과 달리 노동력은 자유롭게 이동하지 못하는 모순으로 인해 세계적으로 각종 빈부 격차가 급격히 확대되고 있다. 빈곤 구제 자선단체 옥스팜 Oxfam의 조사에 따르면, 2016년 세계 인구의 상위 1% 부유층이 소유하고 있는 재화가 나머지 99%가 소유한 재화를 합친 것보다 더 많다[1]. 세계은행의 추산에 따르면 1달러/1일 빈곤선을 기준으로 했을 때, 1981년부터 2005년까지 전 세계적으로 도합 6억 3,900만 명의 빈곤인구가 감소되었다. 그중 중국이 6억 2,400만 명이 감소되었는데, 중국을 제하면 1,500만 명이 감소하였을 뿐이다. 만약 1.25달러/1일 빈곤선을 기준으로 하면, 같은 기간 전 세계적으로 5억 1,950만 명의 빈곤인구가 감소하였는데, 그중 중국이 6억 2,740만 명이 감소해 중국을 제하면 전 세계 빈곤 인구 순증가가 1억 800만 명이다. 그밖에 한때 평균 소득수준이 높았던 일부 나라들, 예를 들어 독일과 일본도

---

1) 옥스팜 세계 빈부 격차 보고서 (http://finance.chinanews.com/ci/2015/01-27/70097 75.shtml)

최근 몇 년 사이에 소득격차가 계속 확대되는 과정을 겪었는데, 현재 두 나라의 빈곤 인구 비율은 모두 15% 정도 된다. 미국에서 중산층 인구 비율이 50% 이하로 떨어졌다. 결국 신자유주의를 바탕으로 하는 경제 세계화 과정에서 자본은 가장 큰 승자이며, 사회는 엄청난 대가를 치렀다.

지난 30여 년간 중국 경제의 고도성장이 경제 세계화와 세계 경제 성장에 크게 기여하여 세계 경제의 구조를 바꿔놓았다는 점은 부인할 수 없을 것이다(그림 3.1과 그림 3.2).

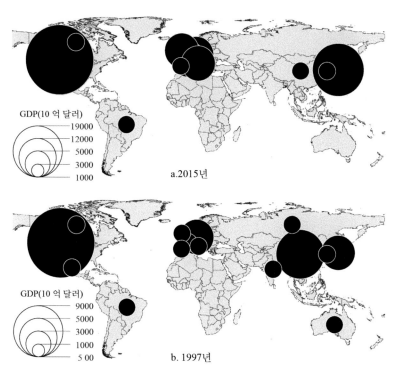

그림 3.1 세계 주요 국가 GDP 규모 분포도

자료 출처: 세계은행 데이터베이스

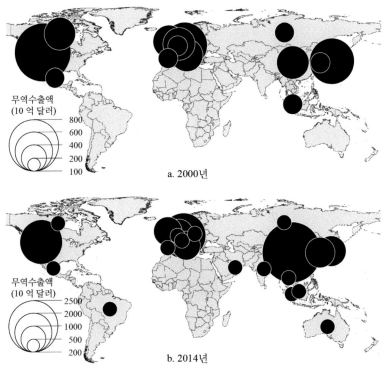

무역수출액
(10 억 달러)
800
600
400
200
100

a. 2000년

무역수출액
(10 억 달러)
2500
2000
1000
500
200

b. 2014년

그림 3.2 세계 주요 국가 수출규모 분포도

자료 출처: 세계은행 데이터베이스

개혁개방 초, 중국 국내총생산GDP의 세계 점유율이 5% 안팎(구매력 평가 기준), 수출 점유율이 1.5%에 불과했다. 2015년 기준으로 중국 GDP가 세계 경제의 15.0%(연간 평균 달러 환율로 환산)를 차지했고, 수출액 비중이 세계 총 수출액의 13.8%를 차지했다. 중국은 2010년 세계 2위 경제 대국이 되었고, 2013년 세계 1위 상품 교역국, 2015년 세계 2위 해외 투자국이 되었다 또한, 세계 제조업 생산의 24%(미국은 20% 내외)를 차지해 세계 제조업 1위 국가로 부상하였다. 2008년 글로벌 금융위기 이후 중국의 세계 경제 성장에 대한 기여율은 평균

30% 정도를 유지했는데, 그중 2013~2015년의 경우 평균적으로 26% 정도였다. 비록 현재 중국의 경제가 강하지는 않지만 규모는 크기 때문에, 이렇게 큰 경제체(2015년 10조 8,000억 달러)라면 세계 질서를 유지하는 데에는 충분히 기여할 수 있을 것이다. 세계 각국의 경제 관계가 점점 더 긴밀해지는 상황에서 중국과 같은 거대 경제체의 발전과 변화가 다른 국가에도 큰 영향을 미칠 수밖에 없다.

좀 더 긴 역사에서 볼 때 지난 30여 년 동안 중국 경제의 부상은 세계 경제 구조에서 최근 100년래 가장 큰 변화이며, 또한 300년 동안 세계 구조의 변화 중에서 손에 꼽을 정도로 중대한 사건이었다. 경제협력개발기구OECD의 수석 경제학자인 앵거스 매디슨Angus Maddison에 따르면 18세기 초 중국은 세계 GDP의 1/3에 육박했는데, 그 당시 미국의 세계 GDP에서의 점유율은 그다지 크지 않았다고 추계했다. 하지만 200여 년 뒤 중화인민공화국이 수립되었을 때(1949

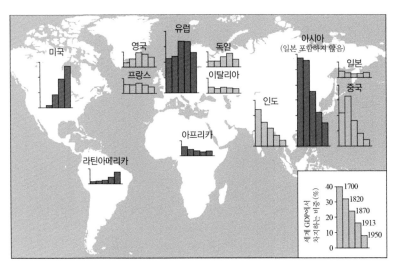

그림 3.3 세계 경제 구조의 변화(1700~1950)
자료 출처: Dicken(2010)에서 발췌함

년), 이 비중은 4.6%로 떨어진 반면, 미국이 27%로 높아졌다(그림 3.3).
개혁개방 초기(1978년 쯤)만 해도 중국이 세계 GDP에서 차지하는 비중은 4.9%(그림 3.4, 공식 환율로 계산하면 2% 안팎)에 불과했다. 개혁개방 이후 30여 년의 고속성장을 거쳐 현재 중국 GDP의 세계에서의 점유율은 15%(공식 환율과 PPP 방식으로 계산하면 20%)까지 회복됐다. 같은 시기 세계 GDP에서의 미국의 비중은 22.5%로 낮아졌다. 현재 중국의 부상과 함께 동아시아 지역(중국 내륙, 중국의 홍콩, 마카오와 대만 지역, 그리고 일본과 한국 포함)이 세계 경제에서 차지하는 비중이 미국을 앞질렀다. 세계 경제를 '3극三極(북미, EU, 동아시아)'으로 놓고 볼 때, 세계 경제의 분포가 균형을 이루고 있다. 북미(미국과 캐나다)가 세계 경제에서 차지하는 비중은 27%, EU가 26%, 동아시아가 25%(공식 환율로 계산)이다. 세계 경제구조의 큰 전환과 '아시아의 세기'가 다가왔다는 것을 의미한다.

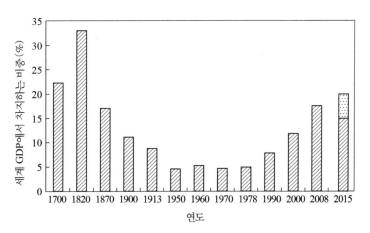

그림 3.4 1700~2015년 중국 GDP가 세계에서 차지하는 비중의 변화

자료 출처: 매디슨 (2009), 2015년은 저자의 추산치(2015년의 사선부분은 공식 환율에 따라 계산한 결과이며, 점선부분은 PPP의 방식에 따라 추산한 결과이다.)

국제 노동 분업이 제2차 세계대전 이후 장기간 동안 '핵심 – 주변부' 모델로 진행되어 왔으며, 이 모델로 간략하게 정리된다. 선진국은 '핵심'지역으로 주로 제조업에 전념하며, 개발도상국은 '주변부' 지역으로 주로 원자재와 농산물을 선진국에 제공하는 동시에 선진국의 제품을 소비하는 시장으로 활용되었다. 세계 정치와 언론에서 유행하는 용어인 '남 – 남협력(개발도상국 간 국제협력)'과 '남 – 북 협력(북반구의 선진국이 남반구의 개발도상국을 돕는 일)'은 바로 이 '핵심 – 주변부' 구조에서 나온 것이다. 하지만 지난 30여 년 동안 경제 세계화의 추진하에서 이러한 이원 구조(핵심 – 주변부)가 크게 바뀌었다. 선진국들의 전통산업 일부가 개발도상국(예를 들면 중국)으로 옮겨가면서, 제조업이 '공동화'되었고, 경제발전의 초점을 금융업과 하이테크 업종으로 옮겨가는 한편 중국을 비롯한 일부 개도국이 성장하여 신흥국과 제조업 대국으로 부상하였다. 또 일부 개도국은 제조업이 낙후하고 소득수준도 낮아서 노동 분업에서 주로 1차 제품만 공급하고 있다. 이에 따라 세계는 '핵심 – 준 주변부 – 주변부'의 삼원 구조를 형성하게 되었고, 준 주변국인 신흥국이 핵심과 주변부 사이에서 세계 경제의 중요한 연결고리 역할을 하고 있다(그림 3.5). 어떻게 하면 이 삼원 구조 속에서 글로벌 경제 거버넌스 체계의 개혁을 추진하고, 전 세계 경제의 지속적인 발전을 이룰 수 있는지 하는 문제가 앞으로 몇 년 동안 인류 앞에 놓인 새로운 과제이다.

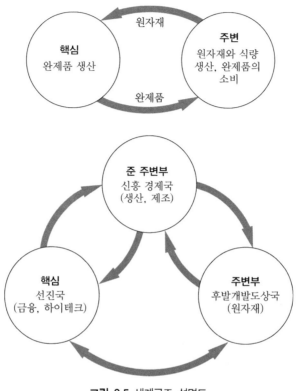

그림 3.5 세계구조 설명도

2. 중국 발전모델의 변화

개혁 개방 이후, 중국의 고속 성장이 30여 년간 이어져 왔다. 1978~2015년 중국의 GDP는 연평균 9.6% 증가해 세계 역사에 남을 경제성장 기적을 만들어 냈다. 이 기간 동안 중국의 GDP는 2,000억 달러(공식 환율로 계산)에서 10조 8,000억 달러로 증가해 경제 총량이 불변가격으로 30여 배 성장하여 세계에서 두 번째로 큰 경제체로 부상하였다. 1인당 GDP는 200여 달러에서 8,000달러(이 번역본이 발간되는 현재에는 10,000달러) 수준으로 올라 세계에서 가장 빈곤한 나라 중의 하나였던 중국이 중진국 수준의 소득을 가진 국가가 되었다. 빈곤층 인구는 7억 7,000만 명(2,300위안을 빈곤선으로 놓고 환산, 2010년 기준 불변가격)에서 5,575만 명까지 떨어졌다. 이처럼 눈에 띄는 경제성장을 놓고 국내외 학계에서는 '중국의 기적'에 대한 논의가 많다.

중국의 성공은 시장 메커니즘을 도입했기 때문이란 시각이 있는가 하면, '강한 정부'가 큰 역할을 했다는 견해도 있고, 경제 세계화 덕분이라는 견해도 있다. 전반적으로 볼 때 경제 세계화가 유익한 국제적 환경과 발전 가능성을 제공한 것이지만, 중국 자체의 노력 특히 '효율적인 시장'과 '강한 정부'의 결합과 점진적인 개혁이 성공의 근본 원인이라고 볼 수 있다. 외부에서 볼 때 중국은 여전히 '강한 정부'가 경제성장에 중요한 역할을 했다고 보지만, 중국 내부적으로는 중국이 이미 계획경제에서 시장 경제 메커니즘으로 전환되었고, 이것이 성공의 기초가 되었다고 본다. 다양한 견해가 있지만 중국 경제의 부상과 전반적인 빈곤 탈출 모델은 다른 개도국들에 중요한 참고가 될 수 있을 것이다. 그래서 미국의 저명한 국제문제 전문가인 후쿠야마Francis Fukuyama가 '일대일로' 제안은 서로 다른 발전 모델 간의 경쟁이며 ⋯ 그 결과 앞으로 수십 년의 유라시아 대륙의 운명을 결정할 수 있을 것이라고 말했다.[2]

물론 중국이 경제성장을 거둔 만큼 큰 자원, 환경적인 대가를 치렀

---

2) Fukuyama, F, Exporting the Chinese Model, Project Syndicate. Retrieved January 12,2016, from htt://www.project-syndicate.org/commentary/china-one-belt-one -roadstrategy-by-francis-fukuyama-2016-01.

다. 1978년 5억 7,000만 톤(표준 석탄 기준)에 불과했던 중국의 에너지 소비량은 2004년 23억 톤, 2015년 43억 톤으로 36년 사이 7.5배 늘었다. 2013년 중국은 세계 1위의 에너지 소비국이자 1위의 탄소 배출국(연간 배출량, 비누적 배출량)이 됐다. 중국의 에너지 소비와 탄소 배출 증가세는 최근 몇 년 사이 경제 성장 속도 둔화와 구조조정(특히 생산능력 과잉 문제 해소)에 따라 둔화되었다(그림 3.6). 또 경제성장이 토지, 특히 경작지의 점용 속도가 매우 빨라 2001년부터 연평균 2,300km^{2}에 달하는 경작지를 점용하였다. 이와 함께 대기오염(특히 스모그), 수질 오염, 토양 오염, 습지 소멸, 초원의 사막화 등 생태계 문제들이 중국의 발전 지속가능성을 심각하게 위협하고 있다. 따라서 경제발전 방식을 전환하고 자원 환경도 보호할 수 있는 경제 발전 시스템을 구축하는 것이 시급하다.

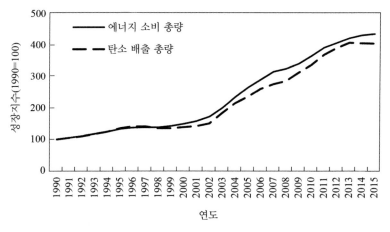

그림 3.6 1990~2015년 중국 에너지 소비 및 탄소 배출 증가 추세

자료 출처: 《2016 중국 통계연감》, 중국 글로벌 변화 연구 정보 센터

경제 시스템 자체로 볼 때 중국은 '뉴노멀新常態'로 진입했다. '뉴노멀'이라는 것은 단순히 경제 성장의 속도만 낮추는 것이 아니라, 더 중요한 것은 발전 모델의 변화, 즉, 많은 투자와 수출 지향형 발전 모델에서 혁신을 통하여 국내 소비의 증가를 더 중요시하며, 글로벌 시각을 가진 다원화 발전 모델로의 전환을 뜻한다. 개혁개방 이후 40년 동안 중국은 우선 저렴한 노동력의 비교우위를 통해 세계 노동 분업에 참여했고, 외국인 직접투자 유치와 수출촉진을 통해 경제성장을 이끌었으며, 수출 지향형 경제발전 모델이 형성되었다. 그 후 중국은 철강, 비철금속, 기계장비, 자동차, 고속철도, 부동산 등 대규모 자본집약형 산업을 통해 경제를 발전시켰다. 2008년 글로벌 금융위기 이후 국제시장 여건의 악화와 국내 생산 과잉에 따라 대규모 생산 요소 투입과 수출로 경제를 발전시키는 모델이 이제 그 한계가 나타나 객관적으로 중국 산업의 고도화가 요구되었고, 산업 혁신을 중심으로 한 다원화 발전, 새로운 시장을 개척하는 단계에 진입하게 된 것이다. 산업의 고도화이든, 혁신이든 모두 경제 활동의 공간 재구성, 특히 이는 글로벌 스케일에서의 공간 재구성을 의미한다. 중국의 발전 방식 전환은 반드시 글로벌 스케일에서 계획하고, 자원을 배분해야 실현 가능하다는 것이다. 시진핑 주석은 2016년 8월 17일 열린 '일대일로' 건설 사업 간담회에서 "나라가 강해야 자신감을 가지고 개방할 수 있고, 개방해야 나라가 더욱더 강해질 수 있으며, 중국 경제의 지속적인 발전을 유지하려면 반드시 세계적인 안목을 가지고 국내와 국제 두 개의 큰 시장을 통합해, 대외 개방을 잘 계획하고 더욱 적극적이고 능동적인 자세로 세계를 향해 나아가야 한다."라고 말했다.

2008년 금융위기 이후 중국의 해외직접투자가 폭발적으로 늘고 있는 것(그림 3.7)으로 사실상 이러한 공간 재구성의 막을 올린 것이다. 2005년까지 중국의 해외 직접 투자는 연간 수십억 달러에 불과했으나 2008년 559억 달러로 상승했고, 2013년에는 1,000억 달러를 넘어섰다. 2015년 중국의 해외 직접투자는 1,456억 달러로 미국에 이어 세계 2위였고, 이는 그해 유치한 외자(1,356억 달러)를 현저히 넘어섰다. 중국은 이미 '외자 유치'를 위주로 하는 방식에서 '해외 진출'과 '외자 유치'를 모두 중요시하는 발전단계에 들어섰고, 이는 세계 경제 체제에 더욱 적극적이고 심층적으로 융합되었음을 의미한다. 사실상 최근 10년간 중국의 해외직접투자의 증가추세는 선진국들의 1980~1990년대 해외투자추세와 비슷하다(그림 3.8). 만약 경제지리학자 피터 디킨이 말하는 바와 같이 선진국들의 해외 직접투자가 '글로벌 산업 이전' 현상을 일으켰다고 한다면, 중국의 해외 투자 증가세는 제2차 글로벌 산업 이전을 의미할 수도 있다.

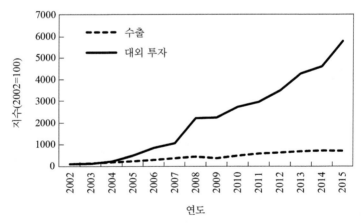

그림 3.7 2002~2015년 중국 수출과 해외투자 증가세
자료 출처: 《2016 중국 통계연감》

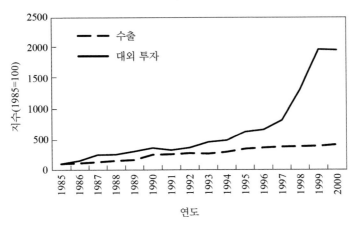

그림 3.8 1985~2000년 선진국들의 수출 및 해외투자 증가세

자료 출처: UNTCAD 데이터베이스

최근 10년간 중국의 해외직접투자가 크게 늘어난 것은 네 가지 주요한 요인으로 분석된다. 첫째, 인건비가 상승함에 따라 중국의 일부 노동집약형 산업이 국제경쟁력을 잃고, 인건비가 더 낮은 국가나 지역으로 이전하게 된 것이다. 2000년 이후 중국의 도시 근로자 평균 실질 임금 지수가 빠르게 상승해 대부분 연 10% 이상 증가했고, 2015년에는 2000년보다 4.8배 증가했다. 현재 공장 근로자의 인건비 (직접임금에 '5대 보험과 주택 기금'까지 포함)는 월 5,000위안에 육박한다. 빠른 임금 인상은 근로자들이 경제성장의 실질적 이점을 누리는 한편, 노동집약적인 제조업의 경쟁력을 약화시키기도 한다. 조사에 따르면 중국 공장의 인건비가 인도, 베트남 등의 2배 이상, 캄보디아, 방글라데시보다 3배 이상 비싼 것으로 나타났고, 노동생산성을 감안하면 한국이나 중국의 대만 수준에 육박하는 셈이다. 이 때문에 최근 많은 노동집약형 외자기업이 남아시아·동남아시아·아프리카 등으

로 이전했고, 섬유·의류·신발·완구 등 민간기업 주도의 노동집약형 산업도 이전하기 시작했다. 이것이 바로 제2차 글로벌산업 이전의 직접적인 표현으로서, 많은 저개발국에 발전 기회를 가져다줄 수 있다.

둘째, 중국의 생산 과잉이 뚜렷해 '공간적 조정'이 필요하다. 2008년 글로벌 금융위기에 대응한 투자활성화 계획이 당시 복잡한 국제정세에서 효율적으로 대처하는 데 일조했지만, 동시에 적지 않은 분야에서 생산 과잉을 가져왔다. 현재 중국의 철강 생산능력은 12억 톤을 넘고, 시멘트 생산능력은 20억 톤, 전해 알루미늄 4,000만 톤, 자동차 생산능력은 3,100만 대(600만 대는 추가 건설 중), 조선능력은 8,000만 적재 톤(기본적으로 현재 전 세계 연간 수요량)이다. 자본의 누적된 '공간적 조정' 필요성과 선진국의 경험에 비춰보면, 중국의 일부 자본 집약적 산업은 공간 이전이 필요하다. 이는 정상적인 글로벌 산업 이전 현상이며, 경제 세계화의 표현이자 저개발국들의 기회이기도 하다.

셋째, 최근 20년간 중국의 일부 기업이 글로벌 투자 역량을 갖춘 큰 회사로 성장했다. 개혁개방 정책과 중국의 거대한 소비시장 덕에 중국 기업의 성장 속도가 매우 빠르다. 이 중에 독점적인 지위를 지닌 국유기업도 포함되어 있고, 시장에서 성장한 민영기업도 포함되어 있다. 2016년 '포춘Fortune 세계 500대 기업 순위'에 따르면 중국은 이미 110개 기업이 랭킹에 올랐으며, 그중 중국 본토 기업이 97개이다. 30년 전에는 세계 500대 기업 중에 중국 본토 기업이 없었다. 이 대기업들은 이미 명실상부한 다국적 기업이 되었으며, 다국적 투자 능력을 갖추고 있다. 사실 최근 중국의 대규모 국제인수합병은 주로 이런 대기업들이 전 세계적으로 비즈니스를 확장한 결과이다.

넷째, 중국은 국제시장에서 전략성 자원의 확보를 모색할 필요가 있다. 중국의 1인당 자원 점유량이 상대적으로 낮은 편이어서, 국내의 자원 매장량으로는 경제 발전의 수요를 만족시키기 어렵다. 현재 중국의 철광석, 보크사이트(알루미늄 원료), 구리, 원유 등 중요 자원의 대외 의존도는 60%에 달한다. 선진국이 걸어온 길과 마찬가지로 중국은 지속적인 경제성장을 위해 자원 확보의 안정성을 지속적으로 높여야 한다. 시장에서의 조달, 광산과 유전 인수합병, 합자 형태의 개발(채굴) 등은 모두 시장화의 방법이다. 중국의 해외투자 구조를 보면, 2000년 이후 광업 비중이 줄곧 15%대를 유지해 왔다.

지난 30여 년을 돌아보면 중국의 경제발전과 경제 세계화에 참여하는 과정이 3단계를 거쳤음을 잘 알 수 있다(그림 3.9와 그림 3.10). 1990년대 특히 덩샤오핑鄧小平의 남순강화 이후 중국이 유치한 외국인 직접투자는 급속히 늘어났다. 1991년 43억 7,000만 달러에 불과했던 중국의 외국인 투자 유치 자금이 1996년 471억 3,000만 달러로 연평균 61% 증가했다. 이후 1997년 아시아 금융위기에도 불구하고 중국은 외국인 투자 유치 수준을 높게 유지했다. 전체적으로 보면 1990년대 10년간 중국의 외국인 직접투자 유치는 연평균 27.8% 증가한 반면 수출은 연평균 15.2% 증가에 불과했다. 따라서 이 시기는 외자 유치를 통해 경제성장에 필요한 자본, 기술 및 경영 노하우를 받아들여 이들의 부족 문제를 해결하는 '의존적 세계화'라고 할 수 있다. 1996년부터 2000년까지의 기간에 외국인 투자는 중국 고정 자산 투자의 8.4%를 차지하여 예산 내 투자(중국 정부의 예산으로 국가 계획에 따라 행하는 고정자산 투자)보다 훨씬 많았다. 2000년 이후 특히 2001년 말 WTO에 가입하면서 중국이 대외 수출에 있어 고속 성장기를 거쳤다. 2001~2008년 중국의 수출은 연평균 23.5% 증가해 3.3년 만에 두 배로 늘어났다. 이와 동시에 외국인 투자 유치는 빠른 성장세를 유지했지만 연평균 증가 속도가 10.8%로 떨어졌다. 이 시기를 '무역의 세계화' 시기라고 할 수 있다. 무역 규모가 빠른 속도로 커지면서 특히 무역 흑자가 커짐에 따라 중국의 해외 투자가 많이 늘어났다. 2006~2014년 중국의 해외직접투자가 연평균 23.7% 증가한 반면 대외수출이 11.8%, 외국인 투자 유치가 8.3%씩 감소했다. 따라서 중국이 '자본의 세계화' 시대에 들어서기 시작했다고 할 수 있다. 이 새로운 시기에 중국의 해외투자 이익을 위하고, 중국의 자본으로 더 많은 개발도상국 및 지역과 함께 윈-윈win-win할 수 있도록 국가의 새로운 구상, 특히 전 세계를 대상으로 한 이니셔티브를 제기할 필요성이 대두되었다.

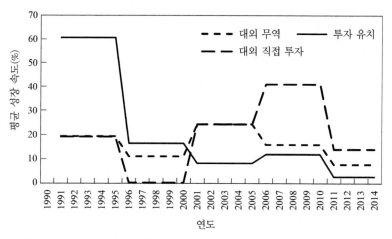

그림 3.9 1990~2014년 중국의 대외무역, 투자 유치 및 대외 직접 투자 증가 속도
자료 출처: 《2015 중국 통계연감》

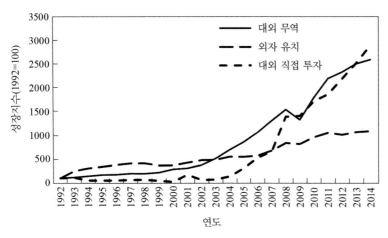

그림 3.10 1992~2014년 중국 대외 무역, 외자 유치, 대외 직접 투자 성장지수
자료 출처: 《2015 중국 통계연감》

3. 기타 요인

위에서 언급한 바와 같이 지난 30여 년간 경제 세계화의 심도 있는 발전 및 이로 인한 세계 구조의 큰 변화, 그리고 중국 자체의 발전 방식 전환의 내적인 수요가 '일대일로'이니셔티브의 근본 요인이다. 이 외에도 '일대일로'의 등장에는 지정학적 관계의 원만한 해결, 평화롭고 안정된 주변환경 조성, 전략적 자원의 안정적인 확보 등의 요소가 있다.

'일대일로'가 제안된 이래 일부 학자들이 이를 중국의 지정학적 전략으로 묘사해 왔는데, 이것은 이 구상의 기본적인 이념과 배치된다. 지정학적 전략이란 일반적으로 지정학적 '(정치적 의미의)모략'으로 이해되며, 국가 정치행위와 지리적 위치와의 관계, 국가 간 생존공간 마련을 위한 정치·군사적 투쟁 관계를 다룬다. 애그뉴Agnew의 방법에 따르면 지정학적 전략이란 일종의 변증법적 실천으로 주로 이원적 공간(동양과 서양, 너희와 우리 같은)의 상상을 통하여 외교정책과 국가행위를 토론하는 것이다.[3] 라첼Ratzel의 '국가 유기체설'부터 머핸Mahan의 '해상 권력사론', 매킨더Mac kinder의 '심장부 이론'까지 모두 다 세계를 어떻게 통제하고 어떻게 세력을 확장할 것인가 하는 내용이며, 그 전제는 '제로섬 게임'이다. 제1차 세계대전 이후 지정학(특히 매킨더의 심장부 이론)이 나치 독일의 확장에 사용되면서 상당히 긴 기간 동안 지정학 연구가 쇠퇴하기도 했다. 명예가 회복된 지금은 지정학적 연구가 국방과 외교정책을 수립하는 데 근거를 제공하고 있다. 그러나 '일대일로'의 기조는 경쟁과 투쟁을 심화시키는 것이 아니라 협력과 상생이다. '일대일로' 제안은 '너는 많고 나는 적은' '제로섬 게임'이 아니라 큰 파이를 함께 만들자고 제안한 것이기 때문에, 지정학적 핵심 이슈와 적지 않은 차이가 있다는 것이다.

물론 지정학적 전략이 지정학적 경제관계만을 지칭하는 것이라면 '일대일로' 구상과 비슷한 부분이 있다. 하지만 문제는 국제적으로 지정학적 전략을 지정학적 '(정치적 의미의)모략'으로 이해하고 공격적이고 투쟁적인 것으로 이해하기 때문에 '일대일로' 구상과 큰 차이가 있다. 역사적 경험에서 볼 수 있듯이 세계는 경쟁에서 협력 관계로 투쟁에서 파트너 관계로 진화해 왔다. 일부 학자와 정치인들이 세계를 절대적인 투쟁과 경쟁관계로 이해하여 '제로섬 게임'을 선호할 수 있지만, 협력과 파트너 관계를 주장하고 추진할 이유도 있다. 오늘날 세계가 이미 경제 세계화로 인해 긴밀하게 연계되어 있기 때문에 협

---

3) Agnew J, The Territorial Trap: The Geographical Assumptions of Internationalrelations Theory. *Review of International Political Economy*, 1994. 1(1): 53-80.

력과 파트너 관계가 더욱 필요하고, 건설적이라고 본다.

'일대일로' 건설이 중국의 지정학적 전략은 아니지만 '일대일로' 구상에 지정학적인 고려가 없는 것은 아니다. '일대일로' 건설에는 지정학적 관계를 원만하게 해결하고, 평화적이고 안정된 주변관계를 구축한다는 생각이 들어있다. 중국의 입장에서 현재는 중국이 부상하는 중요한 시기인 만큼 '중국의 꿈中國夢'이 이루어지는 데 평화적이고 안정적인 국제환경, 특히 중국 주변 지역의 안정적인 환경이 필요하지만, 현실은 중국 주변 지역의 지정학적 환경이 복잡하다는 것이다. 첫째, 중국은 세계에서 육상으로 이웃한 나라가 가장 많은 국가 중 하나로 러시아4) 다음으로 14개 국가와 이웃하고 있다. 이웃이 많으면 반드시 이웃 관계가 복잡해질 수밖에 없다.5) 더구나 중국이 일부 이웃 국가(인도와 부탄)와 국경 문제를 아직 해결하지 못했고, 일부 주변 지역의 불안정성(한반도의 북핵문제, 아프가니스탄 문제 등)이 높으며, 다른 지역에서는 극단적인 이슬람주의와 테러리즘이 기승을 부리고 있다. 어떻게 하면 발전모델, 종교문화, 정치체제, 민족구조 등에서 차이가 큰 '이웃'들과 평화롭게 친선관계를 발전시켜 '화이부동和而不同'을 이루느냐 하는 것이 중국의 발전 과정에서 반드시 고려되어야 할 중대한 문제이다. '일대일로'의 건설로 주변 국가들이 중국 경제 성장의 상승 효과와 실질적인 혜택을 누리고, 발전을 가속화하여 빈곤을 벗어나며, '이웃 관계'의 발전(개선)을 통해 평화적이고 안정적인 주변환경을 만드는 데 도움이 될 것이다.

---

4) 중국은 소련이 붕괴되기 전까지 세계에서 육상 이웃 국가가 가장 많았으며, 러시아는 소련 붕괴 후 가장 많은 육상 이웃 국가를 가진 나라가 되었다.
5) 상대적으로 미국의 지정학적 환경은 매우 좋다. 미국은 캐나다와 멕시코에만 맞닿아 있고 동서 양쪽은 대서양과 태평양이다.

둘째, 중국은 대양大洋을 직접 접하고 있는 나라가 아니다. 중국의 황해, 동중국해 및 남중국해는 모두 주변국과 해양 분계선이 있는 해역이다. 현재 상기 해역에서 중국은 주변 당사국과 어느 정도 해양 국경 분쟁이 있다. 중국의 해역에는 섬들이 고리처럼 이어져 해양 진출을 가로막고 있는 형국이며, 대양으로 출항할 때 북쪽으로는 대한 해협, 동해 및 라페루즈 해협을 통과해야 하고, 동쪽으로는 미야코 해협이나 발린탕 해협을 통과해야 하며, 남쪽으로는 말라카 해협이나 순다 해협, 롬복 해협을 통과해야 한다. 중국은 '세계의 공장' 기능을 담당하고 있기 때문에 '원료를 수입하고 완제품을 수출'하는 경제 발전 구조를 가지고 있으며, 원양 운송은 이미 중국 사회 경제 시스템의 중요한 구성 요소가 되었다. 따라서 해양운송의 안전을 지키겠다고 주장하는 그 어느 나라보다도 중국이 더 안전하고 효율적인 해양운송 환경을 중요시한다.

또 '일대일로' 건설은 중국이 전략적 자원의 안정적 확보를 강화해야 하는 것과도 관련이 있다. 한 나라의 현대화는 반드시 그것과 상응하는 물질적 자원, 특히 전략적 자원이 뒷받침되어야 한다. 전략적 자원이란 사회경제 활동에 기초적인 뒷받침 역할을 하는 에너지, 물, 토지 등 자연자원을 말한다. 역사적인 경험에 비추어 볼 때 강대국의 현대화는 전략적 자원 공간의 확보와 그 확장의 과정이기도 하다. 선진국들은 경제 부흥 과정에서 식민지 체제나 전쟁과 같은 방법을 이용해서 경제 발전에 필요한 전략적 자원을 얻기도 했다. 오늘날의 세계 경제는 시장화된 경로와 협력의 방법으로 자원을 얻는 것이 주류를 이루고 있다. 합리적인 시장화 수단을 통해 중국의 안정적 자원 확보 수준을 높이는 것이 '중국의 꿈中國夢'을 이루는 데 중요한 전제조건이다.

강대국으로의 부상과 현대화는 두 가지 전략적 자원에 의존한다. 첫째는 단계적 전략 자원으로 주로 철광석, 구리, 알루미늄(보크사이트) 등과 같은 기초 건설과 관련된 자원들이다. 이런 자원들이 공업화와 도시화가 빠르게 진행되는 단계에서 1인당 수요량이 빠르게 증가하다가 일정한 수준에서 유지된다. 그리고 1차산업을 포함하여 기초 산업들이 해외로 이전함에 따라 수요가 더 떨어질 것이다. 예를 들면 미국의 1970년대 초 1인당 철강재 소비량이 700kg 정도였는데 지금은 300kg으로 줄어들었고, 일본이 1980년대 초 800kg 정도였던 것이 지금은 500~600kg 정도로 줄어들었다. 또 다른 전략자원은 장기적인 전략 자원, 즉, 사회경제 시스템의 운영과 주민들의 일상생활에 필요한 자원, '에너지'이다. 이들 자원의 1인당 수요량이 경제 발전 수준이 높아짐에 따라 꾸준히 상승하며, 일반적으로 공업화와 도시화가 완료된 후에 일정한 수준에 도달하고, 장기적으로 안정 상태를 유지한다. 중국이 전반적으로 이미 후기 산업화 단계에 접어들었고, 단계적 전략자원의 1인당 소비량이 거의 정점에 달해 앞으로 10년간 감소 추세로 접어들 것이다. 따라서 앞으로 중국의 세계적 부상에 영향을 미칠 수 있는 전략적인 자원은 주로 에너지이고, 그 안정적 확보 수준을 높이는 것이 매우 중요하다.

중국은 이미 세계 제2위의 경제 대국으로서 사회경제 발전을 위한 자원수요가 날로 커지고 있다. 중국은 현재 철강, 알루미늄, 구리, 시멘트, 유리 등 원자재 생산규모가 세계 1위일 뿐 아니라 전자, 통신, 가전, 방직, 의류, 자동차, 선박 등 20여 개 품목의 생산규모도 세계 1위이다. 이런 상황에서 중국은 다양한 전략적 자원을 이미 국제 시장에 크게 의존하고 있다. 철광석, 구리, 알루미늄(보크사이트)의 대외 의존도가 60%를 넘었고, 원유 또한 60%에 이르렀다. 통계에 따르면

2030년에는 중국의 1차 에너지 소비 규모가 원유 7억 톤, 천연가스 5,000억 ㎥에 육박하는 55억 톤(표준 석탄 기준)에 이를 것으로 추정되며, 이를 위해서는 5억 톤의 원유와 1,800억 ㎥의 천연가스가 수입될 전망이다. 자원을 어떻게 안정적으로 확보하고 운송하느냐 하는 것은 이미 더 높은 차원에서 고려하고 계획해야 할 중대한 사안이 되었다. 여기에는 획득(구입) 경로와 운송경로의 다원화가 매우 중요하다.

천연자원 매장의 측면에서 보면, 실크로드 주변 국가들의 자원 매장량이 비교적 풍부하다. 예를 들면, 석유, 천연가스에 대해서는 러시아, 중앙아시아와 중동 지역이 모두 매장량이 많은 지역이다. 추측에 의하면 세계적으로 채굴 가능한 석유와 천연가스 양의 2/3가 실크로드 주변국에 분포되어 있다. 이것이 서로가 이익을 공유하면서, 중국이 안정적인 자원확보도 할 수 있는 좋은 조건을 마련하였다. 최근 들어 중국의 석유와 천연가스 수입이 중동에 주로 의존하는 상황이 개선되었고, 러시아, 카자흐스탄, 투르크메니스탄 등과 대규모 석유, 가스 구매 계약을 체결하였다. 따라서 실크로드 주변국과의 경제무역 협력을 강화해 석유, 천연가스 자원의 수입 다원화를 추진하는 것이 중국의 에너지 안보 수준을 높이는 데 도움이 될 것이다.

원양 운송(해운)의 경우, 중국의 자원 수입과 상품 수출이 중동노선, 남미노선, 북아프리카노선, 동아프리카노선, 서아프리카노선 및 북미노선 등 6개 노선에 집중되어 있다. 북미항로를 제외하고 모든 항로의 원양 운송이 모두 말라카 해협을 통과하여야 한다. 호르무즈 해협, 모잠비크 해협, 바브엘만데브 해협도 매우 중요한 결절점이다. 그중에 중국이 수입하는 원유의 70~80%와 기타 해상운송화물의 50% 이상이 말라카 해협을 거쳐야 한다. 그래서 말라카 해협이 "말라카 장터"라고 불릴 정도로 복잡하다. 중국은 해상운송환경의 안정성을 지키는 데 주력하고 있지만 가끔 다른 국가들 간의 분쟁으로 인해 피해를 입기도 한다. 중국 경제는 '원자재를 수입하고 완제품을 수출'하는 특징이 있기 때문에 말라카 해협에 어떤 문제가 생기면 중국 경제가 심각한 타격을 받게 된다. 그러므로 운송로의 다원화는 벌써 피할 수 없는 문제가 되었다. 육상 운송로를 만들고 해운과 육상 운송을 결합한 해륙운송로를 연결시키는 것도 중국의 안정적 자원 확보 수준을 높이는 데 중요한 수단이다.

제**4**장

'일대일로' 건설의 함의와 구상

1. 핵심적 함의: 포용적 세계화

지금도 '일대일로'에 대해 여러 가지 다른 해석들이 존재한다. 거시적인 배경에 대한 앞부분에서의 분석과 '실크로드와 21세기 해상실크로드 공동건설 추진에 대한 비전 및 행동(이하 〈비전과 행동〉)에 비춰볼 때, '일대일로' 건설이 포용적 세계화를 위한 구상이며, 포용적 세계화의 새로운 시대를 열어 나갈 것이라고 생각한다. 〈비전과 행동〉에서는 "'일대일로' 공동 건설이 개방적인 지역 간 협력 정신을 계승하여, 세계 자유 무역 체제와 개방형 세계 경제를 지킬 것이라고 밝히고 있다. 그리고 경제 요소의 자유로운 이동과 자원의 효율적인 배치 및 시장의 심층적인 융합을 촉진하며, '일대일로' 주변 각국의 경제정책 조율을 추진하고, 보다 폭넓고 심층적인 지역 협력을 통해 개방, 포용, 균형, 보편적 혜택을 누릴 수 있는 지역경제 협력 구조를 만들어 나가겠다."라고 밝혔다. 이것이 바로 일대일로에서의 경제 세계화에 대한 표현이다. 그러나 '일대일로' 건설이 신자유주의 경제 세계화를 단순히 이어가는 것이 아니라 '평화, 친선, 교류, 번영'을 기초로 한 실크로드의 문화적 함의(실크로드 정신)와 '함께 논의하고, 함께 건설하며, 함께 공유한다(共商·共建·共享)'라는 원칙에 의거하여 주변 국가들의 발전 전략과 연계하고, 이익의 접점과 발전을 위한 최대 공약수를 찾음으로써 공동 발전과 협력의 윈-윈win-win전략을 추진하는 것이다. 이런 점에서 '일대일로' 건설은 실크로드 정신과 경제 세계화 이념과의 유기적인 결합이며, 포용적 세계화의 길을 열어가려는 시도라고 할 수 있다.

앞에서 언급한 바와 같이, 지난 30여 년의 세계화는 자본축적의 '공간적 조정'과 신자유주의 사상이 결합한 산물이며, 그 핵심은 '워싱턴 컨센서스Washington Consensus'가 주장한 경제자유화와 완전 시장 메커니즘이며, 정부가 국가와 세계 경제 거버넌스에서의 권력과 역할을 포기한 것이다. 결과적으로 볼 때 '워싱턴 컨센서스' 이념을 도입한 국가 중에 경제성장의 어려움에서 벗어난 경우는 거의 없었다. 한편으로는 경제 세계화가 세계 경제의 양적인 성장을 이끌었지만, 다른 한편으로는 각종 불균형과 사회문제, 특히 빈부격차를 확대시켰다. 신자유주의 경제 세계화 속에서 자본은 가장 큰 승자였고 사회는 엄청난 대가를 치렀다. 이것이 바로 최근 몇 년 동안 경제 세계화가 의심을 받는 근본적인 원인이다. 세계화가 한 단계 더 나아가려면 새로운 글로벌 경제 거버넌스 모델을 실험해야 하는데, 그 핵심은 정부가 어떻게 사회적 공정성과 시장의 공정성을 지키는 역할을 수행하고, 이를 시장 메커니즘 하에서 자본축적의 강대한 역량과 결합시켜 경제발전과 세계화의 혜택을 더 많은 지역과 사람들이 누릴 수 있게 할 것인가에 있다.

중국은 1980년대 이후 점진적인 개혁개방을 통해 경제 세계화 과정에 참여하였다. 한편으로는 자본, 기술과 경영 노하우 도입 등을 통해 자체 경제의 도약을 추진하였고, 다른 한편으로는 경제 세계화에 부응하는 거버넌스와 메커니즘을 점차 갖추게 되었다. 중국의 고속 성장은 경제 세계화에 힘입은 것이며 동시에 세계 경제 성장에도 크게 기여해 세계 경제 구도를 바꿨음을 누구도 부정할 수 없다. 이제 중국 경제는 세계와 긴밀하게 연결되어, 중국이 세계를 떠날 수 없고, 세계도 중국을 떼어놓을 수 없다. 중국이 경제 세계화의 성과를 지켜나가고, 경제 세계화의 메커니즘을 발전시키는 데 더 큰 기여를 해야 하며, 세계 경제를 성장시키는데 더 큰 역할을 해야 한다. 이런 맥락에서 '일대일로' 건설은 바로 경제 세계화를 포용적인 발전으로 이끌어 나가기 위한 노력이다.

포용적 세계화란 지난 30여 년간의 신자유주의 세계화와 비교하여 말하는 것으로서, 서로 연관성이 있기도 하고, 본질적인 차이도 있다. 포용적 세계화가 기존의 세계화를 후퇴시키거나, '역逆세계화'를 의미하는 것이 아니라 세계화 자체의 발전과 개혁을 뜻한다. 기술 발전을 중심으로 한 세계화를 놓고 비교하면 양자는 일맥상통하고, 자본의 '공간적 조정'을 중심에 놓고 비교하면 양자의 기본적인 메커니즘이 같다. 하지만, 포용적 세계화가 단순히 자본 공간의 확대와 축적에만 기여하는 것이 아니라, 현실성 있게 사람들의 수요까지 고려한다는 점에서 본질적인 차이가 있다. 포용적 세계화는 국가가 '조절자'의 역할을 잘 수행하도록 하고, 자본시장의 '만기 불일치maturity mismatch' 문제를 해결하며, 각국이 본국의 상황에 맞게 발전 방향을 선택하도록 하고, 평등한 조건에서 세계화에 참여하게 하며, 경제 세계화 과정에서 문화의 다원성을 보호할 것을 요구한다. 이것이 바로 포용적인 세계화의 핵심적인 함의와 주요한 표현이다.

1.1 성장의 포용성

경제성장이 포용성을 갖도록 국가가 '조절자'의 역할을 잘해야 한다. 글로벌 스케일에서 발전을 연구하든, 국가적인 스케일에서 발전을 연구하든 항상 시장 자유화와 정부의 간섭 간의 관계는 늘 주목의 대상이 되어왔다. 20세기 초의 케임브리지학파의 경제적 자유주의에서 1930년대 시작된 케인스학파의 국가(정부)개입주의 그리고 1980년대 지배적이었던 신자유주의까지 정책 실시의 주안점이 완전 자유시장과 정부 개입 사이에서 오가고 있었다. 하비Harvey는 신자유주의가 유행하던 시기에, 국가의 주요 기능은 바로 자본의 전 세계적인 확장을 위해 좋은 여건과 환경을 제공하는 것이며, 신자유주의 실천에 의해 축적된 복잡한 문제를 해결하려면 국가의 권력을 재구성해야 한다고 말한 바 있다. 물론 케인스주의로 돌아가야 한다는 것은 아니지만, 어떤 형태의 개입이 필요하다는 것은 분명하다. 특히 국가는 주로 자본축적과 확장을 위한 역할에서 사회적 공정성을 더욱 중요시하는 쪽으로 전환해야 한다. 첫째, 각국 정부는 금융시장의 불안, 기후변화 등에 대처하기 위한 협력을 강화하고, 둘째, 재취업 교육, 혁신 및 창업능력의 육성, 빈곤퇴치 등 기초적인 공공서비스 제공 능력을 강화해야 하며, 셋째, 자본시장에 대한 지도능력과 자원 배치 능력 및 기본 공공서비스를 제공하는 능력을 갖춰야 한다. '일대일로' 구상은 정부의 역할을 매우 중요시한다. 우선 연선 국가들 간의 정책 소통과 발전전략 간의 연계, 각종 계획과 프로젝트의 결합, 그리고 적극적으로 이익의 접점을 찾는 것을 강조한다. 이러한 발전은 단지 자본의 공간적 확장에만 그치지 않고, 저개발지역과 기층 국민들의 수요까지 고려하여 더 많은 사람과 더 많은 지역이 혜택을 볼 수 있게 하는 포용성을 보여줄 수 있다.

1.2 인프라 발전의 포용성

자본시장의 '만기 불일치maturity mismatch' 상황을 변화시키려면 인프라 개발을 저개발 지역으로 확대해야 한다. 많은 연구에서 알 수 있듯이 연결성connectivity은 한 지역이 경제 세계화 과정에서 발전의 기회를 얻을 수 있는 전제조건이 되고, 또 인프라의 가장 취약한 부분에 투자해야 경제성장을 촉진하고, 사회적, 금융적 이익을 얻을 수 있다고 한다. 그러나 현실은 전혀 다르다. 현대화된 인프라가 이미 세계의 많은 지역을 네트워크화하여 '작은 세계'와 발달된 시장체계를 만들었음에도 불구하고, 세계의 많은 지역과 수십억의 인구가 여전히 현대화 시스템 속에 들어오지 못하고 있으며, 일부 선진국(예를 들면 미국)의 경우 대량의 인프라가 이미 노후화되었으나, 제때 보수하지 못하고 있다. 이 문제가 생긴 이유는 최근 30년 동안의 전 세계 자본시장 변화와 관련이 있다. 금융시장의 주역이었던 전통적인 저축은행과 투자은행의 지위가 최근 30년 동안 떨어진 반면 연금, 헤지펀드, 국부펀드, 보험회사 등 각종 금융 중개기관이 이를 대체했다. 고든 클라크Gordon Clark의 연구에 따르면 경제협력개발기구OECD 회원국의 연금이 이미 가장 큰 저축 및 투자기관으로 부상하였다. 2016년 영국의 연금 규모는 3조5,000억 달러로 1987년보다 7배 이상 늘었고, 미국의 연금 규모는 27조 달러나 되었으며, 이 외에 전 세계 국부펀드의 규모도 15조 달러에 이르렀다. 이런 금융중개기관이 금융시장에 장기 투자를 하지 않고 투기성 투자 이른바 '핫머니' 단기 투자에 집중하는 경향이 있다. 노벨경제학상 수상자인 스티글리츠 Stiglitz는 "헤지펀드에게는 한 분기 동안 투자하는 것이 거의 가장 긴 시간이다."라고 했다. 인프라 사업은 규모가 크고, 주기가 길며, 자본이 밀집되어 있는 특성이 있는 반면 투자 수익이 낮아서'핫머니'와 같은 단기자금이 잘 투자하지 않는다. 그래서 글로벌 인프라 융자 시장에서는 심각한 '만기 불일치maturity mismatch' 상황이 있어 더 많은 '(장기적 투자를 하는)인내심 있는 자본'이 필요하다. 중국 정부가 제안한 '일대일로' 구상 중 하나가 바로 인프라들의 상호 연결이며, 그리고 이에 필요한 융자도 제공해 저개발국과 저개발 지역이 현대화된 인프라 네트워크로 연결되게 하여, 많은 발전 기회를 얻게 할 수 있다. 이것이 바로 '일대일로' 이니셔티브가 많은 개발도상국의 환영을 받는 중요한 이유 중 하나이다.

1.3 발전 모델의 포용성

획일적인 발전 모델을 보급하겠다는 생각을 포기해야 한다. 세계화는 획일화된 발전 모델이 필요하지 않다. 경제 세계화를 추진하는 과정에서 미국이나 영국 등은 신자유주의 사상을 다른 나라, 특히 개발도상국에 이식하려고 한다. 1990년대 중반에 국제통화기금IMF 및 세계은행WB이 미국 재무부와 함께 '워싱턴 컨센서스'를 만들어 표준화된 처방처럼 글로벌 경제 발전에 표준과 원칙을 정했다. 어느 나라가 구제 금융을 필요로 할 때 이 나라는 반드시 '워싱턴 컨센서스'에 따라 신자유주의 경제정책을 따라야 하고, 그렇지 않을 경우 지원을 받지 못해 국가부도의 위험에 처하게 된다. 2008년 글로벌 금융위기 이전까지만 해도 세계은행은 개발도상국에 '최선의 실천'을 팔아왔는데, 그 핵심 내용은 사유화, 시장화, 자유화였다. 10여 년간의 경험에서 볼 수 있듯이 '워싱턴 컨센서스' 채택을 강요받은 나라들이 대부분 경제난에 빠져 독립적인 경제적 자주성을 상실했다. 반면 이 표준화된 처방을 받아들이지 않은 중국은 '돌다리를 두드려 보고 강을 건넌다'는 식으로 자신에게 맞는 발전의 길을 모색해 경제의 비약적인 발전을 일궈냈다. 중국이 제시한 '일대일로' 구상은 신자유주의 세계화와 달리, 세계에서 가장 좋은 길(선진국이 걸어온 길)이 유일하다고 보지 않고, 나라마다 발전 여건과 기반에 따라 자신에게 맞는 길을 선택해야 한다고 강조한다. 시진핑 중국 국가주석이 '일대일로' 국제협력 정상 포럼에서 "중국은 다른 나라의 이데올로기를 간섭하지 않고 자신의 발전 모델을 수출하지도 않으며, 상호 이익과 발전에 착안하여 함께 '파이'를 크게 만들어 공유하자"고 밝힌 바가 있다.

1.4 참여의 포용성

각국이 평등하게 세계화에 참여하도록 보장해야 한다. 세계화 개념에 포함된 것처럼 세계화는 세계 각국과 국민이 함께하는 사업이다. 강대국들이 세계화의 견인차이지만, 다른 나라들도 평등하게 참여할 수 있는 기본권을 가져야 한다. 그동안 경제가 전 세계로 확장하는 과정에서 강자가 항상 패자霸者의 모습으로 나타난 것은 역사적 경험에서 볼 수 있다. 영국, 프랑스로 대표되는 식민지 무역의 확장이나, 그 후 미국을 비롯한 강대국 자본의 세계적 확장이 모두 불평등한 국제 경제 무역의 형태이다. 최근 30여 년간의 경제 세계화 과정에서 거대한 다국적기업이 새로운 강자로 부상하였고, 패권적 지위와 막강한 권력을 갖고 있어 많은 나라들이 이들과의 협상에서 열세를 보이고 있다. 류웨이둥劉衛東 등은 '강요된 착근성obligated embedded ness'이라는 이론적 개념을 활용해 강대국이 세계화에 있어서 선천적인 우위에 있다고 밝힌 바가 있다. 더 나아가 세계화를 추진하는 과정에서 '약자'를 어떻게 배려하느냐가 포용성의 관건일 것이다. '일대일로'는 '개방 포용''평등 호혜'의 이념과 '함께 논의하고, 함께 건설하며, 함께 공유한다'라는 원칙으로 국가 간 발전의 최대 공약수를 찾는 것을 우선시하여 동반성장, 공동번영을 강조하며, 또한 울타리(배타성)를 형성하지 않고 '제 말만 주장'하지도 않으며, 관심 있는 국가나 지역이 적당한 방식으로 참여하게 하는 원칙을 견지한다. '일대일로' 국제협력 정상 포럼이 발표한 공동성명에서 저개발국, 내륙 개발도상국, 작은 도서 개발도상국에 특별히 관심을 가져야 한다고 강조했다. 이것이 바로 '일대일로' 구상의 포용성을 표명한 것이라고 할 수 있다.

1.5 문화의 포용성

경제 세계화 과정에서 문화적 다양성을 보호해야 한다. 지난 300년 동안 서유럽과 북미 국가들이 먼저 강대국으로 부상하면서 세계 경제 확장에 주도적인 위치를 차지하게 되었다. 이 점이 서구 국가들에 자기중심적 이데올로기와 절대적인 문화적 우월감을 갖게 하였고, 반면 많은 개발도상국들이 문화적 열등감을 갖게 만들었다. 특히 최근 수십 년간 경제 세계화의 영향력이 커지면서 여러 요인들에 의해 많은 국가들의 문화적 독립성이 위태로워졌다. 할리우드 영화, 맥도날드 등의 패스트푸드 문화, 색깔 혁명 등이 많은 나라와 지역들을 휩쓸었고 여러 가지로 문화 충돌을 빚었다. 이런 서구 중심론과 문화적 우위론이 가져온 좋지 않은 결과는 전 세계의 지속 발전에 매우 불리하다. 고대 실크로드에서 내려온 상호학습의 정신이 서구와 전혀 다른 문화적 가치관을 보여준다. '실크로드 정신'을 바탕으로 '일대일로'는 '화이부동和而不同'한 문화가치관을 이어받아 문화적 다원성을 지키기 위한 토대 위에서 함께 발전하고 번영하며 함께 평화를 추구해야 한다고 강조했다. 시진핑 중국 국가주석은 '일대일로' 제안은 이데올로기적인 선을 긋지 않고, 정치적 어젠다를 내세우지 않으며, 인류 문명의 우열을 가르지 않고, 문명은 평등하게 교류하고 상호학습하는 과정에서 다채로워지고, 창조적으로 변모한다고 여러 차례 강조하였다.

〈비전과 행동〉에 따르면 '일대일로'는 '하나의 핵심 이념'(평화, 발전, 협력, 상생), '다섯 개의 협력 포인트'(정책 소통, 인프라 연결, 무역 확대, 자금 조달, 민심 상통), '세 개의 공동체'(이익공동체, 운명공동체, 책임공동체)로 간단하게 표현할 수 있다. 그 핵심적 함의는 실크로드의 문화적 함의를 받아들여, 국제적 지역 경제협력을 추진하는 데 있으며, 중국 자본의 '해외 진출' 수요를 충족시킬 뿐만 아니라, 현지 국민들도 행복하게 하는 데에 있다.

2017년 5월 14~15일 개최된 '일대일로' 국제협력 정상 포럼에서 많은 국가 정상들이 연설에서 '일대일로' 건설은 포용성이 강하며, 더 많은 지역이 세계화의 혜택을 누리게 될 것이라고 언급했다. 예를 들어 파키스탄의 셰리프Mian Muhammad Nawaz Sharif 총리는 '일대일로' 이니셔티브가 강한 문화적 다양성과 포용성이 있으며, 세계화의 주변부에 있는 사람들에게 발전의 기회를 제공했다고 말했으며, 도미니크 드 빌팽Dominique de Villepin 프랑스 전 총리는 '일대일로' 건설은 고금을 통틀어 미래로 향하는 다리이며, 발전 과정에서 '한 사람도 뒤떨어지지 않게 한다'는 것이 목적이라고 하였다. 칠레의 미첼 바첼레트Michelle Bachelet 대통령, 터키 레제프 에르도안Recep Tayyip Erdogan 대통령, 체코 밀로시 제만Milos Zeman 대통령, 에티오피아 물라투 테쇼메Mulatu Teshome 대통령 등도 이와 같은 기대감을 나타냈다. 유엔 사무총장 안토니우 구테흐스António Guterres는 정상회담을 앞두고 CCTV와의 인터뷰에서 "'일대일로'는 세계를 하나로 통합하는 매우 중요한 이니셔티브로서, 세계화를 더욱 공정한 방향으로 발전시킬 수 있을 것이다."라고 말했다.

'일대일로' 국제협력 정상 포럼 원탁회의 공동성명은 "개방형 경제 건설, 자유포용성 무역 확보에 공동 노력하며……공동으로 '일대일로'

건설과 상호 연결성을 강화하며 국제협력에 새로운 기회와 새로운 동력을 제공한다. 그리고 개방과 포용, 보편적 혜택이 있는 세계화를 추진하며…… 포용과 지속 가능한 성장 발전을 실현시킬 것"이라고 밝혔다. 포용적 세계화를 추진하는 것이 '일대일로' 국제협력 정상 포럼에서 각국 정상들이 합의한 중요한 공감대라고 할 수 있다.

2. 건설 구상

'일대일로'는 중국이 세계 구도의 변화에 대응하고 발전 방식 전환에 적응하기 위해 내놓은 새로운 국가 전략으로, 전방위적이고 대외 개방을 리드하는 전략이며[1], '개방 발전'을 위한 주요 기치이자 매개체이다. 중국의 '13차 5개년 계획'은 '혁신, 협력, 녹색, 개방, 공유'라는 5대 발전 이념을 제시하고 있는데, 그중 '개방'은 기존의 '개혁개방' 중의 '개방'과는 현저한 차이가 있다. 지난 30여 년 동안 중국의 '개방'은 주로 단방향, 즉 적극적으로 글로벌 산업 이전의 추세에 순응하여 외자 유치를 통해 외자로 하여금 중국의 경제 건설에 참여하게 하는 개방이며, '일대일로' 건설에서 말하는'개방'은 양방향 개방이다. 즉, '해외 진출'과 '자금 유치'를 유기적으로 결합한 개방이다.

---

1) '전략'은 쉽게 오해를 일으키는 단어이다. 중국어에서 전략이란 주로 어떤 일을 계획하는 것이나, 장기적인 계획을 의미한다. 예를 들면 '신형도시화 전략', '혁신에 의한 발전추진 전략' 등이다. 어떤 외국어에서는 군사 용어로 더 많이 쓰이며, '전략'을 외국어로 직접번역하면 오해를 불러일으킬 수가 있다. 이 책은 중국어 출판물을 번역한 것인만큼 '일대일로'전략이라는 표현을 쓰는 경우도 있다. 그러나 책에는 '일대일로' 건설과 '일대일로' 이니셔티브가 사용될 때가 더 많다.

이런 '개방'은 중국이 세계적 범위에서 발전 방향을 고민하고, 자원 배치를 모색하는 전반적인 계획이다. 따라서 이 새로운 국가전략은 국내의 정책과는 차별화된 새로운 시각과 사고가 요구된다.

'일대일로'는 단순한 국내 사업도, 단순한 국제 사업도 아닌 국내외적으로 긴밀하게 연계된 사업으로 국내와 국제 전체를 아우르면서, 추진과 관련한 문제들을 종합적으로 고려해야 한다는 점을 명심해야 한다. 국내의 심화 개혁과 전면 개방 및 '해외 진출' 전략의 연계 문제를 잘 해결하여, 국내 개혁 정책으로 '일대일로' 건설을 지원하고, '일대일로' 건설로 국내 개혁 정책을 촉진해야 한다. 또한, 주변 국가와의 협력과 관계되어 있기 때문에, 경제벨트經濟帶 건설은 중국의 이익만 고려해서는 안 되고, 해당 협력국의 이익을 충분히 고려해야 하며, 적극적으로 이익의 합의점과 발전의 최대 공약수를 찾고 전면적인 실무협력을 강화하여 이익공동체를 구축해야 한다.

첫째, '일대일로' 건설은 중국의 진정한 글로벌 진출 계획으로서, 추가적인 메커니즘 개혁이 있어야만 비로소 심도 있게 추진되고 장기적으로 실시될 수 있다. 지난 30여 년 동안 중국의 개방전략은 '도입' 위주였고, 그 핵심적인 메커니즘은 '투자유치'이며, 각 정부 부처와 지방정부가 적극성을 발휘한 것이었다. 이제 적극적인 도입이 아닌 세계를 향해 나아가며, 다른 국가로 진출하는 입장에서, 이전과는 다른 체제와 메커니즘이 필요하다. 국내 각 방면의 적극성을 장려하고, 총괄 조정을 강화해 정치, 경제, 문화적 자원을 모으고, 과학적으로 계획하며 실효성을 중시하여 '일대일로' 건설을 차질 없이 추진해야 한다. 또한 국정운영 시스템의 현대화 추세에 맞춰 구체적인 업무에서는 정부, 기업, 사업기관, 비정부조직의 역할을 구분하여 각자의 업무를 수행해야 한다. 정부는 모든 것을 떠맡지 말고, 기업과 사업기관, 비정부기구가 역할을 다해야 한다. 그밖에 국제규칙과 관행을 숙지하고, 국제기구와의 협력을 강화하여, 중국만의 사업을 국제적으로 공동 추진하는 사업으로 만들어야 한다. 기업의 해외투자도 국가별 이해관계자와 연합하여 공동투자 방식으로 리스크를 해소해야 한다.

객관적으로 말하면, 현재 중국의 체제와 메커니즘은 전 세계로 뻗어 나아가는 수요에 부응하지 못하고 있다. 비록 많은 정부 부처가 대외교섭 부문, 예를 들면 국제협력처 등 교섭 부서가 있지만, 모두 전통적 업무 범위 내의 국제교류를 담당하고 있으며 또 통일되지 않고 '제각기 일을 처리'하는 현상이 뚜렷하며, 기존의 영역과 권한을 지키려는 경향도 뚜렷하다. 따라서 '일대일로' 건설을 추진하기 위해서는 단순한 '(파편화된) 지도 조직'을 만드는 것이 아니라, 총괄 조율 기구의 설립이 필요하다. 국제적 경험으로 볼 때 주요 선진국들은 모두 전문적으로 대외업무를 총괄하는 개발기관이 있다. 영국의 국제개발부DFID, 독일의 국제협력공사GIZ, 일본의 국제협력기구JICA, 프랑스의 무역진흥청Ubifrance 등이 그 예이다. 미국은 국무부 그 자체가 전 세계를 총괄하는 기구이며(중국의 국무원과 다르다), 그 밑에는 또 미국 국제개발처USAID를 두고 있다. 현재 중국에는 아직 해외개발과 대외원조를 총괄하는 기관이 없으며 종합적으로 일을 처리는 하는데 불리하다. 따라서 중국의 '국제개발기구'나 이와 유사한 기구의 설립이 '일대일로' 건설을 심도 있게 추진하는 중대한 조치로서 매우 시급하다.

둘째, '일대일로'는 중국 정부 프로젝트가 아니라 포용적 세계화를 위한 플랫폼이다. '일대일로' 구상을 제기한 후 3년 동안 중국 정부는 많은 일을 해왔다. 이미 30여 개국과 '일대일로' 양해각서MOU를 체결했고, 20여 개국과 에너지 협력 협약을 맺었으며, 그리고 '일대일로'

건설에 쓰이게 될 기금마련을 위한 아시아인프라투자은행AIIB도 설립했다. 많은 신문, 뉴스에서는 '일대일로'가 주로 정부 협력 차원에 머물러 있는 것처럼 보도되어, '일대일로'가 마치 중국 정부만의 프로젝트인 것처럼 느껴진다. 사실 '일대일로'는 중국이 세계에 제공하는 하나의 공공서비스 플랫폼이고, 글로벌 자본 이동을 위한 플랫폼이며, 포용적 발전의 장이다. 따라서 '일대일로' 건설사업은 자본시장과 기업의 주체적 역할을 더욱 중시하고, 중국 기업뿐만 아니라 국제 자본의 참여도 적극 유치해야 한다.

셋째, '일대일로'는 장기적인 계획 사업이기 때문에 '단번에 한다'는 생각을 가져서는 안 된다. 전략적 차원에서 전체적인 기획을 하는 탑 레벨 디자인Top-level design을 잘 수립하여, 각 업무들의 과도한 '분할'을 극복하고(과도하게 세분화되는 경우 업무추진이 원활하지 못하기 때문에), 국가의 전체 이익을 중시하며, 차근차근 확실히 일을 해나가야 한다. 우선 인접해 있는 국가들과 양자 협력을 맺고, 쉬운 일부터 추진해 가며, 명확한 협력의사가 있는 국가와 이익 접점을 찾아 사업을 추진해야 한다. 첫 단추를 잘 끼워 이를 바탕으로 우호협력의 모델을 만들고, '일대일로' 건설의 기반을 튼튼히 해야 한다. 지난 30여 년간 중국의 고속 성장이 다소 '빠른 속도를 추구'하는 대중심리를 키워왔다. 특히 일부 말단 관료들이 모든 일을 1~2년 안에 큰 효과를 보고, 치적을 쌓으려 한다. 이런 심리 상태는 '일대일로' 건설에 매우 불리하다. '일대일로' 건설을 차질 없이 추진하려면 장기간 국내 건설사업에서 형성된 '속도 지상주의'의 심리적 기대에서 벗어나야 한다. 역사적 기회도 잡아야 하고 조바심도 피해야 한다. '일대일로'는 중국의 전방위적인 대외 개방을 총괄하는 장기적이고 중대한 계획이기 때문에, 일시적인 전략이 아님을 명심해야 한다. 또 '일대일로' 건설은 우리가 원하는 만큼 빨리, 하고 싶은 대로 할 수 있는 것이 아니라 연선 국가와 협의하는 일이 많이 필요하다. 중국은 복잡한 국제환경에 직면해 있기 때문에 '일대일로' 건설은 장기적인 비전과 체계적인 포석이 필요하고, 조급증으로 인한 실수를 삼가야 한다.

넷째, '일대일로' 건설은 '해외 진출'과 '외자 유치'를 유기적으로 결합해 중국 산업의 고도화와 발전 패러다임의 전환을 이끌어야 한다. 중국 자본의 '해외 진출'은 '일대일로' 건설의 중요한 내용이지만, 그렇다고 해서 '일대일로' 건설이 일방적인 자본의 '해외 진출'이라고 볼 수는 없다. 중국과 선진국 간에 기술격차가 여전히 큰 만큼 앞으로도 상당히 긴 기간 동안 중국은 여전히 '외자 유치'를 중요시해야 한다. 사실 경제의 세계화는 국가 간 상호 투자가 활발해지고, 상호 보완이 이뤄지는 과정이다. 지난 30여 년 동안 구미 선진국들은 대외 투자 대국일 뿐만 아니라 외자 유치 대국이기도 했다. 따라서 '일대일로' 건설은 자본의 '해외 진출'을 독려하는 동시에 '외자 유치'도 중요시하는 작업을 계속해 양자를 유기적으로 결합시켜야 한다. 그래야 국제적 경제 무역 협력을 통해 중국 산업의 패러다임 전환과 경제의 지속적이고 건강한 발전을 추진할 수 있다. 중국은 영토가 넓고 지역 간 발전 수준 차이가 크기 때문에 모든 지역이 대규모'해외 진출'을 할 수 있는 단계가 아니다. 지역의 특성에 맞게 '일대일로' 건설에 참여하는 방안을 합리적, 과학적, 객관적으로 정해야 하며 무작정 다른 지역(특히, 경제적 능력이 충분한 지역)을 모방해서는 안 된다. '해외 진출'만 추구하면 불필요한 투자 리스크가 생기게 된다. '해외 진출' 과정에서도 업종별로 기업들이 적절한 방식으로 진출하도록 해야 한다. '해외 진출'은 탑 레벨 디자인Top-level design이 있어야 하고, 유형별로 '해외 진출'에 대한 정책적 지원이 있어야 한다. 탑 레벨 디자인의 핵심은 자본의 해외 진출 여부나 규모가 아니라 중국의 산업 고도화와 일자리 창출에 있다. '해외 진출'로 인한 중국 제조업의 '공동화'도 주의해야 하고, '해외 진출'에 따른 각종 투자 리스크도 적극 대비해야 한다.

다섯째, '일대일로' 건설은 인문 협력을 정부 사업의 우선순위로 할 필요가 있으며, 문화, 교육, 과학기술, 체육 등 문화 협력과 민생 지원 등을 추진해야 한다. 실크로드의 문화적 함의를 충분히 알리고, 중국이 '일대일로' 구상을 제기하는 것이 포용적인 세계화를 추진하고자 하는 의도라는 것을 관련 국가들이 이해하도록 해야 한다. 실제 사업을 통하여, 공동번영을 추구하며 '자원 약탈자', '중국 위협론' 등의 부정적인 여론을 해소해야 한다. 최근 중국 기업의 '해외 진출' 경험 부족으로 현지의 사회·문화적 전통을 충분히 고려하지 못하고, 기업의 사회적 책임을 다하지 못함으로 인해 주변국에서 중국의 긍정적인 이미지가 어느 정도 훼손되고 있다. 또 많은 주변국이 중국과의 협력에 대해 모순적인 심리를 가지고 있는데, 중국과의 경제협력을 통해서 경제 발전을 하려고 하는 한편 또 중국의 경제 확장에 의해 종속되는 것을 우려한다. '일대일로' 건설이 보다 원활하고 장기적으로 지속되도록 하기 위해서는 중국이 연선국가와의 민심 소통을 강화해야 한다. 오직 민심이 통해야만 주변국의 우려와 의구심을 해소할 수 있다.

3. 공간적 함의

겉으로 보면 '일대일로'는 고도의 공간 선택성을 지닌 전략적 개념이다. '대帶'와 '로路'는 모두 띠 모양의 경제체로 공간적으로는 배타적이다. 이런 문자 상의 의미가 '일대일로' 건설에 대한 많은 오해를 불러일으켰다. 예를 들어 어떤 성(중국의 지방행정 단위)은 자신이 '일대일로'에서 어떤 특수한 배타적 지위를 가지고 있다고 하는가 하면, 또 어떤 성은 자신이 '일대일로' 건설과 아무런 관련이 없다고 생각한다. 사실 '일대일로'는 다중공간의 함의를 가진 다중 스케일의 개념이다.

첫째, '일대일로'는 폐쇄적인 체계가 아니며, 절대적인 경계선이 없다. 그 공간 범위를 지도상에 정확히 표현할 방법이 없다. '일대일로'는 근본적으로 개방적이고 포용적인 국제적 지역 경제협력 네트워크로서, 참여를 희망하는 국가는 모두 참여할 수 있는 포용적 플랫폼이다. 이 때문에 중국 외교부는 '일대일로'에는 60여 개국, 40억 명 이상의 인구가 맞닿아 있다고 언급했지만 〈비전과 행동〉은 구체적인 범위와 국가 리스트를 제시하지 않고, '일대일로'가 유럽·아시아·아프리카를 아우른다고만 밝혔다. '일대일로' 국제협력 정상 포럼에서 시진핑 주석은 "'일대일로' 건설은 실크로드의 역사적인 토양에 뿌리를 내린 것이며, 주로 유럽·아시아·아프리카를 중점적으로 다루지만 모든 나라에 개방되어 있다."라고 밝힌 바가 있다.

둘째, '일대일로'는 하나의 국제적 지역 경제협력 네트워크이기 때문에, 단순히 일부 당사자(개인 또는 법인)가 특정 생산(산업) 영역에서 특정 지역을 대상으로 하는 소규모 경제 협력sub-region Economic Cooperatio이 아니라 국가 간 협력을 주체로 할 수밖에 없다. 〈비전과 행동〉에서 신장新疆과 푸젠福建성을 '실크로드 경제벨트'와 '21세기 해상 실크로드'의 핵심 지역으로, 시안西安을 내륙형 개혁개방 도시로, 충칭重慶, 청두成都, 정저우鄭州, 우한武漢, 창사長沙, 난창南昌,

허페이合肥 등을 내륙 개방형 경제 지역으로 만들고, 상하이上海, 톈진天津, 닝보寧波, 광저우廣州, 선전深圳 등의 도시 발전을 강화하도록 하였다. 하지만 이상의 성과 도시가 배타적인 지위를 가진다는 것을 의미하지 않는다. 사실상 모든 지역이 '일대일로' 건설에 참여할 수 있다. 특히 경제 무역 협력, 인문 협력, 금융 협력 등의 사업은 결코 〈비전과 행동〉에서 언급된 성과 지역의 '독점' 과제가 아니다. 일부 언급되지 못한 성, 예를 들면 장쑤江蘇성과 산둥山東성 등이 연선 국가와의 무역 거래, 인문 교류가 오히려 밀접하다. 〈비전과 행동〉에서 일부 성들과 지역의 역할에 대해 언급하는 것은 '일대일로' 건설을 국내의 기존 지역 발전전략과 결합하여, 동부, 중부, 서부가 서로 협력할 수 있는 메커니즘을 형성해 균형발전과 대외 개방을 촉진하는데 그 이유가 있고, 어떤 지역이 '일대일로'에 속하고 어떤 지역이 '일대일로'에 속하지 않는다는 것이 아니다.

셋째, '일대일로' 공동 건설은 인프라의 상호 연결, 특히 국제 해상, 육상 운송로 건설은 구체적인 공간과 범위가 있다. 예컨대 〈비전과 행동〉에서 언급한 바와 같이 "실크로드 경제벨트는 주로 중국 - 중앙아시아 - 러시아 - 유럽, 중국 - 중앙아시아 - 서아시아 - 페르시아만 - 지중해, 중국 - 동남아시아 - 남아시아 - 인도양을 잇는 통로"이며 "21세기 해상 실크로드는 중국 연안의 항구에서 출발하여, 남중국해와 인도양을 거쳐 유럽으로, 또는 남중국해를 거쳐 남태평양으로 가는데 중점을 두고 있다."라고 밝혔다. 〈비전과 행동〉에서는 또 새로운 유라시아Eurasia를 잇는 다리, 중국 - 몽골 - 러시아, 중국 - 중앙아시아 - 서아시아, 중국 - 동남아시아 등 국제경제 협력회랑의 공동 조성을 언급했고, 중국 - 파키스탄, 방글라데시 - 중국 - 인도 - 미얀마 두 개의 경제 회랑 건설 추진도 거론했다. 공간 지향성이 명확한 이런 통로와 회랑에는 비교적 많은 기초인프라 공동 건설 사업이 있게 된다. '5통(육상, 해상 실크로드 경제벨트의 경로 5개)' 중에 인프라의 상호 연계는 작은 스케일, 소규모 지역sub-regional적인 특징이 더 많은 반면 '4통(경제협력회랑)'은 국가 간 협력이 더 많은 셈이다.

국내 일부 관료와 학자, 언론은 이런 다중 공간성과 다중 스케일적인 특성을 잘 알지 못해 '일대일로'를 중국의 지역 발전 전략으로 보는 경향이 있다. 이로 인해 어느 정도 혼선을 빚기도 하였다. '일대일로'는 중국의 전면적인 대외 개방을 총괄하는 장기적 전략이자, 중국이 연선 국가들과 함께 개방적이고 포용적인 국제적 지역 경제협력 네트워크를 구축하자는 제안인 만큼 지역 전략이 아닌 국가전략이 될 수밖에 없다. 물론 이 국가전략은 다중 공간성으로 인해 지역적 영향이 크다. 그러나 그것이 지역적 영향이 있다고 해서 중국의 지역 전략이라고 부르는 것은 이 전략의 지위와 역할에 손상을 줄 뿐만 아니라, 연선 참여 국가들의 의혹도 불러일으킬 것이다. 따라서 '일대일로'는 '징진지京津冀(베이징-톈진-허베이성) 협동 발전' 및 '창장長江 경제벨트장강경제대 건설'과 함께 중국의 3대 지역 전략이라고 할 수는 없다.

'일대일로'는 참여를 원한다면 누구나 참여할 수 있는 개방적 시스템이지만, 실제 사업에서는 공간적 중점이 필요하다. 중국이 제시한 건설 비전에 따르면, 중점은 바로 '육랑육로, 다국다항六廊六路、多國多港'2)이다. 구체적으로 어느 국가와 지역에 먼저 건설할지는 중국이

---

2) '6랑六廊'은 여섯 개의 국제 경제 협력회랑을 만드는 것으로 구체적으로는 본문을 참고. '6로 六路'는 철도·도로·수로·항공로·배관로·정보망의 상호 연계 및 통합을 뜻한다. '다국多國'은 몇 개의 중점 국가를 지정하여 발전시키는 것이고, '다항多港'은 몇 개의 해상 중점 항구를 구축하는 것이다.

해당 연선 국가의 전략과 맞닿아 있는 성숙도와 이해관계의 합치 여부에 달려 있다. 예컨대 현재 중국은 이미 카자흐스탄이 제시한 '광명의 길' 전략과, 몽골의 '초원의 길' 전략, 러시아의 '유라시아 운송 대통로Trans Eurasian transport corridor'전략, 파키스탄의 '2025 비전'과 연계해 중국‑몽골‑러시아 경제 회랑과 중국‑파키스탄 경제 회랑 건설 및 중국‑카자흐스탄 에너지 협력 사업 등을 진행하고 있다.

참고 문헌

Chetty R, Grusky D., Hell M. et al, The Fading American Dream: Trends in Ab-solute Income Mobility Since 1940. *Science*, 2017, 356(6336): 398-406.

Clark G. L., Financial intermediation, infrastructure investment and regional growth, *Area Deuelopment and Policy*, 2017, 2(3): 217-236.

Harvey D, A Brief History of Neoliberailism. New York: Oxford University Press, 2007.

Henderson J., Nicholas Jepson, Critical transformations and global development: materials for a new analytical framework, *Area Deuelopment and Policy*, 2017, DOI:10.1080/23792949.2017.1369856.

Liu, W. D., Peter Dicken, Transnational corporations and 'obligated embedded-ness': foreign direct investment in China's automobile Industry, *Enuironment and Planning A*,2006,38(7):1229-1247.

Sheppard E, Limits to Globalization: Disruptive Geographies of Capitalist Development, Oxford, UK: Oxford University Press, 2016.

Stiglitz J.E, Vanity Fair, 2015, December 27, 2016(引自林毅夫、王燕, 2017).

林毅夫、王燕: "新結構經濟學: 將'耐心資本'作為一種比較優勢", 《開發行金融研究》, 2017年第1期.

佟家棟、劉程: "'逆全球化'浪潮的起源及其走向: 基於歷史比較的視角”,《中國工業經濟》, 2017年第6期.

韋偉強: “哈耶克、凱恩斯之爭誰贏了?—評新自由主義與凱恩斯主義的
　　興衰及對我國經濟的啟示”,《理論觀察》, 2006年第6期.

제**5**장

'일대일로' 건설의 몇 가지 중요한 문제

1. '일대일로' 건설과 지역 발전전략과의 관계

'일대일로'는 중국의 지역 발전 전략은 아니지만 지역 발전에 큰 영향을 미칠 것임은 분명하다. '일대일로' 건설을 어떻게 '서부 대 개발西部大開發, 동북 진흥東北振興, 중부 굴기中部崛起, 연해 지역 우선 현대화沿海率先現代化'라는 4대 전통 전략과 '징진지京津冀(베이징－톈진－허베이성) 협동 발전', '창장長江 경제벨트 건설'의 두 가지 새로운 전략과 접목하느냐가 정부(중앙 및 지방), 정책 결정권자들의 관심사이자 사회 각계를 고민에 빠뜨리게 하는 의제이다. 이들 전략 사이의 관계를 명확히 하는 것은 결코 쉽지 않다. 이들 전략의 관계를 파악하는 것이 쉽지 않지만 '일대일로'와 다른 전략의 차이점을 파악하는 것은 간단하다. '일대일로'는 개방·포용·균형·보편적 혜택의 국제 지역 협력의 틀을 중국과 연선 국가들이 함께 만들자는 제안으로 주로 국가 간 협력관계를 다루고, 다른 전략들은 국내 특정 지역 개발 문제를 해결하기 위해 제도화된 계획이다. 따라서 '일대일로'는 보다 상위에 있는 총괄적인 전략으로 지역 발전 전략에 대한 지도指導적 역할을 한다.

이런 지도적인 역할은 '양방향 개방'과 중점 경제 회랑 건설이 지역별로 가져다준 기회가 다르다는 점에서 알 수 있다. 전방위적인 대외 개방, 특히 유라시아 대륙 내부의 교통 접근성 및 무역 편의성의 개선이 서부 지역과 동북 지역에 새로운 발전의 기회를 가져다줄 것이며, 많은 '국경도시(또는 지방 소도시)' 지역이 개방의 선두가 될 것이며, 이들 지역에 각종 경제 발전에 필요한 자원 요소들이 집결할 수 있도록 촉진할 것이다. 큰 기회가 있다는 것을 인식하면서도 동시에 내륙 개방과 연해지역 개방의 차이점을 잘 이해할 필요가 있다.

후자(연해지역)는 해상 운송을 통해 전 세계적으로 개방될 수 있는 1+N의 개방이며, 전자(내륙지역)는 제3국에 개방된 항구가 마련되어 있더라도, 인접한 양국 간의 교류관계에 의존하는 경우가 많다.

구체적으로 '일대일로' 건설은 중국의 균형적인 국토 개발에 도움이 된다. 신 유라시아 대륙교, 중국 - 중앙아시아 - 서아시아 경제회랑 및 중국 - 파키스탄 경제회랑 건설은 대외 개방에서 오랜 기간 소외되었던 중국 서북 지역 특히 신장新疆의 발전을 가속화시킬 것이다. 중국 - 동남아시아와 방글라데시 - 중국 - 인도 - 미얀마 경제회랑 건설은 서남지역의 대외 개방을 가속화하는 데 도움이 되며, 윈난雲南과 광시廣西의 발전에 있어서 특히 중요하다. 중국 - 몽골 - 러시아 경제회랑 건설은 동북지역의 대외 개방을 높여 동북지역의 중흥(동북진흥)에 새로운 동력을 불어넣고 있다. 또 '일대일로' 건설은 연안지역에 더 넓은 배후시장을 제공함으로써 이 지역의 산업 구조전환 및 고도화와 국제 노동 분업에서의 위상을 높이는 데 기여할 것으로 기대된다. 연선 국가들과의 긴밀한 경제 무역 관계와 인적 교류는 베이징北京, 상하이上海, 광저우廣州, 선전深圳 등의 도시를 더욱 국제적 영향력을 가진 대도시 경제지역으로 만들고, 충칭重慶, 시안西安, 정저우鄭州, 청두成都, 우루무치烏魯木齊, 우한武漢 등의 도시를 내륙 대외 개방의 새로운 거점으로 만들 것이다. 국가중점 국경관문口岸과 국경에 걸친 경제협력구역 등의 개방 플랫폼을 건설하면, 광시좡족자치구 둥싱東興, 윈난성 루이리瑞麗, 네이멍구자치구 얼롄하오터二連浩特와 만저우리滿洲里, 헤이룽장성 쑤이펀허綏芬河 등이 새로운 경제 성장 극을 형성할 것이다.

결론적으로 보면 '일대일로' 건설은 1980년대의 연해 개방 전략처럼 뚜렷한 지역 지향성이 있는 것이 아니라 전방위적인 대외 개방

전략이며, 각 지역이 모두 참여할 수 있는 국제협력 구상이다. 이런 점에서 볼 때, 각 지역에 주어진 개발 기회가 비슷하며, 모두 혜택을 받을 수 있는 전략이다. 어느 지역이 더 많은 기회를 포착할 수 있는가 하는 것은 올바른 참여 전략과 실력에 달려 있다. '일대일로' 건설의 주요 지역으로 언급되었다는 것만으로는 큰 역할을 할 수 없을 것이다.

2. 국경을 넘나드는 운송로의 건설

"부자가 되려면 먼저 길을 닦아야 한다."라는 속담이 있는데, 중국 경제발전의 성공적인 경험 중 하나는 미리 교통 인프라를 건설한 것이다. 현대 교통 체계(항공·철도·고속도로·해운 등)는 시간과 비용을 크게 줄이면서 공간거리를 극복하였고, 세계 대부분 지역의 긴밀한 연계를 가능하게 하는 현대적 세계 시스템을 만들었다. 이 시스템 하에서 상품 무역, 인적교류, 정보전달의 폭과 깊이가 끊임없이 커지면서 세계화 시대가 열렸다. 세계 '평준화'에 우리가 환호하는 동안에도 현대 세계 체제에 편입되지 않은 지역이 많은 것은 현대교통 인프라가 부족하고 접근성이 떨어지기 때문이다. 이 때문에 인프라 연결은 '일대일로' 건설의 중점 사업 중 하나이다. 사실 많은 사람들이 '일대일로'라는 명사를 볼 때 가장 먼저 떠올리는 것이 도로, 철도와 같은 선형線型 인프라이다.

유라시아 대륙에서는 내부 교통의 연결성이 비교적 약하다. 유라시아 동쪽의 중국 동·중부 및 유라시아 서쪽의 유럽 지역에서는 교통망 밀도가 높지만, 대륙 내부 및 남아시아, 동남아시아 지역에서는 현대교통 인프라가 턱없이 부족하다. 각국 간 기술표준도 제각각이어서 '일대일로' 연선 국가 간 경제 무역 왕래를 크게 방해하고 있다. 중국에서 서쪽으로 국경을 횡단하는 철도의 경우, 지금 신장위구르자치구 훠얼궈쓰霍尔果斯, Khorgas나 아라산커우阿拉山口, Alashankou에서 나가는 유라시아 대륙교와 북쪽으로 러시아 시베리아 횡단 철도를 거쳐 유럽으로 가는 중국 - 몽골 - 러시아 루트밖에 없다. 도로교통의 경우, 유라시아 대륙 내 각국의 기술 수준(차로 부족)이 비교적 낮고, 간선 도로가 혼잡하고, 도로의 노면 상태(균열, 노화)가 좋지 않은 경우가 많아서 네트워크가 될 만한 수준의 도로가 적다. 따라서 유라시아 대륙 내부의 상호 연계를 추진하는 것은 '일대일로' 건설의 중요한 목표일뿐 아니라 아시아 개발은행Asian Development Bank, ADB, 유엔 아시아 · 태평양 경제사회위원회UN ESCAP, 유럽 부흥 개발은행European Bank for Reconstruction and Development, EBRD 등 국제기구들이 추진하는 사업들과 광범위한 공통점과 이익의 접점을 갖고 있다.

국경을 넘나드는 교통로 건설에 있어 '일대일로'의 주요 비전은 주로 6대 경제회랑과 관련된 교통로이다. 신 유라시아 대륙교 경제회랑에는 두 갈래 운송로가 포함되어 있다. 중국 국내 구간은 모두 동부 연안에서 출발해 란신(간쑤성 란저우 - 신장) 철도 또는 린하(네이멍구 린허 - 신장 하미)철도를 거쳐 신장新疆까지 운행한다. 이후 하나는 아라산커우阿拉山口, Alashankou를 거쳐 카자흐스탄으로 들어가 악토가이, 발하슈, 카라간다, 아스타나(카자흐스탄의 수도로 현재 이름은 누르술탄)를 거쳐 러시아, 유럽으로 들어가고, 다른 하나는 신장의 훠얼궈쓰霍尔果斯, Khorgas 국경을 넘어 카자흐스탄으로 들어가 알마티, 심켄트, 악퇴베, 오랄을 거쳐 러시아, 유럽으로 들어간다.

중국 - 몽골 - 러시아 경제 회랑에서 구상하는 운송로는 다음을 포함한다. 중국 - 러시아 루트(러시아 모스크바 - 치타 - 중국 만저우리 - 쑤이펀허 - 러시아 블라디보스토크 - 나홋카 - 보스토치니 또는 중국 만저우리 - 하얼빈 - 다롄 - 잉커우), 중국 - 몽골 - 러시아 동쪽 루트(러시아 모스크바 - 울란우데 - 몽골 울란바토르 - 처이발상 - 중국 아얼산 - 훈춘 - 러시아 자루비노항), 중국 - 몽골 - 러시아 중부 루트(러시아 모스크바 - 울란우데 - 몽골 울란바토르 - 자민우드 - 중국 얼롄하오터 - 베이징 - 톈진), 중국 - 몽골 - 러시아 서부 루트(러시아 모스크바 - 타샨타 - 몽골 차강노르 - 허브드 - 볼간 - 중국 타커스컨 - 우루무치) 등이다.

중국 - 중앙아시아 - 서아시아 경제 회랑의 국경을 넘나드는 운송로의 경로나 방향은 아직 불투명하다. 하나는 신장의 훠얼궈쓰霍尔果斯, Khorgas를 거쳐 카자흐스탄 알마티, 심켄트, 우즈베키스탄 타슈켄트, 사마르칸트, 투르크메니스탄 마리, 아시가바트, 튀르크멘바시, 그리고 수로 교통으로 카스피해, 코카서스 지역을 거쳐 흑해를 넘어 중/동유럽으로 넘어가는 것으로 보인다. 다른 하나는 중국 - 키르기스스탄 - 우즈베키스탄 간의 철도 건설 상황에 달려 있으며, 즉 신장 카슈가르에서 국경을 넘어 키르기스스탄의 오시와 사마르칸트를 거쳐 투르크메니스탄으로 진입한다.

중국 - 파키스탄 경제회랑의 운송로는 상대적으로 간단하다. 쿤자랍 고개(중국명 紅其拉甫) 국경을 지나 파키스탄 이슬라마바드를 거쳐 카라치항이나 과다르항으로 이동한다. 중국 - 동남아시아 경제회랑에는 세 갈래의 주요 국제 운송로가 포함된다. 중부 루트는 윈난성 모한磨憨 국경을 통해 중국 - 라오스 - 태국을 관통하며, 서부 루트는 윈난성 루이리를 지나 미얀마로 가며, 동부 루트는 윈난성 허커우를 지나 중국 - 베트남 - 캄보디아 - 태국으로 이어진다. 이 중에 중부 루트인 중국 - 라오스 철도 노선이 이미 착공되어 2020년에 완공될 예정이다.[1] 중국 - 태국 철도 노선에 관한 협상도 거의 마무리 단계에 이르러 곧 정식 착공에 들어갈 것이다.[2] 방글라데시 - 중국 - 인도 - 미얀마 경제회랑의 운송로는 윈난성 동쪽의 쿤밍에서 출발하여 윈난성 서쪽의 루이리, 미얀마의 만달레이와 시트웨항, 방글라데시 치타공과 다카를 거쳐 인도로 들어가는 것으로 기초적인 구상을 하고 있다.

3. '중국 - 유럽 화물열차' 문제

'중국 - 유럽 화물열차'란 중국에서 실크로드 경제벨트 연선 국가(주로 유럽과 중앙아시아)로 가는 급행 화물열차로서, 주요 운송 방식은 '5정 열차五定列車(5가지가 정해진 열차)'(즉, 노선, 정차역, 발차 횟수, 시간, 가격이 정해진 열차)다. 가장 먼저 개통된 '5정 열차'는 중국 충칭에서 독일 뒤스부르크로 가는 '충칭 - 신장 - 유럽 노선'이 있고, 그 후 청두成都, 시안西安, 정저우鄭州, 우한武漢 등 도시에서도 유럽으로 가는 '청두 - 유럽 노선', '시안 - 신장 - 유럽 노선', '정저우 - 신장 - 유럽 노선', '우한 - 신장 - 유럽 노선' 등이 개통되었다. 2016년 중반까지 중국 내에 39개 '중국 - 유럽 화물열차' 노선이 개통되어 31개 도시와 5개 국경 도시(신장 아라산커우, 네이멍구 얼롄하오터, 네이멍구 만저우리, 헤이룽장성 쑤이펀허, 신장 훠얼궈쓰)로부터 모스크바, 상트페테르부르크, 함부르크, 뒤스부르크, 리즈바르크(폴란드), 테헤란, 마드리드 등

---

[1] 번역판을 작성하는 기준으로 2021년 12월 3일에 이미 개통.
[2] 번역본 작성 기준으로 2017년 12월 1단계 구간 착공.

28개 해외 도시로 가게 되어, '일대일로' 건설의 상징적인 운송 협력 플랫폼이 되었다.

'중국-유럽 화물열차'의 개통은 유라시아 대륙의 화물 운송에 새로운 통로를 제공하여 연선 각국 운송 협력의 모범이 되었다. 그 편리함과 신속함이 기존의 국경을 넘나드는 철도 운송 속도를 많이 향상시켰다. 하지만 이것은 유라시아 대륙 내 각국 간 교역이 다시 철도 시대로 돌아갈 것이라는 잘못된 인상을 줄 수 있다. 사실 '중국-유럽 화물열차'의 대부분이 정부의 고액 보조금으로 운영되고 있는데 근본적인 원인은 육로 운송 비용이 해상 운송에 비해 훨씬 비싸기 때문이다. 충칭에서 컨테이너 하나가 독일 뒤스부르크까지 이동하는 데에 드는 비용이 9,000달러 이상('5정 화물열차' 중 가장 저렴한 것)이고, 내륙 수로·해상 복합 운송 또는 철도·해상 복합 운송을 이용하여 상하이나 선전에서 유럽까지 가는 운송비는 5,000달러 이하였다. '5정 화물열차'는 운송에 드는 시간을 2주 정도(해상운송은 5~6주 정도)로 줄였지만, 운송비 격차는 크다. 따라서 객관적으로 볼 때 '중국-유럽 화물열차'는 적절한 화물(고부가가치 제품이나 시간에 민감한 신선 제품 등)이나 적절한 지역 범위(해안선에서 멀리 떨어진 대륙 내부) 내에서만 이익을 낼 수 있다. 다시 말하면 이는 해상운송의 보완재로서 해상운송을 대체할 수는 없다. 철도운송이 중국 대외무역 수출 컨테이너 총량에서 차지하는 비중은 1%도 안 된다. 만약 운송 물품과 적합한 공간 범위를 제대로 고려하지 않으면, 이들 '중국-유럽 화물열차'는 정부 보조금 없이 운영되기 어려울 것이다.

충칭과 시안을 기점으로 데이터를 수집하여 실시한, 국제 컨테이너 육로 운송의 경제 적합 구역에 대한 정량 분석에 따르면 해상운송 가격의 영향으로 중앙아시아, 몽골 및 러시아의 시베리아 연방관구,

우랄 연방관구, 볼가 연방관구, 중앙 연방관구는 실크로드 경제벨트 지역에서 철도 운송의 비교우위가 있는 지역이고, 우크라이나, 벨라루스, 폴란드 및 러시아의 북서 연방관구, 남부 연방관구는 비교우위의 확대 지역이며, 유럽의 대부분 지역은 해상운송(해상과 육로 복합운송)이 철도 운송보다 훨씬 유리한 지역이라 할 수 있다. 철도 국경 관문, 국가 철도 컨테이너 허브, 철도 편성 역, 국가 종합 교통 허브, 국가 1급 물류 단지, 국가 도로교통 허브, 현지 화물 터미널, 배후지 범위 크기, 배후지 간 거리, 주요 간선 철도의 통행량, 국경관문과의 거리 등 요소와 '중국 - 유럽 화물열차' 운영 상황을 감안하면 하얼빈, 시안, 우루무치를 '중국 - 유럽 화물열차'를 운영할 주요 허브로 건설하는 것이 타당할 것으로 보인다.

4. 산업의 '해외 진출' 모델

각종 특수 경제 공간(경제특구 등)을 만들고, 특수한 경제 정책과 관리 수단을 먼저 실행 및 실험해 보며 외부 생산 요소를 적극 유치하게 된 것은 개혁 개방 이래 중국의 경제를 빠르게 발전시킨 중요한 경험이다. 해외 직접투자 규모가 늘어나면서 중국 내부뿐만 아니라 투자를 받는 국가들이 중국의 산업단지 건설 경험을 배우고자 한다. 그래서 최근 중국 기업들은 '일대일로'를 따라 크고 작은 다양한 기능의 해외 산업단지를 만들었다. 해외 산업 클러스터(가공 단지, 공업 단지, 과학기술 산업단지, 경제 무역 협력구 등 포함)는 성과를 거둔 반면 문제도 발생하여, 국제적으로 논란이 있었다. 해외 산업단지 건설을 어떻게 정확히 인식하고 규범적인 해외산업 클러스터 건설로 유도할 것인가 하는 것이 '일대일로' 건설의 중대한 문제로 떠올랐다.

　세계적으로 볼 때 중국이 해외 산업단지 조성을 통해 '일대일로' 연선 국가들과 산업협력을 추진하는 것은 국제 산업협력의 새로운 추세에 부합할 뿐만 아니라 '일대일로' 관련 국가의 발전에도 부합한다. 경제 세계화가 심화되면서 국제 경제협력은 과거의 단순한 프로젝트나 외자 유치 방식에서 산업 협력단지의 공동 건설로 바뀌고 있다. 아시아의 싱가포르와 일본, 유럽의 영국과 독일 등이 모두 해외 산업단지 조성에 나섰다. '일대일로' 연선국가들은 대부분 산업화 초기 단계에 처해있는 신흥경제국 또는 개도국들이다. 중국의 개발구와 산업단지 건설 경험에서 시사점을 얻어 '일대일로' 연선의 일부 국가들은 잇달아 크고 작은 수출 가공단지, 자유무역지역, 경제특구를 설립하기 시작했으며, 중국과 산업단지를 함께 만들고 싶다는 희망을 밝히며 협력 속에서 중국의 개발구와 단지 건설 경험을 배우려 했다.

　본질적으로 볼 때 중국이 '일대일로' 관련 국가들과 해외 산업클러스터를 조성하는 것은 경제적 행위이며, 중국 기업의 '각개전투'로 인한 개별 기업의 어려움을 피하고 해외 리스크를 최소화하기 위해 정부가 유도하고, 기업이 주체가 돼 시장화 원칙에 따라 건설·운영하는 산업협력의 새로운 플랫폼이다. '일대일로' 연선 국가들은 갈수록 중국의 해외 직접투자의 중요한 목적지가 되고 있다. '일대일로' 연선 국가들의 발전전략에 능동적으로 참여하고, 관련국의 중점 개발 구역 건설에 적극 참여하며, 상대적으로 인프라가 잘 갖춰져 있고, 법률 정책 등이 마련된 해외 산업클러스터를 건설하여, 여러 중국 기업이 함께 '해외 진출'을 하도록 유도해야 한다. 이런 방식은 중국 산업 고도화에 도움이 될 뿐만 아니라, 각국의 지역 발전에도 도움이 될 것이다. 해외 산업클러스터를 건설하는 데 우선 '안정성', '정확성', '지속가능성'을 고려해야 하며 여건에 맞춰 착실하게 추진해야 한다. 중국과 당사국의 이익을 잘 결합하여 발전 방향을 정확하게 정해 특색을 부각시켜야 한다. 또 리스크 관리를 중요시하여 지속 가능한 발전을 실현해야 한다. '함께 논의하고, 함께 건설하며, 함께 공유한다'라는 원칙을 바탕으로 당사국과 함께 입지를 선정하며, 발전 환경을 함께 조성하고, 발전 과정에서의 문제점을 함께 해결하여, 발전 이익을 공유해야 한다.

이는 중국 국가발전개혁위원회, 상무부, 과학기술부, 금융기관의 자원과 역량을 합쳐서 추진해야 하며, 중점지역, 중점 국가와 중점 분야에서의 합리적인 계획을 강화해야 한다. 우선 주변 인접국을 시작으로 연선 국가의 거점 도시, 교통 허브, 중점 발전지역 등에 중점적으로 관심을 갖고 추진해야 한다. 해외 산업클러스터의 유형에 따라 과학적인 평가 기준을 설정하고 일부 중요한 산업단지를 집중적으로 지원해야 한다. '일대일로' 연선 교통 허브 도시에 물류 산업 단지를 건설하고 교육이 상대적으로 잘 된 지역에 첨단기술 산업 단지를 만들며, 통상에 중요한 국경 도시와 자원이 밀집한 지역에 에너지 자원 가공 산업단지를 만든다. 그리고 제조업과 농업 기반이 유리한 지역에 제조업과 농산물 가공 산업단지를 협력 건설한다.

5. 대외 개방 플랫폼의 건설

무역의 편의성을 높이고 경제 무역 협력을 심화시키는 것이 '일대일로' 건설의 핵심 내용이며, 대외 개방 플랫폼은 중국과 연선 국가 간의 경제 무역 협력의 매개체이다. 여기서 말하는 대외 개방 플랫폼은 각종 국경관문 및 통상구역(도로, 철도, 내륙 운하, 항구, 공항 등), 세관 특별 관리구역(보세구역, 보세창고, 수출 가공구역, 보세항구, 보세물류단지, 종합보세구역 등), 국경 협력구역(한 국가의 국경에 만들어진 협력구역), 국경 연계협력구역(양국 국경에 걸친 협력구역) 등인데, 이들 플랫폼은 국경을 넘나드는 무역의 주요 발생지이다. 개혁개방 30여 년 동안 중국 연해지역의 대외 개방 소프트웨어와 하드웨어 여건이 성숙되고, 항구와 공항은 물론, 세관 특수 관리구역과 자유 무역 구역도 이미 국제경제 무역 활동의 수요를 기본적으로 충족시켰다. 상대적으로 내륙지역과 변경 지역의 대외 개방 플랫폼 구축이 늦어지면서 전방위적인 대외 개방의 필요성을 충족시키지 못하고 있다. 국경관문의 하드웨어 인프라, 디지털화된 통관처리 수준, 검역 상호인정 등이 모두 개선 여지가 크다. 그밖에 중국 변경지역에 국경을 맞대고 있는 나라는 대부분이 저개발국이고, 출입국 관리 인프라 수준이 낮아 불법적으로 통관하는 문제점도 있다. 따라서 대외 개방 플랫폼 구축에 박차를 가하는 것이 '일대일로' 건설의 중요한 작업이다.

'일대일로' 건설이라는 큰 틀에서 각 성省, 시市, 자치구의 특성, 산업구조 및 대외무역 구조에 따라 기존의 국경관문, 세관 특별 관리구역 및 국경 경제 협력구역을 충분히 통합하고 연해 개방 플랫폼의 기능을 최적화시켜, 변경과 내륙지역의 개방 플랫폼을 중점적으로 건설해야 하며, 6대 경제 회랑에 다층적이고, 분업과 협력이 잘 이루어진 개방 플랫폼 체계를 구축하여야 한다. 네이멍구 만저우리满洲里, 신장 아라산커우阿拉山口, 헤이룽장성 쑤이펀허綏芬河, 네이멍구 얼롄하오터二連浩特 등의 철도역 재건축을 추진하여, 철도 국경관문의 통관, 화물 처리 능력을 향상시키고, 인접 국가와 적극 연결하여 두 나라 간의 철도 규격을 가능한 한 통일시키고, 화물 환적 능력을 향상시키며 상호 검역을 인정하고, 통관 서비스 기능을 보완해야 한다. 신장 휘얼궈쓰霍尔果斯, 아라산커우阿拉山口, 네이멍구 간치마오두甘其毛都, 윈난성 모한磨憨, 텅충騰沖 등 육로 국경관문의 인프라를 발전시키고, 육로 국경관문 주변에 보세창고, 물류 단지를 건설하며, 통관 서비스 기능을 보완하고, 사람들의 통행과 화물 반출 능력을 향상시키며, 중국 측 디지털 국경 건설을 가속화하고, 인접국의 디지털 국경 건설을 적극 지원함으로써 양국 간 통관, 연합 검역 관리의 정보화를 실현한다. 헤이룽장성 헤이허黑河, 퉁장同江, 푸위안抚远 등 수로 국경관문의 종합 서비스 기능을 향상시키고, 국경 부두, 화물터미널 등 관련 부대시설 건설을 지원하며, 여객과 화물의 통관 능력을 높이고, 국경무역과 국제물류, 관광업을 촉진한다. 헤이룽장성 둥닝東宁, 네이멍구 아르하샤터阿日哈沙特, 신장 바커투巴克图, 지무나이吉木乃, 타커스컨塔克什肯, 카라수卡拉苏, 투얼나이터吐尔奈特, 쿤자랍红其拉普, 티베트 지룽吉隆 등의 국경을 육성하고 발전시킨다.

조건을 갖춘 중점적인 국경 경제구역(윈난성 루이리瑞丽, 완딩畹町, 린창临沧, 허커우河口, 핑샹凭祥, 광시좡족자치구 둥싱東興 등)의 규모 확대 및 입지를 조정하고, 기존의 절차에 따라 국무원에 수출 가공지역 등 세관특수관리구역 설치를 신청하며, 국경 수출가공구를 건설함으로써 수출가공무역을 확대한다. 국경에 걸친 경제 협력 구역의 건설을 추진하여 국제적 협력을 심화시킨다. 국경을 넘나드는 경제 협력 구역 내에서 외향적 산업을 대대적으로 발전시키고, 유기적으로 연결된 산업사슬을 완비하며, 주변 국가들과 산업 발전 협력 메커니즘의 수립을 모색한다. 광시좡족자치구 둥싱東興 - 베트남 몽까이芒街 국경 경제특구의 투자유치 정책을 보완해, 중국의 대 아세안ASEAN

국경 수출입 자원 가공기지, 무역센터, 현대적인 물류센터, 정보 교류 센터로 만든다. 중국의 윈난성 모한磨憨 - 라오스 보텐磨丁, 윈난성 루이리瑞丽 - 미얀마 무세木姐, 광시좡족자치구 핑샹凭祥 - 베트남 동당同登, 광시좡족자치구 룽방龙邦 - 베트남 짤린茶岭(현재의 쭝카인현) 국경을 넘는 경제협력구역의 인프라 구축, 네이멍구 얼롄하오터二連浩特 - 몽골 자민우드扎门乌德, 네이멍구 만저우리滿洲里 - 러시아 자바이칼스크後貝加尔斯克, 헤이룽장성 헤이허黑河 - 러시아 블라고베셴스크布拉戈维申斯克, 헤이룽장성 쑤이펀허綏芬河 - 러시아 포그라니치니波格拉尼奇, 윈난성 홍허红河 - 베트남 라오까이老街 등 국경을 넘는 경제협력구 건설이 적기에 추진될 것이다.

6. 인문 분야 협력

인문 분야 협력은 '일대일로' 건설 이념의 중요한 기초이자, 연선 국가 국민들 간의 상호 이해를 심화시키는 중요한 수단이며, 또한 국가들 간의 공통된 이익 접점을 찾고, 공생을 위한 경제 건설 프로젝트이기도 하다. 이는 정부 차원의 추진과 사회 각계각층의 참여를 필요로 하는 '일대일로' 건설의 우선 사업이어야 한다. 중점 분야는 문화, 교육, 과학기술, 보건, 관광, 빈곤 구제 등 다양한 분야가 포함된다.

중국은 최근 상하이협력기구, 중국 - 아세안 협력, 중국 - 중/동유럽 국가 협력, 동아시아 정상회의, 아시아 유럽 정상회의, 브릭스, 메콩강 유역 개발사업 등 다자간 협력 플랫폼을 실행하며, 실크로드 연선국과의 인문 협력의 내용이 풍부해지고 협력 분야가 넓어지고 있다. 예를 들어 중국, 카자흐스탄, 키르기스스탄 등 3국의 노력으로 2014

년 6월 유네스코 총회는 '실크로드: 창안 - 톈산 회랑 도로망'을 세계 문화유산으로 등재하기로 결정했다. 연선 국가가 공동 주최하는 문화주간, 박람회, 포럼 등의 행사가 날로 풍성해지고 있다. 그러나 전반적으로 경비 부족, 장기적 협력 체계 부족 등의 요인으로 중국과 연선 국가들의 민간교류가 부족하고, 교류 형식도 매력적이지 않아 '일대일로' 건설의 수요에 크게 미치지 못하고 있다.

첫째, 연선 각국의 역사적 유래를 활용하여 특색 있는 축제, 문화주간 등을 통해 풍부하고 다채로운 문화 교류를 할 수 있도록 해야 한다. 영상·출판·인쇄·연예·문화서비스 등 문화산업 분야에서 협력을 강화해 신문·방송·영상·문예전시·인터넷 등 형식을 결합하여 다양한 문화교류체계를 구축해야 한다. '일대일로' 위성채널을 만들어서 인터넷 등 멀티미디어 채널을 활용해 홍보와 영향력을 극대화해야 한다. 문화적 전통과 문화적 다양성을 존중하는 토대 위에서 '일대일로' 문화재를 함께 보호하고 개발한다. 실크로드의 세계유산 '등재'를 계기로 실크로드의 역사, 문화에 대한 홍보를 강화하고 세계적인 영향력을 지닌 실크로드 역사 문화 브랜드를 구축해야 한다.

둘째, 중국과 '일대일로' 연선 국가 간의 유학생 상호 파견 규모를 확대해야 한다. 중앙정부 및 지방정부 차원에서 '일대일로' 연선 국가로부터 오는 유학생에 대한 장학금 규모를 늘려야 할 뿐만 아니라 중국이 '일대일로' 연선 국가에 파견하는 유학생 수도 늘려야 한다. '일대일로'에 있는 개발도상국의 기술자 및 관리자에 대해 인재 양성을 강화하고 대학교 및 관련 부서가 연선 국가의 정부 관리들을 상대로 단기 교육 프로그램을 개설하는 것을 장려하고 지원해야 한다.

셋째, 각 부서에서 국제 과학기술 연구개발(R&D)의 자금과 프로젝트를 총괄적으로 계획하고, 각종 과학기술 자원을 통합하며, 질서 있는 과학기술 협력을 전개한다. 특히 절수형 관개, 축산 품종 개량, 목화 생산효율 증대, 농산물 가공, 전염병 방지, 사막화 방지, 환경 보호, 재난 방지 등 민생 분야의 과학기술 협력과 과학기술 서비스를 강화하여 각국의 국민들이 더욱 많은 혜택을 받을 수 있도록 해야 한다. 그리고 양자 또는 다자간 과학기술 단지와 과학기술 연구센터 설립을 유도하고, 연구 사업과 첨단기술 산업 협력을 강화해 '과학기술 실크로드'를 조성해야 한다.

넷째, 적극적으로 관광 협력을 전개하여 국경을 넘나드는 관광을 발전시키고, 이색적인 국경 관광상품을 개발하여, 국경 관광 협력 구역을 공동으로 건설한다. 알타이산阿尔泰山 국제 생태관광 핫라인, 중국 - 카자흐스탄 - 키르기스스탄 국제 관광 루트, 중국 - 키르기스스탄 - 우즈베키스탄 국제 관광 루트 등을 중점적으로 육성한다. 실크로드의 '세계 유산 등재' 성공을 계기로 실크로드 자동차 랠리 경주를 열어, 실크로드 주변의 유명 문화유산을 기반으로 실크로드 관광의 글로벌 브랜드를 만들어 실크로드 프리미엄 관광 루트를 형성해야 한다. 중국 바오산保山 - 미얀마 미치나 - 인도 임팔 - 방글라데시 다카 - 인도 콜카타 관광 루트를 조성하는 것도 고려해야 한다.

다섯째, 국제 빈곤 구호사업을 강화해 저개발국가들의 빈곤 감소 목표 달성을 돕는다. 정부 자원과 역량을 합치고, 비정부기구와 기업의 역량을 충분히 발휘해 지원 사업 하나하나가 실질적으로 장기적인 영향을 미쳐 지역민의 복리를 증진해야 한다. '10 · 17 빈곤감축 및 발전포럼', '중국 - 아세안 빈곤감축 및 발전포럼' '중앙아프리카 빈곤감축 및 발전회의' 등 기존 체제를 적극 활용해 중국의 빈곤감축 경험을 연선 국가들이 공유할 수 있도록 한다. 국제 빈민 구제 중점 국가에 빈민 구제 협력 센터를 설립한다.

7. 리스크 관리

 '일대일로' 건설은 중국의 막대한 해외투자와 관련되어 리스크 관리에 대한 높은 주의가 요구된다. 중국 기업의'해외 진출' 역사가 짧아 국제 경험과 리스크 관리 능력이 부족하며, 연선국가의 지정학적·비전통적 안보, 경제와 운영 및 자연재해 등 잠재적인 위험이 많다. 이 두 측면의 문제점들의 상호 작용으로 중국의 해외투자와 건설 사업이 높은 리스크를 안고 있다. 또한, 위험 자체가 다원성, 복잡성, 그리고 장기적인 특징을 가지고 있으며, 리스크 관리는 한 나라나 정부뿐만 아니라 지역과 각 참여 주체가 함께 대응해야 한다. 따라서 리스크 인식과 관리를 중요시하는 것이 '일대일로' 건설의 안정적 추진을 위한 관건이다.

 가능한 위험에 대비하기 위해서 중국은 시급히 연선 국가 발전 특성과 중점 문제에 대해 상세한 연구를 진행해야 한다. 지정학적 리스크, 비전통적 안보 리스크, 경제적 리스크, 운영 리스크의 네 가지 시각에서 거시적 리스크를 판단해야 한다. 현재 '일대일로' 건설 중 지정학적 리스크는 주로 주변국으로부터의 다중 저항, 주변국 정세 불안에 내포된 잠재적 위험, 비전통적 안보 리스크, 주변국 안보와 지역 충돌 상시화, 중국 변경지역의 안전 문제, 자연재해 리스크 등이 있다. 경제적 리스크는 주로 일부 연선 국가의 경제 불안정, 채무국의 규정 위반 및 사업의 버블화 위험, 세계 경제 변화가 중국의 '해외 진출'에 미치는 잠재적인 리스크 등이 있다. 운영 리스크는 주로 연선 국가의 경영 환경이 비교적 열악하고, 중국의 '해외 진출' 기업 내부에도 경영 위험이 존재하는 것이다.

 위의 문제점을 해결하기 위해서는 첫째, '일대일로' 틀 안에서 양자·다자 간 협력 체제 구축을 가속화하고, 다원화된 대화 협상 체계와 지역 연동 메커니즘을 강화해야 한다. 둘째, 국내외 연구 자원(인적, 물적)과 연계하여 주제별 연구를 실시하고, 정기적으로 국가별 투자 위험 보고서를 발간해야 한다. 셋째, 해외투자 위험경보 및 긴급 대응 체계를 구축하고, 연선 국가와 연계하여 대응 효과를 높일 수 있도록 해야 한다. 넷째, '해외 진출'의 정책 지원체계를 정비하고, 기업의 리스크 관리 능력을 높여 각종 금융 기관 및 신용 보증기관이 국가의 '해외 진출' 전략의 총체적 계획을 지원하도록 유도해야 한다. 다섯째, 기업 자체 대응을 강화해야 한다. 기업 전략의 포지셔닝을 명확히 하고, 정보 관리, 리스크 평가, 리스크 관리 및 긴급 상황 대처를 잘 수행하며, 자체 조직 구축을 가속화하고, 기업의 리스크 관리 의식을 향상하며, 기업 행위를 규범화해야 한다.

참고문헌

Agnew J., The Territorial Trap: The Geographical Assumptions of International Relations Theory. *Review of International Political Economy*, 1994, 1(1) : 53-80.

Charles Issawi, *An Economic History of the Middle East and North Africa*. Co-lumbia University Press, 1982, 29(1): 464-5.

Coe N. M. and Yeung W. C. H., *Global Production Netuork*. Oxford University Press, 2015.

Dicken P., *Global Shift (the sixth edition)*. London, UK: Sage, 2010.

Daniel W., Richthofen's "Silk Roads": Toward the Archaeology of a Concept. *The Silk Road*, 2007, 5(1): 4.

Harvey D., The Geography of Capitalist Accumulation: A Reconstruction of the Marxian Theory. *Antipode*, 1975, 2(S): 9-12.

Harvey, D., The Spatial Fix: Hegel, Von Thunen and Marx. *Antipode*, 1981 13:1-12.

Harvey D., *The limits to Capital*. Oxford. 1982.

Maddison A., Statistics on World Population, GDP and Per Capita GDP, 1-2008AD, "Maddison Project",2009. http://www.ggdc.net/maddison/orlindex.htm.

Morse, H. B., The International Relations of the Chinese Empire.

Richthofen, F. v. China, Ergebnisseeigner Reisen und daraufgegrundeter Studien (China: The Results of My Travels and the Studies Based Thereon), 1877-1912.5 vols.

Sheppard, E, *Limits to Globalization: Disruptive Geographies of Capitalist Deuelopment*.UK: Oxford University Press, 2016.

Stein, M. A., Ancient Khotan: Detailed Report of Archaeological Explorations in Chinese Turkestan, 1907.

Taylor, J. G., Williamson, *Globalization in Historical Perspective*. University of Chicago Press, 2005.

Wakeman, F., The Canton Trade and the Opium War. *The Cambridge History of China*, 1978.

Yule, H., *The Book of Ser Marco Polo the Vinetian, Concerning the Kingdoms and the Marvels of the East*. 1871.

彼得‧迪肯著、劉衛東等譯:《全球性轉變:重塑21世紀的全球經濟地圖》, 商務印書館, 2007年.

崔明德: "中國古代和親與絲綢之路的拓展",《中國邊疆史地研究》, 2005年第2期.

高德步、王玨:《世界經濟史》, 中國人民大學出版社, 2001年.

國家發展改革委、外交部、商務部:《推動共建絲綢之路經濟帶和21世紀海上絲綢之路的願景與行動》, 外交出版社, 2015年.

韓保全: "漢唐長安與'絲綢之路'",《文博》, 2006年第6期.

峻志: "絲綢之路東西方文明交往的通道",《大陸橋視野》, 2006年第10期.

李琴生: "關於'絲綢之路'形成的歷史考察",《絲綢》, 1999年第3期.

劉衛東: "'一帶一路'戰略的認識誤區", 《國家行政學院學報》, 2016年第1期.

劉衛東: "'一帶一路'戰略的科學內涵與科學問題", 《地理科學進展》, 2015
　　年第5期.

呂文利: "李希霍芬命名'絲綢之路'", http://www.globalpeople.com.cn/.

買小英: "對河西走廊旅遊聯動中文化認同的若干思考", 《絲綢之路》, 2016
　　年第2期.

錢耀鵬: "絲綢之路形成的東方因素分析——多樣性文化與人類社會的共
　　同進步", 《西北大學學報(哲學社會科學版)》, 2007年第4期.

魏志江、李策: "論中國絲綢之路學科理論體系的構建", 《新疆師範大學
　　學報(哲學社會科學版)》, 2016年第2期.

巫新華: "西域絲綢之路——孕育文明的古道", 《中國文化遺產》, 2007年
　　第1期.

張國剛: "絲綢之路與中西文化交流", 《西域研究》, 2010年第1期.

張萍: "絲綢之路歷史地理資訊系統建設的構想及其價值與意義", 《陝西
　　師範大學學報(哲學社會科學版)》, 2016年第1期.

張少華: "試論絲綢之路的文化意義", 《理論觀察》, 2005年第6期.

張武一: "絲綢之路研究的新動向", 《中國錢幣》, 2005年第1期.

張燕、王友文: "清代伊犁將軍與哈薩克草原絲綢之路發展的政治考量",
　　《廣西社會科學》, 2015年第10期.

周品: "絲綢之路上的穆斯林文化", 《民族藝林》, 2016年第1期.

부록 **1**

관련 글

'일대일로' 전략의 과학적 함의와 문제

요약 : '일대일로'는 '실크로드 경제벨트'와 '21세기 해상 실크로드'를 가리키는 말로, 중국이 경제 세계화를 심도 있게 발전시키기 위해 내놓은 국제 지역 경제협력의 새로운 모델이다. 경제 요소의 질서 있고 자유로운 이동, 자원의 효율적 배치와 시장의 심도 있는 융합을 촉진하고, 보다 넓은 범위, 높은 수준, 깊은 차원에서의 지역 협력을 추진하며, 개방·포용·균형·보편적 혜택의 지역 경제 협력 구조를 함께 만드는 것을 핵심 목표로 한다. '일대일로' 프레임워크는 기존의 경제 세계화와는 전혀 다른 '평화 협력, 개방 포용, 상호 학습, 호혜 상생'이라는 이념을 담고 있다. 본고에서는 '일대일로' 전략과 경제 세계화 및 세계 구도의 변화와의 관계를 분석하였다. 그 공간적 함의를 볼 때, '일대일로'는 다중 공간의 함의와 다중 스케일의 특징을 가지고 있다고 본다. 이 글에서는 '일대일로'가 중국의 전면적인 대외 개방을 총괄하는 국가전략으로, 하나의 국내 지역 전략으로 간

---

* 원문은 〈지리과학 진전地理科學進展〉 2015년 제5권에 실려 있음. 류웨이둥(중국과학원 지리·자원연구소)

주되어서는 안 된다고 강조하였다. 마지막으로 '일대일로' 건설 추진에 있어 지리학에서의 몇 가지 중요한 의제로 지정학, 지역 지리, 해외 직접투자 이론, 교통운송 최적화 등을 제시하였다.

키워드 : 일대일로, 실크로드, 경제 세계화, 지정학

1. 머리말

2015년 3월 28일 중국 하이난에서 열린 보아오 포럼에서 중국 국무원의 위임을 받아 국가발전개혁위원회, 외교부, 상무부가 공동으로 '실크로드와 21세기 해상 실크로드 공동건설 추진에 대한 비전 및 행동'(이하 〈비전과 행동〉)을 발표했다. 중국의 발전에 역사적 영향을 미칠 '일대일로' 전략이 본격 추진 단계에 접어든 것이다. 개혁개방 이후 30여 년 동안 중국이 적극적인 '외자 유치' 방식으로 경제 세계화에 참여했다면, '일대일로' 공동 건설은 중국이 '해외 진출'을 특징으로 하는, 세계화의 새로운 단계에 이르렀다는 것을 의미한다. 시진핑 주석이 2013년 9월 7일 카자흐스탄에서 '실크로드 경제벨트'를, 같은 해 10월 2일 인도네시아에서 '해상 실크로드'를 각각 제안한 이래, 학계를 포함한 국내외 각계에서는 '일대일로' 구상에 큰 관심을 보이고 있다. 그러나 중국 정부가 이 전략을 구체적으로 밝히는 공식 문서를 내놓지 않아 '일대일로'에 대한 사회적 이해가 다소 엇갈리고 있는 시점에서 〈비전과 행동〉 발표로 '일대일로' 전략이 공개되어 이에 대한 내용이 명확해졌으며, 이 구상에 대한 과학적 해석과 그에 따른 과학적 문제 인식도 가능하게 되었다.

〈비전과 행동〉에 따르면 '일대일로'는 경제 요소의 질서 있고 자유로운 이동, 자원의 효율적인 배치와 시장의 심도 있는 융합을 촉진하고, 보다 넓은 범위, 더 높은 수준, 더 깊은 차원의 지역 협력을 추진하며, 개방·포용·균형·보편적 혜택의 지역 경제 협력 구조를 함께 만드는 것을 목적으로 한다. 이는 중국이 현재의 세계 발전 메커니즘과 그 추세에 맞게 세계 경제 시스템에 더 깊이 융화되어 세계 경제 발전을 이끄는 데 더 적극적인 역할을 할 것임을 보여준다. 그러나 '일대일로' 프레임워크에는 기존의 경제 세계화와는 전혀 다른 이념인 '평화협력, 개방포용, 상호학습, 호혜상생'의 이념을 담고 있으며, 또 '함께 논의하고, 함께 건설하며, 함께 공유한다'라는 원칙을 강조하고 있다. 간단하게 정리하면 '일대일로' 제안은 '하나의 핵심 이념'(평화, 협력, 발전, 상생), '5개의 협력 포인트'(정책 소통, 인프라 연결, 무역 확대, 자금 조달, 민심 상통), '3개 공동체'(이익 공동체, 운명 공동체, 책임 공동체)로 요약할 수 있다. '일대일로' 제안은 우연이 아니라 세계 경제 구조의 변화와 심화되는 경제 세계화의 필연적인 결과이다. 여기에 포함된 과학적 함의와 관련된 과학적 문제에 대한 학계의 답변이 시급하다.

2. 실크로드의 문화적 함의

'실크로드 경제벨트'와 '21세기 해상 실크로드'는 모두 '실크로드'라는 단어를 사용했다. 하지만 '일대일로'가 역사 속의 국제 무역로를 재건하려는 것은 아니다. '일대일로'는 '실크로드'의 문화적 함의, 즉, 평화, 친선, 교류, 번영을 사용한 것이고, 이것은 〈비전과 행동〉이 주창한 핵심 이념이다.

　현재 세계 경제의 뚜렷한 특징은 국가 간 경제의 깊이 있는 융합과 발달한 무역 체계이다. 세계 각국의 경제 활동과 국민의 생활은 이미 무역 교류에서 벗어날 수 없다고 말할 수 있다. 오늘날의 무역에 익숙해진 사람들은 고대 역사상 이미 활발한 무역 거래가 있었다는 사실을 잊고 있는 것 같다. 사실 중국은 춘추전국시대(심지어 상나라, 주나라 시대)부터 유라시아 대륙의 다른 나라들과 무역을 해왔다. 한나라 이후 이러한 무역 활동은 관에 의해 독점적으로 주도되어, 그 규모와 범위를 확대했는데, 그 전성기에 이르러서는 유라시아 대륙을 지나 북아프리카와 동아프리카에까지 확대되었다. 이 다국적 장거리 무역 교류는 독일의 지리학자 리히트호펜이 1877년《중국: 나의 여행과 그 연구 성과》라는 책에서 '실크로드'라고 부르기 전까지 이런 전문적인 용어로 표현되지 못했다. 리히트호펜이 말하는 '실크로드'는 중원(중국 중부) 지역에서 하서회랑과 타림분지를 거쳐 중앙아시아와 지중해로 이어지는 교역로를 가리킨다. 한나라 시기부터 당나라시기에 이르기까지 이 무역로에서 거래되는 주요 상품이 비단이었기 때문에 '실크로드'라는 이름이 붙여졌다. 그 후 역사 문화적 함의가 강한 이 명사가 널리 인정받고 응용되었다. 유서 깊은 남방의 차 무역로와 북방 초원 무역로, 宋나라와 원元나라 시기부터 시작된 해상 무역로도 '실크로드'로 불릴 때가 많다. 물론 무역 상품은 비단 한 가지가 아니었으며, 역사적 시기에 따라 주요 무역 품목이 변화하였다. 예를 들어, 송나라·원나라·명나라 때의 해상 실크로드 무역에서는 비단, 도자기, 찻잎, 향신료 등을 주로 취급했다. 또한 '실크로드'는 고대 무역의 대명사일 뿐만 아니라 역사적으로 중국과 유라시아 각국 문화교류의 '상징'이기도 하다. 상품 교역과 인적 교류에 따라 실크로드는 연선 각국의 문화 융합을 이끌어 나아가면서 마침내 찬란한 문명을 이룩하게 된 것이다.

　과거 '실크로드'에 대한 논의와 관심은 주로 사학계, 문화재학계 등에 국한되어 실리적인 색채가 없었다. 하지만 '일대일로' 구상이 제기된 이후 곳곳에서 '실크로드'의 역사와 문화유적을 발굴하는 붐이 일면서 '일대일로' 구상 내에서의 입지를 새롭게 다지고 있는 상황이다. 이런 '고금을 통해 오늘날의 발전을 도모'하려는 노력을 완전히 부정할 수는 없지만 이는 '일대일로' 구상이 사용한 '실크로드'의 내재적 의미를 오해한 것이다. 역사적으로 '실크로드'의 구체적인 노선과 공간의 흐름은 지리 환경의 변화, 경제발전의 상태, 정치와 종교의 변화에 따라 끊임없이 변화해 왔다. 오늘날 사람들은 '실크로드'라는 수천 년의 역사를 현재만을 기준으로 두고 이해하려고 하고 있는데, '실크로드'라는 단어는 하나의 고정적인 노선을 가진 공간 현상으로 이해될 수 없다. '실크로드'는 현재의 사회에서, 명확한 형상을 가진 공간적 현상이라기보다는 추상적인 의미의 문화적 기호인 셈이다. 또 역사적으로 '실크로드'는 평화 시대(전란 시 단절)에 존재했고, 상품과 문화의 교류가 공동 번영을 가져온 만큼 그 문화적 기호의 의미는 평화, 친선, 교류, 번영으로 요약된다. 그런 측면에서 중국 정부는 '실크로드'라는 문화적 기호를 빌려 세계에 '평화·협력·발전·상생'의 이념을 전달하게 되었다.

3. '일대일로'와 경제 세계화

　〈비전과 행동〉에서 볼 수 있듯이, '일대일로' 공동건설은 '완전히 새로운 판'을 만드는 것이 아니라 '기존의 글로벌 자유무역 체제와 개방형 세계 경제'를 지키는 데 주력하는 것이다. '일대일로' 구상은 세계 구도 재편과 경제 세계화의 큰 배경 하에서 나온 것으로, 경제 세계화의 심층적인 발전을 추진하는 중요한 프레임이다. 그러나 단순히 지금의 경제 세계화를 이어가는 것이 아니라, 세계화의 새로운 표현으로, 실크로드라는 문화적 함의가 녹아 있는 것이 특징이다. 요컨대 '일대일로'는 포용적 세계화의 상징하며, 경제 세계화의 기본 메커니즘인 투자와 무역 자유화에서 벗어나지 않는다.

주지하다시피 경제 세계화의 등장과 발전은 신자유주의의 유행과 밀접한 관련이 있다. 1970년대 두 차례의 국제 오일쇼크를 기점으로 서구 선진국들은 '2차 대전' 이후 20여 년의 호황기를 마감하며 극심한 '경기 침체'에 빠지게 되었다. 위기탈출의 일환으로 영국, 미국 등은 '케인스 복지국가' 정책을 포기하고 정부의 개입을 줄이고 전면적인 사유화를 추진하는 쪽으로 방향을 틀어 대규모 자본 수출과 산업의 해외 이전 등 자본주의의 세계적 확장 단계에 들어서게 되었다. 신자유주의는 자본수출 수요에 부응하기 위한, 투자와 무역자유화를 추진하는 이론적 근거로 제시되고 있다. 대표적인 사례는 미국이 주도하여 라틴아메리카나 동유럽 국가들의 개혁을 위해 내놓은 '처방', 즉 '워싱턴 컨센서스'이다. 그 핵심은 무역경제 자유화, 완전한 시장 메커니즘과 전반적인 사유화이다. 결과적으로 '워싱턴 컨센서스'에 의해 '치료'받은 국가 중 어려움에서 벗어난 나라는 거의 없었으나, 정부 개입과 시장을 유기적으로 결합한 중국은 오히려 경제 도약을 이뤄냈다. 신자유주의 사조를 바탕으로 한 경제 세계화는 지난 30년 간의 세계 구도를 만들었고, 금융시장의 신자유주의 규제 방식이 2008년 글로벌 금융위기를 불러왔다고 할 수 있다. 신자유주의 경제 세계화 속에서 자본은 가장 큰 승자이고, 사회는 엄청난 대가를 치르고 있다. 이러한 배경에서 미국, 영국 등 선진국은 물론, 중국을 비롯한 개발도상국들도 모두 경제 세계화를 한 단계 발전시키는 거버넌스 모델의 개혁을 고민하고 있다. 이런 점에서 '일대일로'는 유익한 시도이다.

1980년대 이후, 중국은 점진적인 개혁개방을 통해 끊임없이 경제 세계화 과정에 깊이 참여해 왔다. 자본, 기술, 경영 노하우 등을 도입함으로써 자신의 경제 도약을 촉진하는 한편, 경제 세계화에 부응하는 거버넌스와 메커니즘을 점차 수립하기 시작했다. 중국의 급속한 경제성장은 경제 세계화에 힘입은 것이지만, 세계 경제 성장에 크게 기여해 세계 경제의 구조를 바꿔놓았다는 점은 부인할 수 없는 사실이다. 개혁개방 초기 중국의 국내총생산GDP이 세계에서 차지하는 비중은 5% 안팎에 불과했고, 수출액이 세계에서 차지하는 비중은 1.5%에도 미달한 상태였다. 그러나 2013년 중국의 GDP 세계 비중은 12.3%, 수출 비중은 12%로 크게 늘어나게 되었다. 이에 따라 중국은 2010년 세계 2위 경제 대국, 2013년 세계 1위 화물무역국이 되었다. 또 2008년 글로벌 금융위기 이후 중국의 세계 경제 성장 기여율은 30%대(2014년 27.8%)를 유지하고 있다. 비록 현재 중국 경제가 강하지는 않지만 규모는 크기 때문에, 이처럼 큰 경제규모(2014년 이미 10조 달러 달함)는 세계 구도를 만들어 나가는 주요한 힘 중 하나가 되기에는 충분하다. 또 세계 각국의 경제적 연계가 갈수록 밀접해지고 있는 상황에서 이 같은 거대 경제 규모 국가의 발전과 변화는 다른 관련국에도 중대한 영향을 미칠 수밖에 없다. 이런 배경에서 '일대일로'는 경제 세계화를 더 발전시키기 위한 중국의 약속이자 경제 세계화의 성과와 메커니즘을 지키기 위한 노력이다.

장기적인 관점에서 보면 지난 30여 년간 중국 경제의 부상은 최근 100년래 세계 경제 구조의 가장 큰 변화이자 지난 300년 동안의 세계 경제지형 변화 중 매우 중대한 사건이 아닐 수 없다. 경제사학자 앵거스 매디슨Angus Maddison의 추산에 따르면 18세기 중엽 중국의 GDP가 전 세계 GDP의 1/3에 육박했지만, 당시 미국의 전 세계 점유율은 아직 미미했다. 그러나 200년 후 신중국(지금의 중화인민공화국)이 성립될 때 이 비중이 5%로 하락했으며, 미국은 27%로 상승했다(그림 1). 개혁개방 초까지만 해도 중국 GDP의 비중은 5%에 불과했다(그림 2). 개혁개방 30여 년간의 고속 성장을 거쳐 현재 중국 GDP의 세계 점유율이 12.5% 정도로 회복되었다. 반면 미국 GDP가 세계에서 차지하는 비중은 22% 정도로 감소세를 보이고 있다. 중국의 부상과 함께 현재 동아시아 지역 경제가 차지하는 비중은 미국을 넘어섰고,

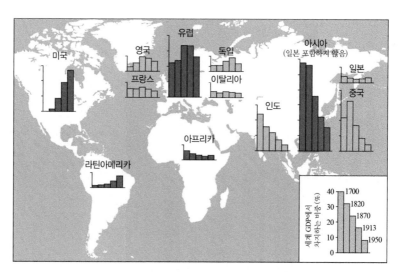

그림 1 세계 경제 구조의 변화(1700~1950)

자료 출처: Dicken(2010)에서 발췌함

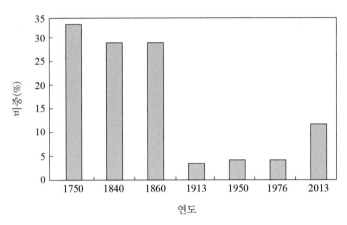

그림 2 세계 경제에서 중국 GDP 비중의 변화(1750~2013)

자료 출처: Maddison(2007)

'아시아의 세기'가 도래했다고 할 수 있다. 아시아는 물론 세계 경제 성장을 어떻게 더 잘 이끌어 갈 것인가 하는 것은 중국이 세계 주요 경제국으로서 반드시 져야 할 책임이다. 그러나 현재 중국은 세계은행 5.17%, 국제통화기금IMF 3.81%, 아시아개발은행 6.47% 등 여러 국제금융기구에서의 지분율이 매우 낮아 세계 경제 성장을 견인하는데 경제규모에 걸맞은 역할을 하지 못하고 있다. 따라서 '일대일로' 공동 건설이 이런 상황을 바꿀 수 있는 중요한 방법이다.

중국 자체의 발전단계를 보면 중국의 경제성장은 '뉴노멀'로 접어들고 있다. 한편 30여 년간 지속돼 온 '인구 보너스'가 사라지고 인건비가 급등하면서 일부 노동집약적 산업은 경쟁 우위를 잃고 있다. 이는 경제 세계화의 기본적인 주기적 현상인 30~40년마다 대규모 산업 이동이 발생하는 것과 부합한다. 반면 지난 10여 년간 지나친 생산능력 확대로 중국 일부 원자재 산업의 생산능력은 경제성장이 둔화되면서 심각한 과잉현상으로 나타나고 있다. 이 부분은 기술적으로 뒤

떨어진 것이 아니라 공급이 수요를 초과한 것일 뿐이므로 외부로 이전해야 한다. 또 중국의 거대한 소비시장은 국내 기업들을 대기업으로 성장시켜 해외에 투자와 운영 능력을 갖춘 세계적 기업들이 생겨나고 있다. 이런 요인들이 겹치면서 중국이 대규모 '해외 진출'의 시기에 접어들고 있다. 그림 3에서 알 수 있듯이 2004년부터 특히 2008년 이후 중국의 해외 직접투자는 폭발적으로 증가했다. 2004년 55억 달러에 불과했던 중국의 해외 직접투자액은 2008년 559억 달러, 2014년 1,400억 달러로 10년 사이 25배 이상 증가했다(그림 3). 이 같은 성장세는 1980~1990년대 구미 선진국의 해외 직접투자 성장과 비슷한 면이 있다(그림 4). 따라서 중국이 어떤 메커니즘을 채택할 것인지, 신자유주의의 세계화 메커니즘일지, 포용적 세계화 메커니즘일지는 많은 나라들에 영향을 미칠 것이다. '일대일로' 공동 건설을 통해 경제 세계화를 보완하고, 그에 따른 부정적 영향을 최대한 피하는 것이 중국의 '해외 진출' 필요성과 함께 더 많은 국가의 이익에 부합한다.

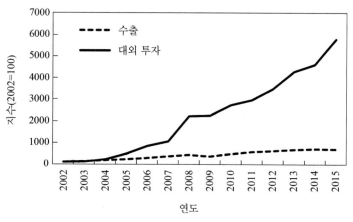

그림 3 중국의 수출과 해외투자 증가

자료 출처: 해당 연도 《중국 통계 연감》

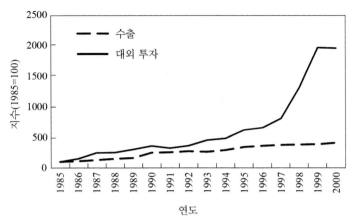

그림 4 구미 선진국들의 수출과 해외투자 증가

자료 출처: UNCTAD 데이터베이스(www.untan.org)

따라서 '일대일로' 공동 건설은 중국판 경제 세계화 모델로, 세계화의 건전한 발전을 도모하는 시도이다. '중국 마음대로 행동하자는 것'도 아니고, 중국판 '마셜플랜'도 아닌, 경제 세계화 체제 아래 지역 상생 발전을 위한 국제 협력 플랫폼이다.

4. '일대일로'의 공간적 함의

'일대일로'는 외형상 공간 선택성이 높은 전략 개념이다. '대帶'와 '로路'는 모두 띠 모양의 경제체를 뜻하며 공간적으로는 배타적이다. 이러한 문자 그대로의 이해는 이미 '일대일로' 구상에 대한 오해를 적지 않게 불러일으키고 있다. 예를 들어 어떤 성(중국의 행정단위)은 자신이 '일대일로'에서 어떤 특수한 배타적인 지위를 갖고 있다고 생각하는 반면, 또 어떤 성은 자신이 '일대일로' 건설과 아무런 관련이 없다고 생각한다. 사실 '일대일로'는 다중의 공간적 함의를 가진, 다중 스케일의 개념이다.

첫째, '일대일로'는 폐쇄적인 체계가 아니며, 절대적인 경계가 없다. 즉 그 공간적 범위를 지도상에서 정확히 표현할 방법이 없다는 것이다. '일대일로'는 근본적으로 개방적이고 포용적인 국제 지역 경제 협력 네트워크로서 참여를 원하는 국가라면 누구나 참여할 수 있는 개방적인 플랫폼이다. 이 때문에 중국 외교부는 '일대일로' 연선에는 60여 개국, 40억 명 이상의 인구가 있다고 언급했지만 〈비전과 행동〉은 구체적인 범위와 국가 리스트를 제시하지 않고 '일대일로'가 유럽·아시아·아프리카를 관통한다고만 밝혔다.

둘째, '일대일로'는 국제 지역 경제 협력 네트워크이기 때문에 단순히 일부 당사자(개인 또는 법인)가 특정 생산(산업) 영역에서 특정 지역을 대상으로 하는 소규모 경제 협력sub-region Economic Cooperation 보다는 국가 간 협력이 주를 이룰 수밖에 없다. 〈비전과 행동〉에서 신장新疆과 푸젠福建성을 '실크로드 경제벨트'와 '21세기 해상 실크로드'의 핵심 지역으로 만들고, 충칭重慶, 청두成都, 정저우鄭州, 우한武漢, 창사長沙, 난창南昌, 허페이合肥 등을 내륙 개방형 경제 지역으로 건설하며, 상하이上海, 톈진天津, 닝보寧波, 광저우廣州, 선전深圳 등의 도시를 중점 건설 지역으로 한다고 밝혔지만, 상술한 성과 도시가 배타적인 지위를 가진다는 것을 의미하지 않는다. 실제로 모든 지역이 '일대일로' 건설에 참여할 수 있다. 특히 경제 무역 협력, 인문 협력, 금융 협력 등 공동 건설 사업은 결코 〈비전과 행동〉에서 언급된 성과 지역의 '독점' 과제가 아니다. 일부 언급되지 않은 성들이 예를 들면 장쑤江蘇성과 산둥山東성과 같은 성이 연선 국가와의 무역 거래, 인문 교류가 오히려 더 밀접하다. 〈비전과 행동〉에서 일부 성들과 지역의 역할에 대해 언급하는 것은 '일대일로' 건설을 국내의 기존 지역 발전전략과 결합하여 동부, 중부, 서부가 서로 협력할 수 있는 메커니즘을 형성해 상대적으로 균형 있는 발전과 대외 개방을 촉진하자는 것이지, 어떤 지역이 '일대일로'에 속하고 어떤 지역이 '일대일로'에 속하지 않는다는 것이 아니다.

셋째, '일대일로' 공동 건설은 인프라 상호 연결, 특히 국제 해상·육상 대大 운송로 건설에 관한 것으로, 이 부분은 확실히 구체적인 공간 지향과 공간 범위가 있다. 예컨대 〈비전과 행동〉에서 언급한 바와 같이 "실크로드 경제벨트는 주로 중국에서 중앙아시아, 러시아, 유럽으로, 중국에서 중앙아시아, 서아시아, 페르시아만, 지중해까지, 또 중국에서 동남아시아, 남아시아, 인도양으로 가는 통로"이며 "21세기 해상 실크로드는 중국 연안 항구에서 남중국해와 인도양을 거쳐 유럽으로, 남중국해에서 남태평양으로 가는 데 중점을 두고 있다."라고 밝혔다. 〈비전과 행동〉에서는 또 신 유라시아 대륙교, 중국－몽골－러시아, 중국－중앙아시아－서아시아, 중국－동남아시아 등 국제경제 협력회랑의 공동 조성을 언급했고, 중국－파키스탄, 방글라데시－중국－인도－미얀마 두 개의 경제 회랑 건설 추진도 거론했다. 공간 지향성이 명확한 이 회랑에는 비교적 많은 인프라가 함께 구축될 것이다. '5통通(정책 소통, 인프라 연결, 무역 확대, 자금 조달, 민심 상통)' 중에 인프라 상호 연결은 작은 스케일, 소규모 경제 협력 sub-region Economic Cooperation적 특징이 더 많지만, 나머지 '4통通'은 국가 간 협력이 더 많은 셈이다.

다중 공간성과 다중 스케일 특성에 대한 이해부족으로 '일대일로'를 중국의 지역 발전 계획으로 여기는 국내 관료·학자·언론들의 견해가 혼선을 일으키고 있는 실정이다. '일대일로'는 중국의 전방위적인 대외 개방을 총괄하는 장기적 전략이자, 중국이 연선 국가들과 함께 개방적이고 포용적인 국제지역 경제협력 네트워크를 구축하자는 제안인 만큼 지역 전략이 아닌 국가전략이 될 수밖에 없다. 물론 다중 공간성 때문에 지역적 영향이 크다. 그러나 지역적 영향이 있다고 해서 이를 중국의 지역 전략이라고 여긴다면 그 위상과 역할을 해칠 수 있고, 연선 참여국들의 의구심을 불러일으킬 수 있다. 따라서 '일대일로'는 '징진지京津冀(베이징 - 톈진 - 허베이성) 협동 발전', '창장長江경제벨트 건설'과 함께 현시점에서의 중국의 3대 지역 전략이라고 할 수는 없다.

5. '일대일로'의 지리학적 연구 의제

'일대일로'는 중국이 경제 세계화의 심층적인 발전을 추진하기 위해 제기한 새로운 발전 이념과 국제 지역 협력 모델이다. '일대일로' 공동 건설은 학계에 많은 과학적 문제를 제기하고 있다. 이 중에 지리학계가 심도 있게 연구해야 할 과제는 세계화 시대 지정학적 관계의 핵심 요소와 메커니즘, 연선 국가에 대한 지역 지리 연구, '일대일로' 프레임에서의 해외 직접 투자 이론, 해상·육상 운송의 공간조직 등이다.

지정학적 연구는 지리학의 전통 분야이다. 근본적으로 말하면 지정학은 지리적 요소(예를 들면 지역적 위치, 민족, 경제력 등)와 국가 주체의 정치적 행위와의 관계, 특히 국가 이익에 대한 지리적 요소 등을 연구한다. 근대 역사에서 등장한 대국들은 지정학적 연구를 중요시해 독일의 라첼Ratzel, 미국의 마한Mahan, 영국의 매킨더Mac kinder 등 영향력이 큰 지정학자들이 배출됐다. 여러 가지 원인으로 중국의 지정학 연구가 매우 미약하고, 연구진이나 출판된 자료가 적어 갈수록 증가하는 중국의 지정학적 수요를 충족시키기 어렵다. '일대일로'의 추진은 연선 참여 각국 간의 이익 조율에 영향을 미칠 뿐만 아니라 국제 구도의 조정에도 영향을 미칠 것이며, 지정학적인 구조 변화에도 영향을 미칠 것이다. 따라서 '일대일로'의 지정학적 기반과 그것이 지정학적 지형에 미치는 영향을 분석해 '일대일로'의 건설 이념에 부합하는 지정학적 이론을 제시하는 것이 지리 학계에서 빼놓을 수 없는 연구 과제이다.

〈비전과 행동〉은 '함께 논의하고, 함께 건설하며, 함께 공유한다'라는 기본 원칙을 제시했다. '일대일로' 건설의 효과적인 추진은 연선 국가들이 함께 이익의 공통점과 상생할 수 있는 건설 사업을 찾는 데 달려있으며, 이는 연선 각국 내부의 관련 정책, 건설 계획과의 연계를 떼놓고 생각해서는 안 된다. 국가 간 협의와 연계를 하려면 정치, 법률, 행정, 문화, 종교, 인구, 경제, 사회 구조와 자원 환경, 국가 거버넌스 구조 등 상호 간의 이해를 넓혀야 한다. 이것이 지리학의 지역 지리 연구이다. 중국 지리학계의 세계 지리 또는 외국 지리에 대한 연구는 지난 30여 년간 국내의 가치관과 국내 개발 계획 수요 등으로 위축돼 왔고, 이에 따라 수십 년 전 수준에 머물러 있다. 이는 중국과 연선 국가들의 연계와 협상에 일정 부분 영향을 미치고 불필요한 리스크를 피하는 데도 도움이 되지 않는다. 따라서 '일대일로' 연선 국가들에 대한 지역 지리 연구가 시급하다.

'일대일로' 공동 건설은 중국의 '해외 진출'을 특징으로 하는 세계화의 심화 발전 과정이며, 적절한 해외 직접 투자 이론이 뒷받침되어야 한다. 1970년대 서구 선진국들의 자본이 대규모로 '해외 진출'을 시작한 이후로 해외 직접투자 이론은 지리학계와 경제학계에서 중요한 연구 과제로 다뤄져 왔다. 초기의 '신 국제 분업 이론'부터, 이후 더닝J.H.Dunning의 '절충 이론', 그리고 1990년대 '네트워크 이론'까지 선진국의 해외 직접 투자에 대한 지도적 역할을 했다. 그러나 기존의 해외 직접투자 이론은 주로 이들 국가의 경험을 바탕으로 한 것으로 특히 신자유주의의 강한 영향을 받아 '일대일로' 건설을 효과적으로 이끌 수 있을지에 대한 검증은 시간이 필요하다. 따라서 '일대일로' 건설을 사례로 기존의 해외 직접투자 이론에 대한 검증을 통해 새로운 핵심 변수를 발견하고, 관련 이론을 수정 또는 다시 만드는 것이 지리학계의 중요한 과제이다.

이 밖에 '일대일로' 건설의 두드러진 특징은 화물무역의 운송 조직 최적화이다. 지난 1세기여 동안 해운 기술의 끊임없는 발전으로 국제 무역은 주로 해상운송을 통해 이루어졌다. 해운의 편의성과 운송비 이점은 다른 운송 수단과 비교할 수 없을 정도로 높지만 시간 비용이 많이 드는 것이 단점이다. 예를 들어 중국에서 유럽까지의 해운 운송 드는 시간은 보통 30일 이상이다. 육로(철도) 운송의 가격과 시간 비용은 해운과 항공운송의 중간 정도이지만, 여러 주권 국가의 세관을 통과해야 하기 때문에 국제철도 운송은 절차가 너무 복잡하다. '일대일로' 건설 중 인프라 상호 연결과 무역 편리화 등 공동 추진 사업이 육로(철도) 운송의 비교 우위를 높이는 데 도움이 될 것이다. 사실상 최근 몇 년 동안 중국에서 개통된 '5정 열차五定列車(5가지가 정해진 열차로 노선, 정차역, 발차 횟수, 시간, 가격이 정해진 열차)', 예를 들어 '충칭 - 유럽 노선', '청두 - 유럽 노선', '시안 - 유럽 노선' 등은 이미 이런 부분에서 사전 탐색을 해 오고 있다. 따라서 '일대일로' 건설과 함께 화물무역의 운송 조직을 어떻게 최적화할 수 있을지에 대한 부분을 지리 학계에서 깊이 연구할 필요가 있다.

6. 맺는 말

'일대일로'는 중국이 경제 세계화를 촉진하기 위해 제시한 국제 지역 경제 협력의 새로운 모델로 중국 사회 경제 발전과 전면적인 대외 개방에 심대한 역사적 영향을 미칠 뿐만 아니라 연선 국가의 경제 발전에도 긍정적인 영향을 미치고 세계 경제 구조 변화에도 주도적인 역할을 할 것이다. 이것은 중국의 전면적인 대외 개방을 총괄하는 국가 전략이며, 비록 지역적 영향력이 크게 부각될 수는 있지만, 그렇다고 국내 지역 개발 전략으로 볼 수는 없다. 따라서 '일대일로' 전략을 정확히 이해하려면 실크로드 문화적 함의와 경제 세계화 발전이라는 큰 흐름뿐만 아니라 '일대일로'의 공간적 함의, 특히 그 공간의 다중성을 과학적으로 인식해야 한다.

'일대일로' 건설에 과학적인 이론 기반을 마련하는 것은 국가적 차원에서 현재는 물론 향후 오랫동안 지속적으로 추진해야 할 중요한 과제이다. 이 전략은 풍부한 지리적 함의를 내포하고 있기 때문에 중국의 지리학 발전에 중대한 기회를 제공하고 있으며 지정학, 세계지리, 해외 직접투자 이론, 교통 운송조직 등의 분야의 연구와 혁신을 가능하게 할 것이다.

※ 참고 문헌(생략)

'일대일로' 전략에 대한 오해에 관하여

요약: '일대일로'는 중국의 전방위적 대외 개방을 총괄하는 장기적이고 중대한 국가전략이다. '일대일로' 전략을 제대로 이해하고 인식하는 것이 원활한 추진과 그 역할의 전제 조건이다. 따라서 본 논문에서는 우선 실제 사업에서 만난 일부 인식상의 오해를 논하고 나서 다섯 가지 '아님'을 제시하였다. 즉 '일대일로'는 역사상 국제 무역로를 재건하려는 것이 아니고, 국내 지역 발전 전략도 아니며, 일방적 '해외 진출', 그리고 지정학적 전략 및 단순한 '선형' 경제체가 아니라는 점을 명시함과 동시에 '일대일로'를 경제 세계화란 폭넓은 시각에서 인식해야 한다는 주장과 함께 '일대일로'는 포용적 세계화의 구상으로 포용적 세계화의 새 시대를 열어 나아갈 것이며 '이원'적 분할 발전에서 '삼원'적 융합 발전으로 나아가게 할 것이라 예측했다.

키워드: 실크로드, 지역 발전 전략, 해외 진출, 경제 세계화, 지정학적 전략, 국제지역 협력

---

* 원문은 〈국가행정학원학보國家行政學院學報〉 2016년 제1권에 실려 있음. 류웨이둥(중국과학원 지리·자원연구소)

1. 머리말

시진핑 주석은 2013년 9월과 10월 중앙아시아와 동남아시아를 방문한 자리에서 '실크로드 경제벨트'와 '21세기 해상 실크로드'를 함께 만들자는 중대 제안을 잇따라 내놓아 관련국들로부터 호응을 얻었다. 같은 해 11월 〈전면적인 개혁 심화에 관한 중국공산당 중앙위원회의 결정〉은 "실크로드 경제벨트, 해상 실크로드 건설을 추진하여 전방위적인 개방의 새로운 구도를 형성하자"라고 밝혔다. 그해 중앙경제공작회의에서 '일대일로'는 '실크로드 경제벨트'와 '21세기 해상 실크로드'를 지칭하는 고유명사가 되었고, 그 후 점차 중국의 전방위적인 대외 개방을 총괄하는 장기적이고 중대한 국가전략으로 자리 잡게 되었다. 특히 2015년 3월 '실크로드와 21세기 해상 실크로드 공동건설 추진에 대한 비전 및 행동'(이하 〈비전과 행동〉)이 발표된 후 각 부처와 지역, 사회 각계의 큰 호응을 얻으며 전국적으로 '일대일로' 건설의 구체적인 움직임이 나타났다.

〈비전과 행동〉에 따르면, '일대일로' 공동 건설은 "경제 요소의 질서 있고 자유로운 이동, 자원의 효율적 배분과 시장의 심도 있는 융합을 촉진하고, '일대일로' 연선 각국 경제정책의 상호연계 및 조화를 촉진하며, 보다 광범위하고 심층적인 지역 협력을 이끌어냄과 동시에 개방·포용·균형·보편적 혜택의 지역 경제협력 구조의 공동 조성"을 목적으로 한다. '함께 논의하고, 함께 건설하며, 함께 공유한다'라는 원칙에 기초하여 중국은 연선 국가와 '일대일로' 건설에 관한 각종 연계 사업을 시작하였고, 특히 중점 경제 회랑의 협력 계획은 경제 무역 협력의 폭과 깊이를 끊임없이 확대하여 '일대일로'를 국제 사회에서 광범위한 인정을 받게 하였으며, 좋은 출발점이 되었다.

이와 함께 '일대일로'는 모든 방면에 걸친 총괄적인 계획이기 때문에 사회 각계에서 이에 대한 이해가 엇갈리고 편파적인 해석도 적지 않다. 이 같은 인식상의 오해는 '일대일로' 건설 추진에도 악영향을 미칠 수 있다. 따라서 본문에서는 현재 논란의 소지가 있는 일부 해석들에 대해 논의함과 동시에 '일대일로'에 대한 필자의 이해를 제시함으로써 학계의 관련연구에 조금이나마 기여가 되었으면 하는 바람이다.

2. 몇 가지 인식상의 오해

2.1 '일대일로'는 역사상 존재했던 국제 무역로를 재건하려는 것이 아니다.

'일대일로'가 '실크로드'라는 개념을 사용하여 일부 학자 및 지방 공무원들은 '일대일로' 건설이 과거의 국제 무역로를 재건하는 것이라고 오해하고 있는 것 같다. 이에 대해서는 그들이 고대 '실크로드' 상에 존재했던 자신들의 위치(지역의 위치)를 '일대일로'에서 확립하기 위해 실크로드의 시작점, 경유지, 결절지역 등을 발굴하는 데 열중하고 있다는 점에서 알 수 있다. 이러한 인식의 현실적 의미, 특히 옛것을 빌어 현재를 도모하려는 노력을 전적으로 부정할 수는 없지만, 실크로드가 갖는 거대한 역사 문화적 가치를 떨어뜨리는 결과를 초래하게 될 것임은 분명한 듯하다. 이는 '일대일로'가 '실크로드' 개념을 사용한 데서 기인한 그릇된 인식이라 할 수 있다.

'실크로드'는 중국에서 시작하여 유라시아 대륙을 지나 북아프리카와 동아프리카를 연결하는 장거리 상업 무역과 문화 교류 루트에 대한 총칭이다. 이 개념 자체가 중국학자들이 만들어 낸 것이 아니라 독일의 지리학자 리히트호펜이 1877년에 쓴 《중국: 나의 여행과 그 연구 성과》라는 책에서 처음 제시한 것이다. 리히트호펜이 사용하는 '실크로드'란 중국 중부에서 하서 회랑과 타림 분지를 거쳐 중앙아시아와 서아시아, 지중해에 이르는 여러 갈래의 무역로를 말한다. 그 후 프랑스 동양학자 에두아르 샤반Edouard Chavanne은 1903년 《서돌궐사료》에서 이 개념을 (역사적으로 존재했던) 해상 무역로로 확장했다. 기본적으로 '실크로드'란 중국과 세계 각국의 무역 네트워크를 뜻하지만, 이는 중국만의 것이 아니며 2014년 유네스코 세계 유산 목록에 등재된 '실크로드: 창안 - 톈산 회랑 도로망'은 중국, 카자흐스탄, 키르기스스탄 등 3국이 함께 신청한 역사 문화유산으로 그 상징성이 크다.

현재 우리가 그리기 위해 시도하고 있는 '실크로드'는 2,000여 년의 역사 현상을 지금의 기준으로 압축시켜 만든 그림이다. 역사적으로 '실크로드'의 구체적인 노선과 공간의 흐름은 지리적 환경과 경제적 발전, 그리고 정치와 종교적 변화에 따라 끊임없이 변화해 왔다. '실크로드'는 사실 고정된 몇 개의 노선이 아니라 상당히 촘촘한 무역 네트워크이다. 그래서 오늘날 우리가 '실크로드'를 이해할 때, 그것을 구체적이고 특정한 공간 현상으로 보는 것이 아니라, 각국이 공통적으로 인정하는 하나의 역사 문화적 기호로 보는 것이 적당하며, 그 함의는 '평화, 친선, 교류, 번영'으로 귀결될 수 있다.

그래서 '일대일로'는 '실크로드'라는 문화적 기호를 빌려 세계에 일종의 발전 이념을 전달했는데, 이것이 바로 〈비전과 행동〉에서 언급한 '평화·협력·발전·상생'이다. 따라서 역사상의 '실크로드'의 공간적 흐름 변화는 상징적 의미가 있지만, '일대일로'는 이러한 고대 무역로를 복원하려는 것도 아니고, 고대 무역로와 관련이 있는 지역만 참여할 수 있는 사업이 아니라, 중국과 연선 국가가 함께 발전하고 번영을 공유하는 국제 지역 협력의 플랫폼을 건설하는 것이다. '실크로드'라는 역사 문화유산은 국제 지역 협력에 깊은 문화적 기반을 제공하고 있다.

2.2 '일대일로'는 중국 내 지역 발전 전략이 아니다.

'일대일로' 구상이 제안된 이래 널리 유행하는 견해는 '일대일로'가 중국의 지역 발전 구상이며, 특히 고대 실크로드와 관련한 중국 내 연선 지역의 발전을 겨냥하고 있다는 것이다. '일대일로' 건설, 징진지京津冀(베이징-톈진-허베이성) 협동 발전, 창장長江 경제벨트 건설을 현시점 중국의 3대 지역 발전 계획이라고 하는 주장이 끊이지 않았다. 이런 인식은 '일대일로' 구상에 대한 오해를 적지 않게 불러일으켰다. 예를 들어, 어떤 성(중국의 지방행정단위)은 자신이 '일대일로'에서 어떤 특수하고 배타적인 지위를 갖고 있다고 생각하는 반면, 다른 성들은 자신들이 '일대일로' 건설과 아무런 관계가 없다고 생각한다.

지역 발전 전략은 한 국가 내의 지역 간 발전 관계 및 지역 발전과 국가 전체의 발전 관계를 다루는 특별한 제도적 계획으로서 국가 내 업무이다. 일반적으로 지역 경쟁력 육성, 저개발지역의 발전, 문제가 발생한 지역의 중흥 지원 등 세 가지 목적이 있다. 대표적인 국내 지역 발전 전략으로는 서부 대 개발, 동북 진흥, 중부 굴기 등이 있다. 〈비전과 행동〉에 따르면, '일대일로'는 중국의 전방위적인 대외 개방을 총괄하며 장기적인 (정책적 위상에서) 최상위 계획으로, 중국과 연선 국가가 함께 개방적이고 포용적인 국제 지역 협력 네트워크를 만들자는 제안이다. 소수의 국내 인접 지역 간 협력이 아닌 국가 간 협력을 주요 플랫폼으로 한다는 것이다. 따라서 '일대일로'는 국제 협력을 다루는 국가 전략으로 중국의 개방 발전의 주요 기치이며, 속성 상이나 범주 상으로도 지역 발전 전략에 속하지 않는다.

'일대일로' 건설은 중국 내 일부 지역의 전유물이 아닌 거국적인 계획이 되어야 한다. 다섯 가지 협력 포인트('5통通')인 정책 소통, 인프라 연결, 자금 조달, 무역 확대, 민심 상통은 전국적인 사업으로 전국 각 지역이 참여해야 하고, 참여할 수 있는 사업이다. 물론 인프라 연결이 구체적인 공간 지향성이 있는 것은 사실이고, 이 사업으로 특정 지역이 혜택을 볼 수 있다. 그러나 '일대일로'를 중국의 지역발전 전략으로 간주해서는 안 되고, 거시적이고 장기적인 탑 레벨 디자인에 있는 국가계획으로 간주해야 한다. 이를 지역 발전전략으로 간주한다면 이 구상의 위상과 역할을 훼손할 수 있으며, 연선 참여 국가들의 의구심을 불러일으킬 수 있다. 2015년 11월 발표된 〈중국공산당 중앙위원회 제13차 국민경제와 사회 발전 5개년 계획 수립을 위한 건의〉(이하 '건의')는 '일대일로' 건설 추진이 개방 성장의 중요한 내용임을 더욱 명확히 했다.

물론 '일대일로' 구상은 지역적 영향이나 지역적 속성이 뚜렷하다. 예를 들어 6대 경제회랑 건설과 내륙 개방형 경제 지대 건설(〈비전과 행동〉 참조)은 중국 중·서부 여러 지역의 발전을 이끌어 새로운 성장을 이루며, 다른 한편으로는 연선 국가와의 경제교역의 심화와 확대를 통해 연해 경제 중심의 지속적인 발전을 촉진하여 국제 경쟁력을 높이는 데 도움이 될 것이다. 이러한 이유로 '건의'는 확장 발전의 새로운 공간을 설명하면서 지역 발전의 총체적인 전략을 기초로 '일대일로' 건설, 징진지京津冀 협동 발전, 창장長江 경제벨트 건설로 하여 금 연해지역과 연선 지역 위주의 격자형 경제벨트를 형성한다고 언급하였다.

전반적으로 '일대일로' 구상은 국제 지역 협력 네트워크, 중요 경제회랑, 결절 도시, 나아가 산업 클러스터까지 포괄하는 다중 공간 속성을 갖고 있다. 물론 '일대일로'는 지역적 속성이 있지만 근본적으로 전면적인 대외 개방을 총괄하는 중대한 국가계획이라 할 수 있으며, 지역적 속성은 국가 속성을 대체하는 것이 아니라 국가 속성에 따라야 한다.

2.3 '일대일로'는 일방적인 '해외 진출'이 아니다.

'해외 진출'은 '일대일로' 건설의 중요한 내용이자 구상의 바탕이다. '일대일로' 건설은 곧 '해외 진출'이라는 오해를 낳는 것도 이 때문이다. 이에 따라 일부 지방정부에서는 '해외 진출'이 가속화될 것이란 전망을 내놓고, 일부 기업은 빠른 '해외 진출'을 비전으로 삼고 있으며, 일부 지방에서는 이를 치적으로 삼으려고 하는 분위기이다. 이는 상당히 위험한 발상이다.

현재 중국의 자본이 대규모로 '해외 진출'하는 새로운 단계에 접어들고 있는 것은 사실이다. 2004~2014년 중국의 대외투자는 20배 이상 증가했고, 2014년 중국의 해외 직접투자는 유치한 외자와 거의 비슷한 수준을 보였다. 이 같은 성장세는 1980~1990년대 구미 선진국의 해외투자 증가세와 유사한 점이 있다. 노동집약적 산업이 중국에서 경쟁력을 잃고 있어 인건비가 더 낮은 국가로 이전해야 하고, 일부 업종은 과잉생산 문제가 불거져 해외로 이전해야 하며, 중국의 큰 소비시장에서 이미 글로벌 투자 여력을 갖춘 대기업들이 생겨나고 있으며, 해외에 전략적 자원 확보를 위한 기지를 구축해야 한다는 점이 주요 원인이다. 이는 중국 자본의 '해외 진출'을 특징으로 하는 제2차 글로벌 산업 이전의 시작을 의미하며, 경제 세계화의 새로운 시대가 열리게 되었음을 의미한다.

이러한 배경에서 자본의 '해외 진출'은 '일대일로' 건설의 중요한 내용이다. 그러나 '일대일로' 건설이 일방적인(중국→해외) 자본 '진출'이라고 생각해서는 안 된다. 중국은 선진국과 여전히 기술 수준 차이가 크기 때문에 앞으로도 상당 기간 외국으로부터의 기술, 자본, 경영 노하우 등의 도입을 중요시해야 한다. 사실 경제 세계화는 각국 간 상호 투자가 심화되는 과정이다. 지난 30여 년간 유럽과 미국 등 선진국들은 대외투자의 대국이자 외자 유치의 대국이다. 따라서 '일대일로' 건설은 자본의 '해외 진출'을 독려하면서도 자본의 '유치'를 지속적으로 중요시하고 두 가지를 유기적으로 결합해야 한다. 이렇게 해야만, 국제 경제 무역 협력을 통해 중국 산업의 전환(고도화)과 경제의 지속적이고 건전한 발전을 촉진할 수 있다.

또 중국은 영토가 넓고 지역 간 발전 수준의 차이가 크기 때문에 모든 지역이 대규모 '해외 진출'이 가능한 단계에 있는 것은 아니다. 지역별 특성에 맞게 '일대일로' 사업 참여의 방향을 객관적이고 과학적으로 정해야 하며 무작정 다른 지역을 모방해서는 안 된다. 맹목적인 '해외 진출'은 불필요한 투자 리스크를 초래하게 된다.

'일대일로' 건설에 있어 기업들을 규모나 업종별로 세밀하게 나누어 적합한 방식으로 '해외 진출'을 하도록 장려해야 하며, 한꺼번에 해외로 나가 공장을 세워서는 안 된다. '해외 진출'은 탑 레벨 디자인 Top-level design이 있어야 하고, 유형별로 '해외 진출'에 대한 정책적 뒷받침이 달라야 한다. 탑 레벨 디자인이 고려하는 핵심 요소는 중국의 산업전환과 일자리이지 자본의 '해외 진출' 여부나 규모가 아니다. '해외 진출'로 인한 중국 제조업의 '공동화'도 경계해야 하고, '해외 진출'에 따른 각종 투자 리스크도 적극적으로 대비해야 한다. 후자는 특히 정부의 지원과 서비스가 필요하다. 이 면에서 싱가포르 정부가 해외에 산업단지를 건설한 경험, 예를 들면 싱가포르의 쑤저우 공업단지(쑤저우 산업원) 설립 경험을 배워야 한다. 정부는 조건이 상대적으로 좋은 일부 국가를 골라 상대방 정부가 지원하는 공단을 조성하여, 특히 민간 기업이 진출할 수 있는 안정적인 여건을 조성하는 데 힘을 써야 한다.

2.4 '일대일로'는 지정학적 전략이 아니다.

'일대일로' 구상의 제기는 중국의 발전 단계 변화와 같은 내적 원인뿐만 아니라, 지난 30년간 국제 경제 구조 변화의 필연적인 결과이기도 하다. 이 가운데 중국이 세계 2위 경제국가, 1위 제조업 국가, 1위 상품 무역국, 그리고 중요한 자본 수출국이 된 것은 '일대일로' 건설의 중요한 기초이다. 이런 배경에서 일부 학자들은 '일대일로'를 중국의 지정학적 전략으로 해석하는 경향이 있다. 이런 인식은 '일대일로'의 근본이념과는 거리가 멀다.

지정학적 전략이란 일반적으로 지정학적(정치적 의미의 부정적인) 모략으로 이해되며, 국가의 정치적 행위와 지리적 위치의 관계를 논한다. 라첼Ratzel, Friedrich의 '국가 유기체설'부터 머핸Alfred Thayer Mahan의 '해상 권력사론', 매킨더Halford John Mac kinder의 '심장부 이론'까지 모두 세계를 어떻게 통제하고 세력 확장을 어떻게 할 것인지, 특히 무력에 의한 통제와 확장을 모색하고 있다. 지정학적 연구는 제1차 세계대전 이후 나치 독일의 사상에 일조했다는 것 때문에 상당 기간 쇠락하기도 했다. 그 명예가 어느 정도 회복된 지금은 지정학적 연구가 주로 각국의 국방·외교 정책 수립에 참고 근거를 제공하고 있다. '일대일로'는 연선 국가들의 국제 경제·무역 협력을 심화시키는 제안으로 지정학적 전략이 주목하는 핵심 이슈와는 거리가 멀다. 물론 지정학적 전략이 지정학적 관계만을 가리킨다면 '일대일로'와 상통하는 측면이 있지만 문제는 국제적으로 지정학적 '(부정적 의미의)모략'으로 이해돼 공격받고 있다는 점이다.

〈비전과 행동〉에 따르면 '일대일로'는 "공동 발전을 촉진하고 공동 번영을 위한 협력과 상생의 길이며, 서로 간 이해와 신뢰를 증진하고 전방위 교류를 강화하는 평화와 친선의 길"이다. '일대일로' 건설은 '함께 논의하고, 함께 건설하며, 함께 공유한다'라는 원칙을 견지하며 연선 국가 각국의 발전전략과 상호 연계를 적극 추진하고 있다. 〈비전과 행동〉에서 가장 많이 등장하는 단어는 '공동'과 '협력'이다. '일대일로'는 발전, 협력, 상생과 연계해 국제협력의 새로운 경로와 세계경제 거버넌스의 새로운 패러다임을 모색하는 시도다. 지정학적 전략에서 논의되는 자기 이익 확장과는 전혀 다른 차원이다. '일대일로'를 중국의 지정학적 전략으로 잘못 읽은 것은 그에 대한 왜곡이며, '일대일로'가 주창한 연계 및 협력 이념을 훼손해 원활한 건설에 도움이 되지 않는다.

2.5. '일대일로'는 단순한 '선형線型' 경제체가 아니다.

'일대일로'란 단어를 보는 사람마다 '대帶'가 어디에 있고, '로路'는 어디에 있는지 상상하거나 따져 묻는다. 이것도 사실 오해이다. '일대일로'라는 명사에는 '띠 모양帶' 경제체의 직접적인 의미가 담겨 있지만, '일대일로'는 추상적이고 은유적인 개념으로 '실크로드'의 문화적 함의를 활용한 국제지역 경제협력의 장을 만드는 것이 핵심 내용이다. 경제회랑·경제벨트 등과 같은 선형 경제체는 이 플랫폼의 중요한 부분일 뿐이고, 혹은 그 상징일 뿐이다.

이런 점에서 '허虛(보이지 않는 것)'와 '실實(실리적인 것)의 관계를 잘 이해해야 한다. '허'란 '일대일로'의 건설 이념과 이를 위한 협력의 장을 말한다. '일대일로'는 우선 중국이 다른 나라와 전략적으로 맞닿아 있는 '협력의 무대'로, 이를 통해 중국이 해외로 진출하여 다른 나라와 같은 목소리를 내고 협력에 도움이 될 수 있다는 것이다. '실'이란 '일대일로' 건설에 필연적으로 많은 구체적 건설 사업, 선형 인프라(도로, 철도 등)를 포괄하는 것을 말한다.

〈비전과 행동〉은 신 유라시아 대륙교, 중국-몽골-러시아, 중국-중앙아시아-서아시아, 중국-동남아시아, 중국-파키스탄, 방글라데시-중국-인도-미얀마 등 6대 국제경제 협력회랑을 제시했지만 이들 회랑은 '개방·포용·균형·보편적 혜택의 지역 협력 구조'의 전부가 아니다. 따라서 '일대일로'를 제대로 이해하기 위해서는 우선 '일대일로'를 중국이 연선 국가들과 연계하여 협력 발전하는 플랫폼으로 봐야 하고, 그다음에 비로소 각종 '선형의 매개체(선형 인프라)'를 보아야 한다. 그렇지 않으면 '일대일로'라는 플랫폼의 역할을 제대로 발휘하기가 어렵고 개방과 포용의 성격과도 맞지 않는다.

3. 포용적 세계화의 새로운 시대를 여는 '일대일로'

'일대일로' 구상이 제기된 지(이 책의 원저 발간 기준) 2년이 넘었지만, 학계는 이를 뒷받침할 학술적 논리 체계를 갖추지 못하고 있다. 여러 가지 해석이 많았지만 합의점을 찾지 못했다. 그리고 상기 서술한 것처럼 일부 해석은 편파적이고, 어떤 것은 잘못된 이해에서 비롯한 오해이다. '일대일로'를 정확하게 이해하려면 그 배경을 알아야 하는데 그것이 바로 경제 세계화의 심화 발전이다.

지난 30~40년간 경제 세계화의 메커니즘과 과정은 세계 경제의 지형을 크게 변화시켰고, 사회 구조의 변화를 가져왔다. 선진국들의 경제는 '금융화'와 '하이테크화'를 거듭하면서 제조업은 '공동화'되는 한편 중국을 비롯한 일부 개발도상국은 제조업 대국으로 부상하고 있다. 1970년대 시작된 제1차 글로벌 산업 이전은 전통적인 '핵심(선진국) - 주변부(개발도상국)'의 이원 구조를 바꿔 '선진국(금융·과학기술) - 신흥국(제조업) - 저개발국(원자재)'의 삼원구조를 형성했다고 볼 수 있다.

또 경제 세계화 메커니즘의 내적 갈등, 즉 자본은 전 세계를 자유롭게 이동하면서 최저 원가 생산지역을 찾는 반면, 노동력은 자유롭게 이동하기 어려운 것 사이의 내적 갈등이 세계 빈부격차를 급격하게 확대시켰다. 빈곤 구제 자선단체 옥스팜Oxfam의 연구에 따르면 2016년 세계 상위 1%가 보유한 부는 나머지 99%를 합한 것보다 많은 것으로 나타났다. 어떻게 하면 경제 세계화의 심층 발전을 추진하면서 동시에 빈부격차(국가 간, 지역 간, 소득 계층 간)가 계속 확대되는 것을 피할 것인가 하는 것은 전 세계가 지속 가능한 발전을 실현함에 있어서 직면한 하나의 중요한 문제이다.

이제 중국 자본의 대규모 '해외 진출'로 세계는 제2의 글로벌 산업 이전을 맞이하고 있다. 경제 지형의 변화('이원二元'에서 '삼원三元'으로)와 사회적 갈등의 출현(빈부격차 확대)으로 새로운 경제 세계화의 추진과 보장을 위한 새로운 거버넌스가 필요하다. 이런 점에서 제2차 글로벌 산업 이전의 핵심인 중국이 경제 세계화의 심층발전을 추진하기 위해 더 많은 노력을 기울여야 한다.

1978년 개혁개방 이래 중국은 점진적인 개혁개방을 통해 끊임없이 경제 세계화 과정에 깊이 참여해 왔다. 한편으로는 자본, 기술, 경영 노하우를 도입하여 자국의 경제 발전을 촉진하면서, 다른 한편으로는 경제 세계화에 적응하는 거버넌스 메커니즘을 수립했다. 지난 20~30년간 중국 경제의 고속 성장은 세계화 덕택이라고 할 수 있다. 물론 중국도 세계 경제 성장에 크게 기여했다. 특히 2008년 이후 중국의 세계 경제 성장에 대한 기여도는 30%가 넘는다. 현재 중국의 경제는 이미 세계와 긴밀하게 연결되어 있다. 중국도 세계와 떨어질 수 없고 세계도 중국을 떠날 수 없다. 따라서 중국은 경제 세계화의 성과를 유지하고, 경제 세계화를 발전시키는 메커니즘에 크게 기여를 해야 하며, 현재의 세계 발전 메커니즘과 추세에 부합되게 행동하면서, 글로벌 경제 시스템에 더 깊이 녹아들고, 세계 경제 발전을 이끄는 데 더 적극적인 역할을 해야 한다.

'일대일로' 제안은 바로 이런 국내외의 큰 배경에서 탄생했으며, 포용적인 세계화를 추진하는 노력이다. 〈비전과 행동〉에 따르면 '일대일로' 건설은 기존 글로벌 자유무역 체제와 개방형 세계 경제를 보호하는 데 주력하지만, 이는 단순히 기존의 경제 세계화를 이어가는 것이 아니라 세계화의 새로운 표현으로, '실크로드'의 문화적 함의, 즉 포용적 세계화를 주창하는 것이 특징이다. 그 포용성은 다음의 몇 가지로 정리할 수 있다. 첫째, '개방 포용'과 '평등 호혜'의 건설 이념이다. '일대일로'는 작은 울타리를 긋거나 '제 말만 주장'하지 않고, 참여하려는 모든 국가나 지역의 동등한 참여를 환영한다. 둘째는 '함께 논의하고, 함께 건설하며, 함께 공유한다'라는 원칙이다. '일대일로'는 특히 공동 성장, 공동 번영 등을 강조하고 있다. 셋째는 '화이부동和而不同'의 문화 관념이다. 문화적 다원성을 바탕으로 발전을 꾀하고 번영을 추구하며 평화를 공유하는 것이 대다수 국가의 공통된 바람이다.

따라서 '일대일로' 공동 건설은 포용적 세계화의 제안이며, 세계화의 건전한 발전을 도모하는 시도이다. 또한 '중국 마음대로 행동하자는 것'도 아니고, 중국판 '마셜플랜'도 아니며, 경제 세계화 체제 아래 지역 상생 발전을 위한 국제 협력의 장이다. '일대일로' 공동 건설을 통해 경제 세계화의 메커니즘을 보완하는 것은 중국의 '해외 진출'의 필요성과 더불어 더 많은 나라와 지역의 세계화 수요에 부응하는 것이다. '일대일로'가 포용적 경제 세계화의 새로운 시대를 열 것이다.

4. 맺는 말

'일대일로'는 중국이 세계 경제 구조의 변화와 경제 세계화의 새로운 단계 진입에 대비한 중요한 제안으로, 중국뿐만 아니라 세계의 발전에 지속적인 영향을 미칠 것이다. 국내적으로 '일대일로'는 중국의 전방위적인 대외 개방의 총괄적인 계획이며, '개방 발전'을 실현하는 주요 기치이자 매개체로서 향후 수십 년 동안의 중국의 발전 노선과 패러다임을 결정하고 있다. 세계적으로 '일대일로'는 기존의 국제 경제 거버넌스를 개혁하고 포용적 발전을 실현하는 시도로서 세계를 '이 원二元'에서 '삼원三元' 융합 발전으로 나아가게 하는 노력으로, 향후 수십 년의 세계 경제 판도를 바꿀 가능성이 있다.

'일대일로'는 중국의 전방위적인 대외 개방을 총괄하는 장기적이고 중대한 계획이고, 일시적인 일을 도모하는 단기계획이 아니라는 것을 잘 이해해야 한다. 또 '일대일로' 건설은 우리가 원하는 만큼 빨리, 하고 싶은 대로 할 수 있는 것이 아니라 연선 국가와 연계하는 작업이 필요하다. 중국이 매우 복잡한 국제 환경에 직면해 있기 때문에 '일대일로' 건설이 단번에 이루어질 것이라고 예상하는 것은 적절치 않다. 장기적 계획과 시스템 구축이 필요하다. 따라서 이 계획의 실행은 몇몇 프로젝트에서는 빠르고 모범적인 효과를 만들어 낼 수 있지만, 대승적인 차원에서 조급증으로 인한 실수가 없도록 체계적이고 차분하게 추진되어야 한다.

전체적으로 '일대일로'는 중국 자체 발전과 관련된 내부 계획이 아니라 세계적 스케일의 계획이다. 이 계획에 대해 우리는 우선 세계적 관점에서 생각하고 관찰하며 이해하는 것이 필요하며, 특히 경제의 세계화라는 시각에서 보아야 한다. 그 출발점과 함의를 거시적으로 정확히 이해해야만 '일대일로' 건설의 안정적인 추진을 촉진할 수 있고, 보다 적극적이고 효과적인 역할을 할 수 있다. 본고에서는 '일대일로'에 대한 약간의 오해에 대해 논의하였는데, 실제 업무에서 그 계획의 함의를 정확히 파악하는 데 어느 정도 도움이 되었으면 하는 바램이다. 물론 이런 오해가 완전히 잘못된 것이라 단언할 수는 없지만 거시적 측면에서의 이해가 미흡했다는 점 강조하고 싶다.

※ 참고 문헌(생략)

포용적 세계화로 이끌어 나가는 '일대일로' 건설

요약: '일대일로' 건설은 중국의 전방위적인 대외 개방의 기치이자 주요 매개체이며, 또한 중국이 세계 경제 거버넌스 개혁을 추진하려는 시도이기도 하다. 그 핵심적인 요지는 '실크로드 정신'을 이용하여 연선 국가와의 협력을 추진하여 상생을 실현하는 것이다. '실크로드 정신'이란 대를 이어 전해지고 있는 '평화 협력, 개방 포용, 상호 학습, 호혜 상생'의 정신을 말한다. '일대일로'는 경제 세계화가 '갈림길'에 접어들어 '갈 방향을 잃은' 거시적인 배경 하에서, 세계 경제 거버넌스를 개혁하기 위한 중국의 방안을 제시해, 세계 각국이 경제 세계화의 심화 발전과 메커니즘 개혁을 추진하는 기치가 되어 21세기 세계 평화와 발전에 새로운 철학적 사유를 통해 포용적 세계화를 이끌어나갈 것이다.

키워드: '일대일로', 포용적 세계화, 경제 세계화, 글로벌 경제 거버넌스, 중국

---

* 원문은 〈중국과학원학보中國科學院院刊〉 2017년 제4권에 실려 있음. 류웨이둥 (중국과학원 지리·자원연구소)

1. 머리말

'일대일로' 건설은 중국의 전방위적인 개방의 기치이자 주요 매개체이며, 또한 중국이 세계 경제 거버넌스 개혁을 추진하는 시도이다. 이 제안은 시진핑習近平 주석이 2013년 9월과 10월 중앙아시아와 동남아를 순방하면서 제안한 2가지 제안으로 9월 7일 카자흐스탄 나자르바예프 대학에서 강연할 때 중앙아시아 국가들과 '실크로드 경제벨트'를, 10월 3일 인도네시아 국회 연설에서 아세안 국가들과 '21세기 해상 실크로드'를 건설하자고 제안했다. 그해 12월 열린 중국공산당 중앙위원회(중공 중앙) 경제 공작 회의에서 '일대일로'가 '실크로드 경제벨트'와 '21세기 해상 실크로드'를 지칭하는 전문 용어가 되었다. 2015년 3월 28일 하이난海南에서 열린 보아오 포럼에서 국무원의 권한을 위임받아 중국 국가 발전개혁위원회, 외교부, 상무부가 공동으로 〈실크로드와 21세기 해상 실크로드 공동건설 추진에 대한 비전 및 행동〉(이하 〈비전과 행동〉)을 발표했다. 2016년 8월 17일 중공 중앙이 개최한 '일대일로' 건설 사업 간담회에서 시진핑 주석은 중요 담화를 통해 '8개 추진'을 내세우며, '일대일로' 건설 사업을 실속 있게 추진해 나갈 것을 강조했다.

제안 이후, 3년여 동안 '일대일로' 건설은 이미 전면적인 실시단계에 들어섰고, 많은 중요한 진전을 이루었으며, 갈수록 국제적으로 광범위한 영향을 미치고 있다. '일대일로' 건설에 대한 연선 국가들의 지지는 물론, 관망하거나 외면하고 있던 선진국들도 '일대일로' 공동건설을 재검토하기 시작했다. 국제 정세가 급변하고 보호주의와 포퓰리즘이 대두되면서 세계 경제 성장에 불안 요인을 초래하고 있다. 특히 도널드 트럼프 미국 행정부가 TPP(환태평양경제동반자협정)에서 탈퇴하고 다자간 무역협정을 파기할 계획이어서 경제 세계화가 일정 부분 후퇴하고 있는 상황에서 '일대일로' 제안은 더욱 중요한 역사적 책임을 지고, 세계 경제 성장의 안정을 추구하고 새로운 동력을 마련하여 경제 세계화 개혁을 촉진하는 기치가 될 것이다. 따라서 본고에서는 '일대일로' 건설의 거시적 배경에 대한 분석과 함께 경제 세계화의 메커니즘과 한계점을 논하고, 경제 세계화 개혁발전을 추진한다는 관점에서 '일대일로' 건설의 함의에 대한 분석을 토대로 '일대일로' 건설의 제의는 포용적 세계화의 제안이며, 21세기의 세계 평화와 발전에 새로운 철학적 사유를 제공하여, 현재의 침체된 세계 경제에 새로운 길을 제시하는 등대가 되어줄 것이라는 필자의 견해를 밝혀 보려고 한다.

2. '일대일로' 건설의 거시적 배경

'일대일로' 건설은 당 중앙과 국무원이 국내외 정세 변화를 종합하여 세운 장기적이고 중대한 계획으로 중국의 발전이 새로운 단계로 진입한 것과 세계 경제 구조 변화의 필연적인 결과이다. 중국의 방대한 경제 규모와 그에 따른 경제 구조의 고도화 필요성, 현재 국제 사회가 중국에 더 큰 국제적 책임을 요구하는 것 등은 중국이 반드시 제때 관념을 바꾸어 세계적인 안목으로 문제를 생각하고 자원의 효율적 배치를 계획하도록 요구하고 있다. 그래야 중국의 사회 경제가 지속적으로 건강한 발전을 할 수 있고, '중국의 꿈'을 실현할 수 있으며, 국제 경제 거버넌스에 더 적극적으로 참여하여, 세계의 지속 가능한 발전에 크게 기여할 수 있다.

최근 40년 동안 세계 경제, 사회 분야에 중대한 변화가 일어났는데, 그 이유는 주로 경제 세계화 때문이었다. 세계화는 삼라만상을 모두 포괄하는 것처럼 보이지만, 그 핵심 현상은 제도·경제·기술력을 원동력으로 세계가 긴밀한 사회경제적 공간을 형성하고, 각 주체들 간의 상호 연계와 상호 영향이 강화되고 있다는 점이다. 특히 글로벌 무역 성장이 생산 성장보다 빠르고, 해외 직접 투자가 무역 성장보다 빠르며, 다국적 기업의 수와 영향력이 증가·상승하고, 생산 방식이 바뀌며(특히 부품 아웃소싱이 유행) 긴밀한 글로벌 생산 네트워크 등을 보여주는 것이 특징이다. 그 결과 한편으로는 세계화가 글로벌 경제 성장에 긍정적인 역할을 한 것으로 나타났다. 1970~2010년 세계 경제 성장 속도는 연평균 3.16%였으며, 경제 총량은 3.47배 증가했다. 반면 세계화는 세계 각국(지역)의 불균형 발전을 심화시켰고, 개발도상국들이 많은 이익을 보지 못했다. 선진국 내에서는 대기업과 고위 임원들이 가장 많은 이익을 얻었고, 서민들이 얻은 이익은 적다. 따라서 전 세계적으로 사회 불공평 현상이 두드러지는 결과를 초래했다. 빈민구호 자선단체 옥스팜Oxfam의 연구에 따르면 2016년 세계 상위 1% 부유층이 보유한 부가 나머지 99%를 합친 것보다 많다. 따라서 세계화를 추진하면서 빈부격차가 더 이상 확대되지 않도록 하는 것이 전 세계가 지속적인 발전을 실현하기 위해 직면한 중요한 문제이다.

　　이와 동시에 세계화의 힘으로 중국은 최근 40년간 세계가 주목하는 고도성장을 이뤄내 세계 경제의 판도를 바꿨다(그림 1). 1978년 당시 환율로 계산한 중국의 국내총생산GDP이 세계에서 차지하는 비중은 1.8%(구매력평가로는 4.9%)에 불과했고, 수출액이 세계에서 차지하는 비중은 1.5% 미만이었다가 2015년에는 GDP 비중이 15%(구매력평

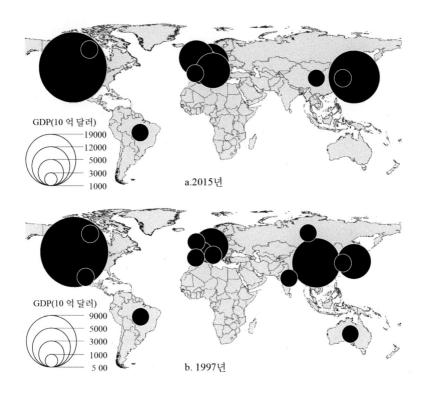

GDP(10 억 달러)
19000
12000
5000
3000
1000

a.2015년

GDP(10 억 달러)
9000
5000
3000
1000
5 00

b. 1997년

그림 1 세계 주요국 GDP 규모 분포
자료 출처: 세계은행 데이터베이스

가로는 20%), 수출액 비중은 13.8%로 각각 높아졌다. 이에 따라 중국은 2010년 세계 2위 경제 대국이 되었고, 2013년 세계 1위 화물무역 대국이 되었으며, 2015년에는 세계 2위 대외 투자국이 되었다. 중국은 또한 세계 제조업 생산액의 24%를 차지하는 세계 제조업 1위 국가이기도 하다. 2008년 글로벌 금융위기 이후 중국의 세계 경제 성장에 대한 기여율은 평균 30%대를 유지하고 있다. 이런 거대 경제규모(2016년 11조 달러)는 세계 구조를 만드는 중요한 힘이다. 미국 트럼프

행정부의 '새로운 정치(미국 우선주의)'가 안착하면서(고착됨에 따라) 국내외 많은 언론에서는 '중국이 세계를 이끈다', '중국이 세계화를 이끈다' 등의 내용이 화제가 되고 있다. 다만 지금의 세계 구조 속에서 중국이 세계 경제 거버넌스에 어떻게 더 깊이 참여하고, 감당해야 할 책임을 잘 질 것인가 하는 것은 면밀한 검토와 적절한 처리, 그리고 혁신의 이념과 실행의 장이 필요하다.

현재 중국은 세계 2위 경제 국가이자 중진국 수준의 소득(1인당 GDP)수준에 도달한 국가이지만, '중국의 꿈'을 실현하기 위한 과정 위에 있고, 산업전환과 고도화를 이뤄 세계 강국으로 도약하기까지는 아직 갈 길이 멀다. 최근 100년간의 역사를 볼 때, 지난 40년 동안 중국의 경제 발전은 세계 경제 지형의 가장 큰 변화이자, 지난 300년래 세계 경제 지형의 변화 중 손꼽히는 중대한 사건이다. 경제협력개발기구OECD 전 수석 경제학자 매디슨Angus Maddison의 추산에 따르면 18세기 초 세계 경제의 1/3에 육박했던 중국의 비중은 신 중국(중화인민공화국 성립) 성립 당시 4.6%로 떨어졌으며, 개혁개방 초기(1978)에는 4.9%(그림 2)에 불과했다. 지난 40년의 과정 끝에 (매디슨의 추산으로) 세계 경제에서 차지하는 중국의 비중은 20%대로 높아졌다. 세계 강대국으로의 복귀를 기준선으로 삼으면 현재 중국의 위치는 산중턱까지 오른 것과 같다. 한 발 한 발 앞으로 나아갈 때마다 어려움이 있을 것이고, 그래서 시야를 넓혀서 세계를 바라봐야 한다.

게다가 최근 40년간의 고속 성장을 지나, 현재 중국의 경제 시스템은 거대한 전환 압력에 직면해 있다. 우선 중국이 이룩한 경제성장은 막대한 자원 환경 파괴라는 대가를 치렀다. 대기 오염(특히 스모그), 수질 오염, 토양 오염, 습지 소멸, 초원의 사막화 등 일련의 생태환경 문제는 이미 중국의 지속 가능한 발전을 심각하게 위협하고 있으며,

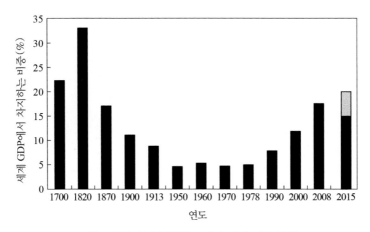

그림 2 중국 국내총생산(GDP)의 세계 비중 변화

자료 출처: Maddison(2009), 2015년은 저자 추정치(그 중 검은색은 공식적인 환율에 따라 계산하고 회색 부분은 PPP의 추계 법에 따라 계산한 결과)를 기록하였다.

지속 가능한 경제 시스템을 구축하는 것을 한시도 늦출 수 없다. 둘째, 경제 시스템으로 볼 때, 중국은 '뉴노멀'에 진입했다. 대량의 생산 요소 투입과 수출 지향형 발전 패러다임에서 혁신 활동에 의존하고, 국내 소비 촉진을 더욱 중요시하는 다각화된 발전 패러다임으로의 전환이 필요하다. 산업 전환 및 고도화와 혁신 주도형 발전은 경제 활동의 공간 재편, 특히 글로벌 스케일의 공간 재편을 의미한다. 다시 말해서 중국의 발전 방식을 전환하려면 세계적인 스케일에서 계획하고 자원을 배치해야만 실현할 수 있다. 사실 이런 공간 재편은 이미 시작되었다. 중국의 해외 직접투자는 2006년부터 2016년까지 수십억 달러에서 1,700여억 달러(금융 투자 제외)로 빠르게 성장했다. 해외투자에 대한 중국의 이익 확보는 물론 중국 자본의 세계화로 더 많은 개발도상국과 지역에 혜택을 주고, 협력과 상생을 실현하기 위해서는 완전히 새로운 국내적 국가계획과 글로벌 스케일의 국가계획이 필요하다.

3. 경제 세계화의 메커니즘과 그 한계점

'일대일로' 공동 건설은 경제 세계화란 큰 배경 하에서의 산물이다. 이 제안의 중요한 의미와 역할을 정확히 이해하고, 경제 세계화의 메커니즘과 그 한계를 깊이 인식해야 한다. 앞서 설명한 바와 같이 경제 세계화는 제도·경제·기술력이 복합적으로 작용하는 역사적 현상으로 객관적 동력과 제도적 요소를 동시에 내포하고 있다. 객관적 동력을 살펴보면, 한편으로는 자본축적이 끝없는 공간 확장과 공간 재편의 내재적 수요를 가지고 있고, 다른 한편으로는 포드주의 Fordism에서 포스트 포드주의Post - fordism로 생산방식이 바뀌어 부품 아웃소싱이 유행하고 있으며, 이는 세계의 많은 지역을 긴밀한 공급 사슬Supply chain로 연결하여 다양한 글로벌 생산 네트워크를 형성하고 있다. 또 지난 반세기 이상 교통과 통신 기술의 발달로 공간을 넘나드는 경제 활동의 비용 절감이 형성되는 이른바 '시·공간 단축' 현상도 나타났다. 그러나 이 모든 것은 단지 가능성을 만들었을 뿐이며, 결정적인 요소는 선진국과 개발도상국을 포함한 세계 다수 국가가 자유무역이 유리하다고 '믿고' 투자 및 무역 자유화 정책을 끌어안았다는 점이다.

비록 '경제 세계화'라는 용어가 1990년대 이후 널리 쓰이기 시작했지만, 경제의 글로벌 확장은 몇 세기 째 계속되고 있다. 첫 번째 절정기는 18세기 말에서 19세기 중반에 걸쳐 나타났으며, 식민지적 배경에서의 무역 확장이 주된 것이었다. 당시 영국과 프랑스로 대표되는 선진 공업국들은 무력을 바탕으로 식민지/반식민지 국가에 관세 인하와 철폐를 강요하고 이들을 원료 공급지, 상품 판매 시장, 자본 수출의 장으로 만드는 '핵심 - 주변부' 국제 분업을 형성했다. 이때의 이른바 '자유무역'은 식민주의에 기초한 불평등한 무역이었다. 두 번째 절정기는 19세기 후반에서 20세기 초에 일어났으며, 기술 진보가 이끄는 자본의 글로벌 확장이 주요 형태였다. 한편으로는 전력, 통신, 교통기술의 발전이 인류의 공간 이동 비용을 많이 감소시켰고, 다른 한편으로는 기술혁신이 독점 자본주의를 낳았으며, 그 결과 세계의 해외 직접투자가 많이 증가했다. 예를 들어 1900~1914년 사이 세계의 해외 직접투자 총액은 430억 달러로 두 배 가까이 늘었다. 그러나 이 시기에도 자본의 글로벌 확장은 식민주의적 색채가 뚜렷했고, 두 차례의 세계대전으로 모든 것이 끝나게 되었다.

제2차 세계대전 이후 세계는 경제 확장의 세 번째 절정기를 맞이하게 되었는데, 미국의 주도하에 만들어진 일련의 국제 경제협력 체제와 국제기구, 예를 들어 브레튼 우즈 체제, 국제통화기금IMF, 세계은행The World Bank, 관세 및 무역에 관한 일반 협정GATT 등 환율 메커니즘과 자유무역 메커니즘이 그 특징이다. 전후 식민지 체계가 무너졌음에도 불구하고 역사적으로 형성된 '핵심 - 주변부' 패러다임이 작동하면서 불평등한 분업은 바뀌지 않았다. 전후 호황기에 서구 주요국들은 정부의 통제와 국가개입주의 조치가 필요하다는 케인스주의 정책을 펼쳤다. 또 당시 이들 국가는 경제 호황으로 자본축적의 압력이 높지 않아 해외로 나가려는 내적 동력이 적었다. 게다가 '냉전'의 영향까지 겹쳐 이 시기의 경제 세계화에는 자본 확장보다 무역의 출신 성분(진영 논리)이 훨씬 더 크게 작용해 진정한 의미의 세계화가 이루어지지 않았다.

1970년대에 이르러 서구 주요 선진국들의 전후 호황기가 끝나고, 극심한 스태그플레이션에 시달리게 되었다. 위기를 타개하기 위해 미국의 레이건과 영국의 마거릿 대처 행정부로 대표되는 서구 국가들은 케인스주의 정책을 버리고, 하이에크의 신자유주의 사상을 받아들여 정부 개입을 대폭 줄이고 공기업을 사유화하고 투자와 무역 자유화를 위한 조치를 취했다. 이런 배경 하에 선진국 자본이 개발도상국으로 대거 빠져나가면서 피터 디킨Peter Dicken이 말하는 소위 '글로벌 산업 이전Global industrial transfer' 현상이 나타났다. 특히 1990년대 초 '냉전'이 종식된 뒤 선진국들의 해외투자는 폭발적으로 증가했다. 이와 함께 경제 위기는 서구 기업들이 수직일체화, 대량생산을 하던 과거의 포드주의 방식에서 부품 아웃소싱, 유연 생산이라는 포스트 포드주의 방식으로 끊임없이 생산방식을 조정하도록 만들었다. 이에 따라 공급사슬Supply chain을 점점 길게 늘렸고, 부품 생산의 지역 특화 분업이 뚜렷해져 공급사슬 무역의 급격한 증가를 가져왔다. 예를 들어 산업 클러스터가 유행하고 있지만 현재 동아시아 내부 교역의 70% 이상이 중간재 교역이다. 이에 따라 선진국의 대규모 해외투자, 생산방식의 전환, 정보기술의 발전, 신자유주의 사조의 유행으로 세계가 더욱 긴밀한 사회경제적 공간이 되고 있다. 이것이 곧 '경제 세계화'라고 일컫는 역사적 현상이고, 경제 글로벌 확장의 네 번째 절정기이다.

역사의 흐름을 보면 자본의 공간 확장에 대한 본성은 경제 글로벌 확장의 근본 동력이고, 기술 진보는 '촉매제'이며, 국가의 통제와 관여는 '제동장치'이다. 마르크스는 《자본론》에서 자본주의 생산 방식이 결국 과도하게 축적된 압력을 발생시켜 주기적인 경제 위기를 초래한다는 점과 기술 진보와 공간 이전이 경제 위기의 발생을 지연할 수 있다는 점을 주장한 바 있다. 1970년대 미국의 저명한 지리학자 데이비드 하비David Harvey는 마르크스의 사상을 보다 성숙된 학설로 발전시켰는데, 그 핵심 개념이 바로 자본의 '공간적 조정'이었다. 하비는 자본 축적이 공간 확장과 공간 재편이 어려워 끊임없이 '공간적 조정'를 모색해야 하는데, 교통과 통신 기술의 발전이 자본 공간 확장에 필요한 조건을 제공해 공간 이전 비용을 낮췄다고 보았다. 그래서 끊임없는 이동은 자본축적의 두드러진 특징이다. 자본축적의 '공간적 조정'과 신자유주의 사조가 조화를 이루면서 글로벌 스케일에서, 자본의 대규모 공간 확장의 서막과 함께 경제 세계화 시대를 열게 되었다.

지난 30여 년간, 경제 세계화는 유럽과 미국 등 선진국들이 당시 맞닥뜨린 '스태그플레이션' 문제를 해결하기 위해 만든 국제 경제 거버넌스이며, 그 근간이 신자유주의 사상에 있음을 알 수 있다. 이들 선진국들은 경제 세계화 과정에서 시장이 모든 문제를 해결할 수 있을 뿐 아니라 '최고의' 발전 경로(발전 방법)가 존재한다는 인식을 갖고 개발도상국에 꾸준히 이것을 수출해 왔다. 1990년대 '워싱턴 컨센서스'는 구소련과 동유럽 국가들을 다년간의 경기 침체로 몰아넣은 신자유주의 정책의 산물이다. 여기에 서구 주류경제학과 발전 경제학이 힘을 보탰다. 많은 주류 경제학자들이 수학적 모델로 자유무역이 각국을 균형 있게 발전시킬 수 있다는 점을 논증하였지만, 현실은 크게 달랐다(적어도 많은 공간 측면에서). 사실 영국은 19세기 중엽 자신들의 "곡물법"을 폐기한 뒤 서유럽 국가들에 완전한 자유무역을 종용했고, 불과 20여 년 만에 다른 나라들이 손해를 느끼며 보호주의 조치를 취했다. 또 자유무역에 대한 주류 경제학의 이론은 평균 개체 인식론에 기초해 사회의 말단부(소외계층)를 '평균'으로 보기 쉽다. 이 것이 바로 선진국이 세계화에서 큰 이익을 얻고, 그 아래의 서민들 (개발도상국)이 손해를 보게 되는 원인이다.

따라서 신자유주의 경제 세계화는 자본의 공간 확장에 주로 필요 한 메커니즘이다. 자본과 대기업은 큰 이익을 거두었으나 사회, 특히 기층에 있는 사람들이 큰 대가를 치르면서 심각한 사회문제를 야기 했다. 또 자본은 자유롭게 이동하지만, 노동력은 자유롭게 이동하기 어려운 내적 갈등으로 신자유주의 세계화는 '빈부 격차'를 확대하는 과정이기도 하다. 이 메커니즘이 세계 경제의 거버넌스를 지배하도 록 내버려 두면, 전 세계 사회의 모순은 갈수록 심화될 것이며, 전 세계의 지속 가능한 발전 목표는 실현되기 어려울 것이다. 사실 트럼 프 대통령 당선, 브렉시트 등 일련의 '블랙 스완 사건'들은 경제의 세 계화 메커니즘을 개혁해야 할 큰 필요가 있음을 보여준다.

4. '일대일로' 건설의 핵심적 이념: 포용적 세계화

경제 세계화는 세계 경제의 성장과 함께 심각한 사회 문제를 야기 하는 '양날의 검'이다. 최근 미국이 TPP(환태평양 경제 동반자 협정)에 서 탈퇴하고 다자간 무역협정을 파기하기로 하면서 경제 세계화가 후퇴하는 모양새다. 그러나 현대 생산 방식과 글로벌 생산 네트워크, 통신 기술은 이미 세계 여러 나라를 밀접하게 연결하고 있고, '네 속 에 내가 있고, 내 속에 네가 있으므로' 세계는 이미 완전한 고립주의 와 폐쇄의 시대로 되돌아갈 수는 없는 것이다. 따라서 이 역사적 시 점에서 세계는 경제 세계화의 메커니즘을 개혁해야지 그 자체를 무너뜨려서는 결코 안 될 것이다.

개혁에 대한 목소리가 커지고 있는 요즘, 새로운 사고와 새로운 패러다임이 필요하다는 주장을 어렵지 않게 볼 수 있다. 따라서 중국은 세계 2위의 경제 대국이자 성공적 성장 경험을 가진 국가로서, 경제 세계화 개혁 발전을 위한 중국식 방안을 제시해야 한다. 세계화의 부작용을 해결하는 새로운 국제경제 거버넌스 모델은 사회의 말단에 있는 기층민들의 이익을 고려해야 하고, 현대화된 인프라를 더 많은 지역으로 확장해야 하며, 경제 성장이 더 많은 세계의 국민들에게 혜택이 줄 수 있도록 해야 한다. 그러나 지난 30여 년간의 실천은 시장 메커니즘으로는 이 같은 목표를 달성하기 어렵다는 것을 보여줬다. 따라서 경제의 세계화에 도움이 되는 측면을 계승함과 동시에 개혁도 병행해야 할 필요가 있다. 근본적으로는 신자유주의적 사고를 버리고 '포용적 세계화'의 기치를 세워야 한다. 이것이 바로 시진핑 주석의 '일대일로' 공동 건설 제안의 핵심 함의이자 정수이며, '일대일로'는 포용적 세계화를 이끄는 기치가 될 것이다.

시진핑 주석의 중요 담화에 따르면 '일대일로'를 건설하는 것은 '실크로드 정신'으로 연선 국가의 협력을 이끌어내 상호 이익을 도모하는 것이다. 실크로드의 정신이란 실크로드의 성과들을 계승 발전시키려는 '평화 협력, 개방 포용, 상호 학습, 호혜 상생'의 정신을 말한다. 〈비전과 행동〉은 '일대일로'에 대해 "개방된 지역 협력 정신을 가지고 글로벌 자유무역체계와 개방형 세계 경제를 수호하는 데 힘쓸 것"이라며 "경제 요소의 질서 있고 자유로운 이동, 자원의 효율적 배치와 시장의 심도 있는 융합을 촉진하고, 각국 경제정책의 조화를 도모하며, 보다 광범위하고 심층적인 지역 협력을 전개하여 개방·포용·균형·보편적 혜택의 지역 경제협력의 구조를 함께 조성할 것"이라고 명시했다. 이것은 '실크로드 정신'과 경제 세계화 이념의 유기적 결합으로 포용적 세계화의 길을 열어가는 중요한 시도이다.

'일대일로' 건설은 세계화를 위한 포용적 구상으로 대체로 다음과 같은 맥락에서 이해할 수 있다. 첫째, 정부의 역할, 특히 모든 문제를 시장 메커니즘에 의존하지 않고, 사회의 공정을 지키고 빈곤을 줄이는 역할을 중요시해야 한다. 둘째, 발전 경로 선택의 다양성(신자유주의 세계화는 선진국들의 발전경로만 고수하고 있음)을 내세우며 각국이 특성에 맞게 적절한 발전 경로를 모색해야 한다. 셋째, 국가 간 발전 전략의 접점을 강조하면서 이익상 접점을 추구하는 것은 자본의 '무분별한' 공간 확장 필요를 충족시키는 것이 아니라 더 많은 지역을 이롭게 할 것이다. 넷째, '개방 포용'과 '평등 호혜'의 이념을 견지하여 '함께 논의하고, 함께 건설하며, 함께 공유한다'라는 원칙을 부각시켜 발전의 최대공약수 찾기를 최우선으로 하여 동반성장·공동번영을 꾀할 것이다. 다섯째, '화이부동和而不同'의 관념에 따라 문화적 다원성을 유지하면서 발전, 번영, 평화를 함께 도모하고 공유한다.

그래서 '일대일로' 공동 건설은 경제의 세계화를 심화시키는 새로운 사고를 제공하는 포용적 세계화이다. 포용적 세계화는 경제 세계화의 2.0 버전으로 볼 수 있으며, 세계 평화와 발전에 중국의 지혜와 방안을 제시할 것이다. 어쩌면 이것이 케인스주의와 신자유주의 이후의 새로운 거버넌스 모델일지도 모른다.

5. 결론

세계는 200여 년간의 경제 확장을 지속한 후 제도·경제·기술적 요인들의 복합적 작용으로 드디어 세계화 시대로 진입하게 되었으나, 그 후 30여 년이 지난 작금에 있어서 또다시 새로운 도전에 직면하게 되었으므로 지속 가능한 발전을 도모하기 위한 향후 계획의 설계가 절실한 시점이다. 따라서 경제 세계화에 관한 논의도 활발히 전개되고 있는 듯한데, 확고한 지지자가 있는가 하면 날 선 비판자도 적지 않다. 중국 경제의 성장은 세계화의 덕을 보았고, 국내외 많은 학자와 언론들에서는 앞으로 중국이 세계화를 선도해야 한다고 목소리를 높이고 있다. 이런 목소리는 큰 흐름에서 볼 때 일리가 있지만, 그렇다고 향후의 세계화가 옛것을 그대로 답습해서는 안 된다. 우선 경제 세계화에 따른 부정적 문제를 간과해서는 안 되며, 이를 직시하고 해법을 찾아야 한다. 둘째, 중국 경제가 세계화의 덕을 본 것은 시장 역량과 정부 역량을 유기적으로 결합하는 강력한 정부가 있었기 때문이지, 서구의 발전 모델을 그대로 답습했기 때문이 아니다. 자본 공간 확장에 필요한 신자유주의적 세계화를 계속 추진하는 것은 세계적인 지속 가능한 경제성장을 도모하는 데 부정적인 영향을 초래할 뿐만 아니라 중국의 사회제도와도 부합되지 않는다. 따라서 우리는 자신의 발전 경험을 가지고 경제 세계화 메커니즘의 개혁을 선도함과 동시에 국제 경제 거버넌스를 위한 중국식 방안을 제시해야 한다.

시진핑 주석이 제시한 '일대일로' 공동 건설은 실크로드라는 역사적, 문화적 함의를 바탕으로 새로운 협력 이념과 협력 모델을 세계에 선보였다. 이것의 정수는 '실크로드 정신'과 세계화의 유기적으로 결합한 '포용적 세계화'를 주장한 데 있다. 3년 전 우리가 '일대일로' 건설을 제안하고 시작했을 때 세계화가 이렇게 퇴보할 줄은 아무도 예상하지 못했다. 당시 중국은 '일대일로' 건설로 글로벌 경제 거버넌스를 위해 한 장의 벽돌을 얹고 싶었을 뿐이었다. 현재 경제 세계화가 '갈림길'에서 헤매고 있는 상황에서 '일대일로' 건설은 세계 각국의 경제 세계화 그리고 제도 개혁을 추진하는 기치가 되어 향후 포용적 세계화를 이끌어나갈 것이다.

※ 참고 문헌(생략)

'실크로드 정신'으로 세계 평화와 발전 추진

2017년 5월 14~15일 중국이 '일대일로' 국제협력 정상 포럼(이하 '정상 포럼')을 성공적으로 개최했다. 110여 개국과 70개 국제기구 1,500여 명의 패널이 참석한 가운데 외국 정상과 정부 수반, 외국 정부 장관급 이상 고위 관료 29명, 유엔 사무총장, 세계은행 총재, 국제통화기금 총재 등 60개 국제기구 수장들이 참석해 1949년 이후 중국에서 열린 최대 규모의 외교 행사로 '일대일로' 건설을 새로운 단계로 끌어올렸다. 시진핑 주석이 환영 만찬 축배 사에서 밝혔듯이 '일대일로' 건설은 새로운 출발점에 서서 새로운 출발을 하고 있다.

시진핑 주석은 포럼 개회사, 원탁회의 개회사, 폐막사 등 세 차례 주요 담화를 발표해 '일대일로' 공동건설의 배경과 이념, 원칙, 목표를 체계적으로 설명했으며, 각국 정상과 국제기구 책임자, 정부·산업·학계 등 각계 대표들로부터 많은 공감을 얻었고, 이를 통해 '평화의 부재, 발전의 부재, 거버넌스의 부재'에 대응하는 새로운 협력의 장이

---

* 원문은 〈자광각紫光閣〉 2017년 제7권에 실려 있음. 류웨이둥, 송저우잉, 류즈가오(중국과학원 지리·자원연구소)

되었다. 원탁 정상회의에서 30개국 정상과 유엔, 세계은행, 국제통화기금IMF 관계자들은 '일대일로' 국제협력 정상 포럼 원탁회의 공동성명(이하 공동성명)'에 서명했다. 공동성명은 '일대일로' 제안이 각국의 협력을 심화시키고 세계적으로 맞닥뜨린 문제에 공동 대응하는 중요한 기회를 제공해 개방·포용·균형·보편적 혜택의 세계화를 추진하는 데 도움이 된다고 밝혔다. 정상 포럼 기간과 직전까지 각국정부, 지방, 기업, 대학교 및 연구기관들은 양해 각서, 중요 조치, 실무성과 등 5개 부문, 76개 항목에서 270여 가지 성과를 달성했다. 이는 '일대일로' 건설이 이념에서 전면적인 실천으로, 비전에서 현실로중대한 전환을 이룩해 실무협력의 새로운 단계로 진입했음을 보여준다.

'일대일로' 제안이 발의된 지 3년여 만에 이룬 성과를 살펴보면, 특히 이번 정상 포럼의 성공적 개최를 보았을 때, 시진핑 주석의 '일대일로' 제안은 중국에 국익뿐만 아니라, 전방위적인 대외 개방의 새로운 구도를 만들고, 경제 전환을 촉진하며, '중국의 꿈'이 가야 할 길의 방향을 제시하였고, 또한 세계적으로 광범위한 동의를 얻었으며, 21세기 세계 발전에 새로운 사고방식을 가져와, 세계 평화와 발전을촉진하는 길이 되었다.

1. '일대일로'의 추진 과정

'일대일로' 제안은 시진핑 주석이 2013년 9월과 10월 중앙아시아와 동남아시아를 순방하면서 제안한 두 가지에서 비롯됐다. 지난 9월 7일 카자흐스탄 나자르바예프 대학 강연에서 시진핑 주석은 "유라시아 각국의 경제 연계가 더욱 긴밀하고 상호 협력하며 발전할 수 있는 공간을 넓히기 위해 혁신적인 협력 모델로 '실크로드 경제벨트'를 건설할 수 있다."라고 말했다. 10월 3일 인도네시아 국회 연설에서 시 주석은 "중국은 아세안 국가들과 해상 협력을 강화하고……'21세기 해상 실크로드'를 건설하자"고 제안했다. 같은 해 11월 "실크로드 경제벨트와 해상 실크로드 건설을 추진하여 전면 대외 개방의 새로운 구조를 형성하자"라는 내용이 중국공산당 제18기 중앙위원회 제3차 전체 회의(3중전회)에서 채택된 〈중국공산당 중앙위원회의 전면 심화 개혁 중 몇 가지 중대 사항에 대한 결정〉에 실렸다. 12월 열린 중앙경제공작회의에서 '일대일로'는 '실크로드 경제벨트'와 '21세기 해상 실크로드'를 지칭하는 고유명사가 되었다.

시진핑 주석은 정상 포럼의 원탁회의 개회사에서 당시 '일대일로' 제안이 세계정세에 대한 관찰과 사고에서 비롯됐다고 언급한 바 있다. 그는 "현재 세계는 대 발전, 대변혁, 대 조정 중에 있다"며 "세계화가 파행을 겪고 불균형 발전이 심화되고 전쟁과 충돌, 테러리즘, 난민의 대규모 이동 등이 세계 경제에 미치는 영향이 두드러진다"며 "협력을 강화하고 힘을 합쳐야 세계 평화 정착과 동반성장을 촉진할 수 있다."라고 지적했다. 이 제안이 불과 3년여 만에 이렇게 중대한 진전을 이룰 수 있었던 이유는 시 주석이 지적했듯이 이 제안은 "시대적 요구와 각국이 발전을 가속화하려는 열망에 부응하여 포용적 발전의 장을 제공했기 때문"이다.

2014년 말 국가 관계 부처에서 '일대일로' 건설 계획을 완성하였다. 2015년 3월 28일 하이난 보아오 포럼에서 국무원의 권한을 받아 국가발전개혁위원회, 외교부, 상무부가 공동으로 〈실크로드와 21세기 해상 실크로드 공동건설 추진에 대한 비전 및 행동〉을 발표했는데,

이는 공동 건설이 본격적으로 추진 단계에 들어섰다는 징표가 되었다. 이후 국내 각 부처와 각 성省, 자치구, 직할시가 '일대일로' 건설에 참여하는 방안을 마련했다. 국제적으로, 점점 더 많은 나라들이 중국과 '일대일로' 공동 건설 협력각서에 서명하고 있으며, 중국과의 전략적 연계를 강화하고 있다. 시진핑 주석의 정상 포럼 개회사에 따르면 중국은 이미 러시아가 제시한 유라시아 경제연합, 아세안이 제시한 연계성 마스터플랜, 카자흐스탄이 제시한 '광명의 길', 터키가 제시한 '중간 회랑', 몽골이 제시한 '발전의 길', 베트남이 제시한 '양랑 일권兩廊一圈(두 개의 회랑과 하나의 권역)', 영국이 제시한 '영국 북부 지방에서의 지역 경제 회복계획northern powerhouse', 폴란드가 제시한 '호박의 길' 등과 연계했다. '일대일로' 건설은 정책 소통과 전략적 연계에 힘입어 기대 이상의 성과를 내고 있다. 정상 포럼이 끝날 때까지 중국은 이미 60개국 및 여러 국제기구와 '일대일로' 공동 건설 협력 각서에 서명했다.

2016년 8월 17일 열린 '일대일로' 건설 사업 간담회(이하 '8·17 간담회')에서 시진핑 주석은 중요 담화를 통해 '8개 추진'을 내세우며 '일대일로' 건설 사업을 한 단계 업그레이드해 나갈 것을 강조했다. 2017년 5월 10일, '일대일로' 건설 영도소조領導小組는 〈'일대일로' 공동 건설: 이념, 실천과 중국의 기여〉를 발표하여, '일대일로'공동건설에 있어서의 내용과 이념을 더욱 명백히 설명하여 3년여 동안 '일대일로' 건설에 관한 실천과 성과를 종합하였다. 5월 14~15일 베이징에서 열린 정상 포럼은 '일대일로' 건설의 이정표로 건설 이념과 건설 메커니즘, 건설 활동을 구체화하고 시진핑 주석의 '일대일로' 제안이 세계적으로 널리 인정받았으며, 세계 경제의 거버넌스 개혁을 위한 기치가 되었다.

2. '일대일로'의 핵심이념: 실크로드 정신

'일대일로'가 제안한 문화의 근간이자 핵심 이념은 '실크로드 정신'이다. 실크로드는 고대부터 유라시아 대륙은 물론, 북아프리카에까지 이르는 장거리 상업무역과 문화교류 노선에 대한 총칭으로, 연선 국가에 공유된 역사 문화유산이다. 시진핑 주석은 실크로드의 문화적 함의가 오늘날 세계 각국의 협력을 심화시키는 것에 큰 의미를 두고 있으며, 해외 순방 기간 중 발표한 중요 연설에서 '실크로드 정신'을 여러 차례 피력했다. 시진핑 주석은 "옛 실크로드가 천 년에 걸쳐 이어져 평화 협력, 개방 포용, 상호 학습, 호혜 상생 등을 핵심으로 하는 실크로드 정신이 축적되어 있다."라고 밝힌 바 있다. 이 정신은 연선 국가의 당대 경제 무역 협력에 역사적 연원을 제공할 수 있고, 또한 참고할 수 있는 협력 이념과 협력 모델을 제공할 수 있다. 정상 포럼 개회사에서 시진핑 주석은 '실크로드 정신'을 전면적이고 깊이 있게 설명해 더 많은 외국 정상들에게 '일대일로' 제안의 근본 의미를 명확히 알리고 글로벌적으로 직면한 문제 해결을 위한 역할과 의미를 설명했다.

첫째는 평화 협력이다. 역사상 실크로드는 평화시 순항하다가도 일단 전쟁이 발생하면 자주 폐쇄가 되었었는데, 이는 교류·협력·발전·번영의 전제가 바로 평화라는 사실을 극명히 보여주는 일례라 할 수 있다. 중국 한나라 시대의 장건, 당나라·송나라·원나라 시대의 두환杜環, 마르코 폴로Marco Polo, 이븐바투타Ibn Battuta, 명나라 시대의 정화까지 대대로 '실크로드인'이 동서양 협력의 다리를 놓았다. 시진핑 주석은 "이러한 개척 사업이 청사에 길이 이름을 남기는 이유는 군마軍馬와 무기가 아니라 카라반과 친선 때문"이라며 "군함과 대포가 아닌 물건을 가득 실은 배와 친선에 의지하고 있다."라고 지적했다. 오늘날 세계는 대발전, 대변혁, 대 조정기에 처해있다. 평화와 발전이 시대의 주류라고 주장하고 있지만 각종 충돌과 불안도 무시로 동반되고 있는 것이 작금의 실상이다. 따라서 실크로드가 남겨준 '평화 협력'의 정신이야말로 오늘날 '평화의 부재'를 메우기 위한 현명한 선택일 것이다.

둘째는 개방적 포용이다. 고대 실크로드는 이집트 문명, 메소포타미아 문명, 인더스 문명, 황하 문명의 발상지는 물론, 불교, 기독교, 이슬람교 신자들의 성지도 자유롭게 넘나들면서 서로 다른 문명, 종교, 민족이 구동존이하고 개방 포용하며 손에 손 잡고 함께 발전해 나가는 아름다운 그림을 그려 왔다. 우리는 여기에서 문명은 개방 속에서 발전하고 민족은 융합하면서 공존한다는 이치를 깨닫게 된다. 오로지 구동존이하고 개방 포용해야만 그 토대 위에서 이익의 접점을 찾고, 협력방안을 함께 수립함으로써, 정책소통, 계획시행, 발전융합, 그리고 이익 공유라는 협력의 새 지형을 만들 수 있다.

셋째는 상호 학습이다. 고대 실크로드는 단지 무역로일 뿐만 아니라 지식 교류의 길이다. 이 길을 따라 중국은 비단, 도자기, 칠기, 철기를 서방으로 교역하면서 4대 발명품과 양잠기술을 세계에 전파했고, 후추, 아마, 향료, 포도, 석류 외에 불교, 이슬람교 및 아랍의 천문, 역법, 의약도 함께 중국에 들여왔다. 인류 문명은 우열을 가리지 않고, 평등한 교류와 상호 학습으로 풍부해진다. 시진핑 주석은 "더 중요한 것은 상품과 지식의 교류가 관념의 혁신을 가져왔다는 것"이라며 "그것이 교류의 매력"이라고 지적했다. 그래서 '일대일로'를 건설하는 것은 우위의 상호보완, 상호교류, 협력과 혁신을 이루는 것이다.

넷째는 호혜 상생이다. 옛 실크로드에서는 육로에서 사신들이 서

로 마주 보고 오가며, 상인들이 끊임없이 무역하는 장면을, 해상에서
는 상선들이 줄을 짓는 번성한 장면을 만들어 냈다. 시진핑 주석은
자금, 기술, 인력 등의 자유로운 이동을 통해 옛 실크로드가 지역 대
발전, 대 번영을 이룩하고 상품, 자원, 성과(발명품)의 공유를 이룩했
다고 강조했다. 역사는 우리에게 교류는 새로운 기회를 만들고 협력
은 새로운 장을 쓴다고 가르친다. '일대일로' 건설은 발전의 최대 공
약수를 찾아 발전의'파이'를 함께 만들고 키우며, 발전의 성과를 함
께 공유하며, 지정학적 대결의 길을 피하고, 상생 협력의 새로운 장
을 만드는 것이다.

이번 포럼 개회사에서 시진핑 주석은 "역사는 최고의 스승"이라며
"아무리 멀리 떨어져 있어도 용감하게 첫발을 내딛고 서로 향해 나
아간다면 서로 만나 함께 발전해 나갈 수 있는 길이 열릴 것"이라고
말했다. 원탁정상회의 개회사에서 시 주석은 "우리는 옛 실크로드에
서 충분히 지혜와 힘을 얻을 수 있다"며 "평화 협력, 개방 포용, 상호
학습, 호혜 상생의 실크로드 정신에 입각해 협력을 추진하여 더 밝은
비전을 함께 열어갈 것"이라고 재차 강조했다.

3. '일대일로' 건설의 큰 의미: 포용적 세계화를 이끄는 것

옛말에 "천하의 눈으로 보는 자는 보이지 않는 것이 없고, 천하의
귀로 듣는 자는 듣지 못하는 것이 없으며, 천하의 마음으로 생각하는
자는 알지 못하는 것이 없다."라고 했다. '일대일로' 제안은 세계정세
변화를 깊이 관찰하고 사고하며, 국내·국제발전을 총괄하고 대승적
으로 내린 중대한 결정으로, 중국의 경제 전환과 "중국의 꿈" 실현에

도 도움이 될 뿐만 아니라, 세계 경제 거버넌스의 개혁을 추진하여 21세기 세계 평화와 발전에 도움이 될 것이다. 전 세계가 지속 가능한 발전을 추진하는 시점에서 시 주석이 제안한 '일대일로' 공동건설 제안은 경제 세계화의 새로운 길을 열어 포용적 세계화를 이끌어 나아갈 것이다.

이번 정상 포럼에서 많은 국가 정상들이 '일대일로' 건설이 강한 포용성을 갖고 있으며, 더 많은 지역이 세계화의 혜택을 공유할 수 있을 것이라고 밝혔다. 예를 들어 파키스탄의 셰리프Mian Muhammad Nawaz Sharif 총리는 '일대일로' 이니셔티브가 강한 문화적 다양성과 포용성이 있으며 세계화의 주변부에 있는 사람들에게 발전의 기회를 제공했다고 말했으며, 도미니크 드 빌팽Dominique de Villepin 프랑스 전 총리는 '일대일로' 건설은 고금을 통틀어 미래로 향하는 다리이며, 발전 과정에서 '한 사람도 뒤떨어지지 않게 한다'는 것이 목적이라고 하였다. 칠레의 미첼 바첼레트Michelle Bachelet 대통령, 터키 레제프 에르도안Recep Tayyip Erdogan 대통령, 체코 밀로시 제만Milos Zeman 대통령, 에티오피아 물라투 테쇼메Mulatu Teshome 대통령 등도 이와 같은 기대감을 나타냈다. 유엔 사무총장 안토니우 구테흐스António Guterres는 정상회담을 앞두고 CCTV와의 인터뷰에서 "'일대일로'는 세계를 하나로 통합하는 매우 중요한 이니셔티브로서, 세계화를 더욱 공정한 방향으로 발전시킬 수 있을 것이다."라고 말했다. 정상 포럼의 성공적 개최는 시 주석의 '일대일로' 제안이 세계 대다수 국가와 국민의 기대에 부합되었음을 보여준다.

'일대일로' 건설은 중국이 세계 강국을 건설하기 위한 필연적인 길이자 중국판 경제 세계화 방안이다. 현재 중국의 경제 발전은 '뉴노멀'에 진입하고 있으며, 대량의 생산요소 투입과 수출 지향형 발전 패러다임에서 혁신에 의한 발전, 국내 소비 촉진을 더욱 중요시하는 다원화된 발전 패러다임으로의 전환이 필요하다. 산업전환의 고도화와 혁신에 의한 발전은 경제 활동의 공간 재편, 특히 글로벌 스케일에서의 공간 재편을 의미한다. 즉, 중국의 발전 방식 전환은 반드시 글로벌 스케일에서 계획하고 세계적인 차원에서 자원을 배분해야 가능하다는 것이다. 시진핑 주석은 '8·17 간담회'에서 "한 나라가 강성해야 자신 있게 개방하고, 개방해야 나라가 더욱더 강성해질 수 있으며…… 중국 경제가 '뉴노멀'에 접어들면서 경제의 지속적인 발전을 유지하려면 반드시 세계적인 안목을 가지고 국내와 국제 두 개의 큰 시장을 통합해, 대외 개방을 계획하고 더욱더 적극적이고 능동적인 자세로 세계로 나가야 한다"고 말했다.

경제 세계화는 제도, 경제, 기술력이 복합적으로 작용해 나타나는 역사적 현상이다. 한편 마르크스의 《자본론》에 따르면 자본축적은 끝없는 공간 확장과 공간 재편의 내재적 욕구를 갖고 있다. 한편 부품 '아웃소싱'이 유행하면서 세계 여러 지역은 긴밀한 공급사슬로 연결돼 '네 속에 내가 있고, 내 속에 네가 있다'는 생산 네트워크를 형성하고 있다. 또 지난 반세기 이상 교통과 통신 기술의 발달로 공간을 넘나드는 경제 활동의 비용이 크게 낮아지는 이른바 '시·공간 단축'도 생겨났다. 역사의 흐름을 보면 자본 공간 확장의 본성은 경제 글로벌 확장의 근본 동력이고, 기술 진보는 '촉매제'이며, 국가의 규제와 개입은 '제동장치'이다. 바로 1980년대 유행하기 시작한 신자유주의 사조가 전 세계적 범위에서 자본의 대대적인 공간 확장의 서막을 열었고, 경제 세계화를 낳았다. 전면 자유화와 시장화·사유화, 정부의 비간섭을 지향하는 대표적인 정책은 '워싱턴 컨센서스'이다.

따라서 신자유주의 세계화는 자본 공간 확장에 대한 욕구를 주로 충족시키는 메커니즘이다. 이 메커니즘 하에서 자본과 대기업은 큰 이익을 거두었고, 사회, 특히 기층민들은 큰 대가를 치렀다. 전 세계적으로 많은 개발도상국이 세계화 과정에서 소외돼 혜택을 누리지 못하고 있다. 선진국 내부에서는 사회 양극화가 날로 두드러지고 있다. 옥스팜Oxfam의 연구에 따르면 2016년 세계 상위 1%의 부는 나머지 99%를 합친 것보다 많다. 이 메커니즘이 세계 경제의 거버넌스를 지배하도록 내버려 두면, 전 세계 사회의 모순은 갈수록 두드러질 것이며, 전 세계의 지속 가능한 발전 목표는 실현되기 어려울 것이다. 시진핑 주석이 정상 포럼 개회사에서 지적한 것처럼 평화의 부재, 발전의 부재, 거버넌스의 부재는 전 인류 앞에 놓인 중대한 도전이다.

'일대일로'는 평화, 발전, 협력, 상생의 시대적 흐름에 순응하고, 전 세계 발전에 직면한 핵심적인 도전에 초점을 맞추고, 유엔의 2030년 지속 가능한 개발 어젠다 방향과 일치시키며, 전 세계 경제 거버넌스에 새로운 사고방식과 새로운 패러다임을 제공하였다. '일대일로'는 중국의 전통적인 '천하위공天下爲公(세상은 일반 국민들의 것)' '만방화합萬邦和合(세계의 모든 나라가 화합)' '만국함녕萬國咸寧(모든 나라가 평안하게 된다)'의 이념을 가지고, '함께 논의하고, 함께 건설하며, 함께 공유한다'라는 원칙을 강조하여 글로벌 경제 거버넌스의 새로운 장을 함께 만들어 '집단정치'와 대항적인 '동맹'을 하지 않을 것을 제안하였다. 시진핑 주석은 "'일대일로' 제안은 개방적이고 포용적인 협력의 플랫폼으로, 발전하려는 모든 국가에 개방되며 협력에 대해 어떠한 정치적 조건도 부과하지 않는다."라고 강조했다. 이 제안은 상호 이익이 되는 '이익공동체'와 함께 번영하는 '운명공동체'를 만드는 데 주력했고, 글로벌 자유무역 체계와 개방형 세계 경제를 지키는 데 주력하면서 포용적 발전을 더욱 강조하였다. 이는 경제 세계화 메커니즘의 개혁이며 포용적 글로벌화의 길을 열어가는 중요한 시도이다.

시진핑 주석의 '일대일로' 사상에 기초해 〈공동성명〉은 "개방형 경제 건설과 자유·포용적 무역을 확보하고……손에 손 잡고 '일대일로' 건설과 네트워크 형성을 추진하는 노력은 국제협력에 새로운 기회를 제공하고, 새로운 동력을 주입했으며 개방·포용·균형·보편적 혜택의 세계화를 추동하는 데 도움이 된다.…… 포용과 지속 가능한 성장과 발전을 이룰 것"이라고 제시했다. 포용적 세계화 추진은 이번 정상 포럼에서 정상 간 중요한 공감대라고 할 수 있다. 시진핑 주석의 '일대일로' 제안이 글로벌 경제 거버넌스는 물론 21세기 세계 평화와 발전에 크게 기여할 것이다.

4. 맺음말

시진핑 주석은 "지금 세계는 복잡하고 심각하게 변화하고 있다"며 "세계 다극화, 경제 세계화, 사회 정보화, 문화 다양화가 심화되어 평화 발전의 대세가 강해지고 변화와 혁신이 계속 진전되고 있다"며 "세계 경제 성장에는 새로운 동력이 필요하고, 발전과정에서 보다 보편적 혜택을 골고루 누리며, 빈부 격차는 줄어들어야 한다"고 지적했다. 인류 이익 공동체와 운명 공동체를 구축하는 시점에 서서 천 년 동안 대대로 전해온 '실크로드 정신'을 바탕으로 시진핑 주석은 '일대일로' 공동건설을 제안하여, 21세기 세계 평화와 발전에 새로운 아이디어와 새로운 협력 모델을 제공하였고, 전 세계 경제 거버넌스 개혁에 '중국의 방안'을 제공하였으며, 유엔의 2030년 지속 가능한 개발 어젠다를 실현하기 위한 중요한 장을 제공하였다.

이러한 새로운 협력이념에 의해, 중국이 점점 더 많은 나라들과 '일대일로' 공동 건설 협력 각서를 체결하여 국가 간 발전 전략의 연계를 강화하고 이익 접점을 찾고 있다. '개방 포용'과 '평등 호혜'의 이념을 견지하여 발전의 최대공약수를 찾는 것을 최우선으로 하여 공동 발전, 공동 번영을 도모하고, 화이부동和而不同의 관념에 따라 발전경로 선택의 다양성을 추구하고, 문화의 다양성을 지키면서 함께 발전을 도모하고, 함께 번영을 추구하며, 평화를 공유한다. '일대일로' 건설을 추진하는 것은 포용적 세계화를 실현하여 평화로운 인류 운명공동체를 구축하는 데 도움이 된다.

부록 2

관련 인터뷰

'일대일로': 가늠하기 어려운 경제 잠재력을 창출할 것

　　중국 정부에서 3월 28일 '일대일로' 공동 건설 추진을 위한 〈비전과 행동〉을 발표했다. 중국과학원 지리·자원연구소 소장조리所長助理 류웨이둥劉衛東이 중국신문망 기자와의 인터뷰에서 관련 지역의 특징과 '일대일로' 공동 건설로 인한 연선 국가의 이익을 분석했다.

　　그는 "유럽은 상대적으로 사회·경제가 발달한 지역이고 동아시아는 최근 30~40년간 발전 활력이 가장 강한 지역"이라며 "이 두 지역의 연계를 강화하면 가늠할 수 없는 경제 잠재력을 창출할 수 있다"고 말했다. 또한, 상호 인프라 건설 및 연결은 지역의 운송 및 입지 조건을 향상시켜 일련의 새로운 경제성장의 중심지를 탄생시킬 수 있다고 했다.

　　중국 관영매체들이 발표한 내용을 보면, 실크로드 경제 벨트는 중국-중앙아시아-러시아-유럽(발트해), 중국-중앙아시아-서아시아-페르시아만-지중해, 중국-동남아시아-남아시아-인도양 노선

---

* 〈중국신문망中國新聞网〉 저우루이周銳 기자, 2015.3.28.

을 중점적으로 연결한다고 하였고, 21세기 해상 실크로드는 중국의 연안 지역에서 남중국해와 인도양을 거쳐 유럽으로, 또는 남중국해를 거쳐 남태평양으로 이어지는 노선에 중점을 둔다고 하였다.

류웨이둥은 '일대일로'가 거시적인 개념이라고 하였다. 이번에 발표된 〈비전과 행동〉에서 제시한 육상 3개 노선과 해상 2개 노선은 주로 상호 연계와 국제 운송로를 염두에 둔 것으로 "이 운송로에 위치한 국가들은 분명히 협력할 기회가 많아지고 여러 경제적 여건이 좋아질 것이다."라고 말했다.

다만 '대帶(띠)' '로路(길)' 등의 표현만으로 '일대일로'를 단순히 '선형'의 경제 지역으로 생각해서는 안 된다고 류웨이둥은 조언했다. 기본적으로 '일대일로'는 개방적이고, 포용적인 국제 협력 네트워크로 관심이 있는 나라라면 그 어떤 국가의 참여도 환영하며, 특정된 공간 경향을 가지지 않는다고 밝혔다. "많은 협력 분야 또는 프로젝트, 예를 들면, 정책, 자금, 경제 무역, 인문 협력은 모두 양국 간 또는 다국 간의 협력이며, 이웃한 국가 간의 소규모 경제 협력sub-region Economic Cooperation은 아니다."라고 말했다.

그는 또 "'일대일로' 건설과 지역 간 연계는 많은 기회를 가져다줄 것"이라며, "유럽은 사회·경제가 상대적으로 발달한 지역이고, 동아시아는 최근 30~40년간 발전 활력이 가장 강한 지역이어서 두 지역의 연결이 강화되면 가늠할 수 없는 경제 잠재력을 창출할 수 있다"고 강조했다.

'일대일로'의 건설로 단일 지역의 환경 개선과 새로운 성장 동력을 창출할 것으로 전망된다. 그는 유라시아 대륙의 내륙 국가는 상대적으로 인프라가 취약하고 육로 운송에 대한 의존도가 높다고 했다. 실크로드 경제벨트의 건설은 이들 국가의 운송 여건과 입지 여건을 크게 개선함으로써 경제적 기회를 창출하고 새로운 경제 성장의 중심지를 조성하는 데 도움이 될 것이다.

그는 러시아의 극동지역, 중앙아시아의 주요 운송 거점 지역과 자원 밀집 지역, 동남아시아와 남아시아의 주요 해상 결절 도시, 중국 서부의 결절 도시 등을 대표적인 예로 들며, "새로운 경제 성장 중심지의 등장은 동반 성장, 공동 번영의 협력과 상생의 큰 구도를 형성해 연선 국가 국민들의 복지를 크게 높이는 데 도움이 될 것"이라고 말했다.

그는 또 "국가 간 인프라 연계는 기술적인 문제(예를 들면 궤간), 융자 시스템의 문제, 외교적인 문제 등이 있어 쉽지 않으며, 과거에는 이런 문제들이 국가 간 효율적인 네트워크 형성을 방해했으나, 이제는 '일대일로'라는 프레임 내에서 해결될 것으로 전망한다."라고 말했다.

그는 "연선 각국의 공동 노력으로 정책 소통, 인프라 연결, 무역 확대, 자금 조달, 민심 상통이 이뤄짐에 따라 국민들 간의 교류가 더욱 편리해지며 경제 세계화의 혜택도 더 많이 나눌 수 있을 것으로 기대한다."라고 말했다.

'일대일로'는 일방적인 '해외 진출'이 아니다

시진핑 중국 국가주석은 4월 22일 아시아·아프리카 정상회의와 반둥萬隆회의 60주년 기념행사에 앞서 파키스탄을 방문했다. 이런 일련의 외교 활동의 큰 배경에는 중국이 추진하고 있는 '일대일로'가 있다.

국내에서도 이 계획이 추진되고 있다. 이에 앞서 〈실크로드와 21세기 해상 실크로드 공동건설 추진에 대한 비전 및 행동〉(이하 〈비전과 행동〉) 전문이 발표되었고, 각 성, 자치구, 직할시에서는 자신의 지역을 어떻게 '일대일로' 계획과 연계시킬지에 대한 계획을 세우고 있다. 그러나 그 전에 '일대일로'의 일부 개념을 더 명확히 정리해야 할 필요가 있다.

최근 '21세기경제보도' 기자가 중국과학원 지리·자원연구소 '일대일로' 전략연구센터 센터장인 류웨이둥 교수를 인터뷰했다. 특히 그는 2013년 하반기부터 '일대일로'에 관한 연구에 참여해 왔다. '일대일로'는 지역적 영향을 받는 국가계획이지만, 중국 국내 지역 발전 전략이 아니라 국가관리의 새로운 이념을 구현한 것이라고 류웨이둥

* 〈21세기경제보도21世紀經濟報道〉 리보야李伯牙기자, 2015.4.23.

은 말했다.

중국이 어떤 길을 갈 것인지를 세계에 알린다.

〈비전과 행동〉이 단순한 국내 '계획'이 아닌 것 같은데, 교수님께서는 〈비전과 행동〉이 '일대일로'에 대해 설명한 것을 어떻게 생각하십니까?

'일대일로'는 중국이 제시한 구상이지만, 이 제의는 중국 단독으로 완성할 수 있는 것이 아닙니다. 그래서 시진핑 주석은 보아오 포럼에서 '일대일로' 건설은 중국의 '독창'이 아니라 연선 국가들의 '합창'이라고 말했고, '일대일로' 건설은 참여하는 모든 국가가 함께 해야 하는 역사적 과업으로, 한 나라의 계획만으로는 해결될 일이 아닙니다.

그래서 〈비전과 행동〉은 단순히 중국 희망 사항과 우선적으로 해야 한다고 생각하는 일들을 밝힌 것입니다. 이러한 일들이 실현될 수 있느냐 없느냐 하는 것은 앞으로 다른 나라와의 양자 간 또는 다자간의 협상과 연계에 달려있습니다.

중국이 이전에 내놓은 많은 계획들은 중국 국내의 일이기 때문에, '일대일로'와 비교해서는 안 됩니다. '일대일로'는 반드시 참여국과 함께 해야 하며, 그래서 우리는 그것을 단순한 국내 '계획'으로 표현하는 것을 별로 원하지 않습니다.

'일대일로'는 중국이 평화·친선·협력·발전·상생의 길로 가려고 하는 매우 중요한 신호를 세계에 전하고 있습니다. 이제 중국은 세계 2위 경제 대국인 만큼 미래 진로에 대해서도 분명하고 공식적으로 세계에 알릴 필요가 있습니다.

'일대일로'는 중국 국내 지역 전략이 아니다.

> '일대일로' 판공실 주임 오우샤오리殿曉理는 최근 '일대일로' 전략은 중국 전역을 포함하며 어느 성(지방행정단위)도 빠져서는 안 된다고 밝힌 바가 있는데 이에 대해서 어떻게 생각하십니까?

'일대일로' 구상이 제기된 이래 오해가 적지 않았습니다. 많은 지역에서는 자기들이 역사적으로 실크로드 연선에 위치해 있었으므로 당연히 참여할 수 있다고 인식하고 있는 반면, 그렇지 않은 지역들은 참여할 수 없다고 생각하는 사람들이 많은데 사실은 그렇지 않습니다.

18기 3 중전회에서는 앞으로 수행할 대외 개방의 임무에 대해 '일대일로' 건설을 추진하여 중국의 전면 대외 개방의 새로운 구도를 구축할 것을 강조했습니다.

'일대일로'는 전국적인 대외 개방의 플랫폼으로 이를 국내의 지역전략으로 여겨서는 안 됩니다. 일부 학자와 관료들이 국내 지역 전략이라고 하는데 이것은 '일대일로'의 내용을 제대로 이해하지 못한 것이라고 생각합니다.

'일대일로'는 인프라를 상호 연계하고, 무역로를 구축하는 면에서일부 공간적인 방향과 관련될 수 있기 때문에 〈비전과 행동〉에서 몇가지 공간적인 방향을 언급했습니다. 아무래도 이러한 공간 방향 위에 있는 인프라 건설에 대해 투자가 좀 더 많을 수는 있겠지만, 다른방향에서의 추진력 또한 약하지 않을 것이라 생각합니다.

저는 일부 지역이 '일대일로'에서 특수한 지위를 가진 배타적인 지역이라고 자처하는 것을 찬성하지 않습니다. '일대일로'는 개방과 협력의 네트워크이며 네트워크 안에서는 결절점만 있지, 정해진 시발점과 종착점은 없습니다. 어느 결절점도 시발점이 될 수가 있습니다.

> '일대일로' 전략이 징진지京津冀, 베이징 - 톈진 - 허베이 협동 발전, 창장
> 長江 경제벨트, 그리고 자유무역구自由貿易區와 어떤 관계가 있습니까?

'일대일로'는 전면적인 대외 개방의 플랫폼이며 총괄적이고 장기
적인 계획입니다. 징진지京津冀(베이징 - 톈진 - 허베이) 협동 발전, 창장
長江 경제벨트도 국가계획이지만 국가의 지역적 계획입니다.

저는 이 계획들과 '일대일로'를 같은 선상에 놓고 말해서는 안 된
다고 생각합니다. 이들은 대외 개방 플랫폼 건설에서 서로 상호보완
적 관계에 있으며, 특히 자유무역 구는'일대일로' 건설에서 아주 중
요한 매개체로 무역의 편리화에 관련되어 있어서 무역의 발전을 촉
진할 것이기 때문입니다. 앞으로 '일대일로'의 중요한 결절 지역에서
새로운 자유무역구가 나타날 것이라 믿습니다.

'일대일로는' 일방적인 '해외 진출'이 아니다.

> 몇 가지 중요한 공간적 흐름에서 일부 중점 지역, 중요 결절점에는 어떤
> 정책이나 프로젝트가 있습니까?

경제특구처럼 전문적으로 일부 지역(도시)을 겨냥한 정책은 아마
없을 것이고, 그것은 현재의 국가 정책 방향과도 맞지 않습니다. '일
대일로' 건설에서는 예를 들어 융자나 기업의 해외 진출 면에서 보편
적 혜택을 주는 정책이 실시될 수 있고, 특정 지역에서는'일대일로'

의 어떤 정책을 먼저 시범적으로 실시한 후 다른 지역에 보급해 나갈 수도 있습니다.

'일대일로' 건설의 중점은 '해외 진출'인데 특히 동부 연안의 발달된 도시에서는 '해외 진출'이 더 많을 수 있고, 곧 경쟁력을 잃을 노동집약적 기업들도 '해외 진출'에 직면할 수 있으며, 지난 몇 년간 (기술력은 낮지 않으나) 생산 과잉이 된 철강 기업들도 '해외 진출'을 하게 될 수 있습니다.

'해외 진출'과 '외자 유치'는 서로 결합되어 있고, 우리는 일방적으로 중국 자본의 해외 진출만 하는 것이 아니라 많은 투자를 유치할 것입니다. 중국 서부의 일부 저개발 지역은 여전히 투자를 유치해야 하고, 지역이 우위를 가지고 있는 생산요소를 개발하는 데 중점을 두고 있어 이런 지역들은 대규모로 해외 진출할 수 있는 여건이 아직 갖춰지지 않았습니다. 〈비전과 행동〉에서는 '해외 진출'에 관해서 중점적으로 다루었지만 지역별로 상황이 다르다고 생각합니다.

교통로의 건설, 인프라의 개선으로 이 교통로 상에 있는 특정 지역들에는 비교적 긍정적인 영향이 있을 것으로 예상됩니다. 교통로 자체는 화물 운송기능만 담당할 뿐, 무역이 바로 이 지역에서 이루어진다고 할 수 없으며, 경제 무역 협력은 전국 각지에서 이뤄질 수 있습니다. 이런 교통로의 건설은 사실상 전면적으로 개방된 통로를 열어주는 것입니다.

█ 현재 중국은 '일대일로' 건설에 있어 산업 단지를 매개체로 다른 나라와 협력하는 제안을 내놓았다고 들었습니다.

네. 맞습니다. 산업 단지는 중국에서 성공한 모델입니다. 저는 중국 기업이 '해외 진출'을 할 때 단독으로 진행하지 말고, 산업 단지를 더욱 많은 협력 파트너와 함께 건설하고, 운영과 투자를 다원화하여 모두가 함께 혜택을 누릴 수 있어야 '일대일로'의 이념에 부합한다고 봅니다.

'일대일로'는 지역 균형발전을 촉진할 것이다.

▌⟨비전과 행동⟩의 발표가 국내 지역 경제 발전에 어떤 영향을 미친다고 생각하십니까?

중국의 지역 발전은 불균형적입니다. 국가의 정책이 나올 때마다 지역 발전에 파급효과가 있을 것입니다. 정부도 이러한 정책들이 중점 지역의 발전을 촉진하는 역할과 중국 전체의 균형발전을 이끌어 낼 수 있기를 바랄 것입니다.

예를 들어, ⟨비전과 행동⟩이 중국 동북지방에 대해 상대적으로 많이 언급했는데, 그 이유는 최근 2년 동안 '신 동북 현상'이 나타났기 때문입니다. 학자로서 우리도 '일대일로'가 동북 지방의 발전을 이끌어 가기를 바라며, 서부의 많은 지역에서도 마찬가지입니다.

언급하지 않았다고 해서 외면당했다고 생각할 필요가 없고, 모든 지방들이 동일하게 많은 참여 기회를 가지고 있습니다. 경제, 무역, 투자, 인문분야 등에서 일련의 협력 사업이 있는데 어떻게 몇 개 특정 지역에만 국한될 수 있겠습니까? 중앙정부는 '일대일로'가 중국의 균형발전을 촉진하는 데 어떤 역할을 할 수 있는지에 관해서도 관심을 갖고 있다고 봅니다.

'일대일로'가 중국 국내의 지역 전략이 아니라고 하셨습니다만, 중국에서 '일대일로'가 진행되려면 관련된 지역 정책들이 뒷받침되어야 할 것 같습니다.

하나의 큰 구상에는 통일성이 있어야 합니다. 만약 국내에서 '일대일로'를 중국 내 지역 발전 전략이라고 홍보한다면, 참여하고자 하는 국가들에 혼란을 초래하게 될 것입니다. 그래서 저는 이것을 중국 내 지역 발전 전략이라고 언급하는 것을 반대했고, 지역 발전 전략으로 볼 수도 없습니다. 이 사업은 국제적인 지역 협력 네트워크이기 때문에 지역 발전 전략이라고 축소해석하면 결국 '일대일로' 구상의 목적에 어긋나게 되는 것입니다. 이 일을 추진하는 것이 물론 중국의 지역 발전에 도움이 되겠지만, 그렇다고 절대로 중국 국내에 한정되는 지역 발전 전략이 아니라는 점을 강조하고 싶습니다.

'일대일로' 구상에서 결절 도시, 거점 도시, 그리고 도시 군을 만든다고 언급했는데 그것이 '일대일로'에서 어떤 역할을 하게 됩니까?

일대일로'를 통해 지역의 균형발전을 촉진하고, 대외 개방에 유리한 여건을 가진 곳을 결절점(결절 도시)으로 삼겠다는 것이라고 생각합니다. 하지만 '일대일로'가 어느 특정 도시나 지역에만 영향 준다는 것에는 동의하지 않습니다. 모두에게 주어진 기회이기 때문에 지역이 얼마나 발전할 수 있는지는 그 지역의 발전 역량에 달려있으며, 예를 들어, 자본의 규모나 기술의 발전 정도에 따라 결정된다고 봅니다.

물론 인프라 상호 연계 건설의 측면에서 일부 지역에 영향을 미칠 수는 있습니다. 예를 들어, 교통로 건설 이후, 일부 제품의 운송이 편리해져, 몇몇 기업들을 그곳으로 유치할 수 있습니다. '충칭 – 신장 – 유럽 철도'의 경우, 현재 화물 운송량이 그리 많지 않지만, 철도를 통해 유럽으로 화물을 운송할 수 있다는 '신호'여서 입지 조건이 개선되었다고 볼 수 있고, 자연스럽게 일부 기업들을 끌어들일 수 있습니다.

예를 들어 헤이룽장성 쑤이펀허綏芬河, 헤이허黑河, 네이멍구자치구 만저우리滿洲里, 얼롄하오터二連浩特 등 국경도시의 경우 무역로가 개통되거나 상호 연계로 인프라가 개선되면서 이들 지역의 입지 조건이 점점 좋아지고 개방의 전진기지가 되고 있습니다.

지방과 기업이 다 같이 한꺼번에 몰려가서는 안 된다.

> 지금까지 대내외적인 '일대일로'의 의미에 대해 말씀해 주셨는데, 다음 단계에서는 어떻게 추진할 계획인가요?

국내와 국외의 두 부분으로 나누어 봐야 합니다. 국내 부분에 대하여 우리가 할 수 있는 일은 이미 시작했습니다. 그동안 양자 또는 다자간에 이미 논의되었던 많은 프로젝트가 실시 단계에 들어섰습니다.

다음 단계의 매우 중요한 일은 바로 관련 국가와 양자 또는 다자간의 형식으로 구체적인 개발(발전) 프로젝트들을 연계시켜 상호 간의 이익의 공통점을 찾아 프로젝트를 실시하는 것입니다.

이익의 공통점을 찾는 것은 어렵고 시간이 필요한 과정입니다. 어떤 특정 프로젝트가 약간의 우여곡절을 겪었다고 해서 자신감을 잃을 필요는 없습니다. 국제 프로젝트는 모두 변동성을 가지고 있습니다. 우리는 아직 경험이 부족하고 많은 요인들의 방해를 받아 변동성을 완전히 피하기가 어렵습니다. 그러나 저는 국가 간에 상호 협력의 욕구, 상생에 대한 바람이 있기 때문에, 이익의 공통점을 찾을 가능성이 매우 높다고 생각합니다.

> 선생님께서는 '일대일로' 추진에 있어 어떤 문제에 가장 관심을 가지고 계신가요?

제가 걱정하는 것은 각 지역이나 기업들이 한꺼번에 해외 진출로 몰려가는 상황입니다. 중국의 지방과 기업들은 항상 중앙정부의 요구에 호응도가 높습니다. 이런 상황에서 상대방에 대해 잘 알지 못하고, 이익의 공통점을 적절히 찾지 못한 상황에서 성급히 해외 진출을 시도하면 실패할 수 있습니다.

정부의 요구에 적극적으로 호응하되 한꺼번에 달려들지 말고 먼저 상대방을 잘 이해하고, 상대방과 소통하며, 단순히 해외 진출만을 위한 진출을 해서는 안 됩니다.

'일대일로'는 여러 나라와 관련되어 있어, 양자 또는 다자간 공동 협의가 필요하므로, 너무 조급해하지 말아야 하며, 또한 장기적인 계획이기 때문에 적어도 20~30년의 세월을 두어야 합니다. 지난 30년 동안 중국은 매우 빠르게 성장했기 때문에 무엇이든 빠르게 진행되기를 원합니다. 그러나 다른 나라와 상의하고, 공동으로 추진해야 해야 하며, 정책 소통, 계획 협의, 이익 공통점 찾기 등 사업들을 신중하고 천천히 진행해야 합니다.

'5대 발전 이념 시리즈' 중 '개방 발전'

> 11기 3 중전회 이래 '개방'은 한 시대의 주제가 되었다. 당의 18기 5중 전회에서 '개방 발전'을 견지해야 한다고 강조했는데, 어떤 뜻이 있는가?

'개혁'과 '개방'은 11기 3중전회(1978) 이래 중국이 경제발전의 성 과를 거둔 두 가지 비결이다. 1980년대 이래 중국은 점진적인 개혁 ·개방을 통해 끊임없이 경제 세계화에 깊이 참여했고, 해외의 자본 ·기술·경영 노하우 등을 도입하여 경제 도약을 추진했다. 세계화 덕 분에 중국이 고속성장을 했으며, 중국 또한 세계 경제 발전에 기여했 음을 인정해야 한다. 이제 중국 경제는 세계와 긴밀하게 연결되어 있 고, 중국은 세계를 떠날 수 없으며, 세계도 중국을 떠날 수 없게 되었 다. 따라서 '개방 발전'의 이념을 받들어야만 우리는 미래를 제대로 계획할 수 있다.

다른 측면에서 볼 때, 지난 30여 년간의 '개방'은 중국이 글로벌 산 업 이전 추세에 적극적으로 부응하며, 외자를 유치해 중국 경제에 참

---

* 〈인민일보人民日報〉 랴오원건廖文根기자, 2015.12.16. "중국의 꿈으로 세계의 꿈을 이루다" 일부 인터뷰 내용

여시키는 단방향의 개방이었다. 특히 2008년 글로벌 금융위기 이후 해외투자 규모가 빠르게 증가하면서 중국의 자본과 산업이 '해외 진출'하는 단계에 들어섰고, 현재는 제2차 글로벌 산업 이전을 이끌고 있다. 이것은 중국이 '해외 진출'과 '외자 유치'를 똑같이 중요시하는 단계, 즉 양방향 개방의 새 시대에 들어섰음을 보여준다. 이러한 배경에서, 심도 있는 개방 전략을 실행하고 '해외 진출'과 '외자 유치'를 유기적으로 결합해야만, 비로소 국제 경제 무역 협력을 통해 중국 산업의 고도화와 경제의 지속적이고 건강한 발전을 촉진할 수 있다.

게다가 중국은 이미 세계 2위의 경제규모를 가진 국가이자 세계 1위의 상품 수출입국이기 때문에 더 큰 국제적 책임감을 가지고 세계 경제 성장의 '견인차' 역할을 해야 한다. 이것은 중국으로 하여금 개방 발전, 협력 발전, 상생 발전이라는 시각에서 문제를 고민하고 활로를 모색해야 한다는 요구이기도 하다.

| '개방'에 따른 중국의 가장 큰 변화는 무엇인가? '개방 발전'의 핵심 요지는 무엇인가?

'개방'이 중국에 가져온 변화는 매우 크고 분명하다. 첫째는 관념의 변화이다. 우리는 시장 기능에 대해 몰랐으나, 지금은 자원 배분에 있어서의 시장의 기능을 이해하게 되었고, 계획경제에 입각해 국가를 운영하였으나, 점차 국제 시장 규칙에 익숙해지게 되었다. 이 모든 변화에서 '개방'을 빼놓을 수 없다. 둘째는 경제 세계화에 부응하는 거버넌스와 메커니즘이다. 30여 년의 '개방'을 통해 중국은 이미 비교적 완벽한 사회주의 시장경제 시스템을 수립하여 국내외 투자자들의 수요를 충족시키고 글로벌 경쟁에서도 기본적으로 적용할 수 있게 되었다. 셋째는 경제력의 급속한 성장이다. 외자와 대외무역이 과거 30여 년 동안 중국 경제 성장에 기여한 것은 의심할 여지가 없다. 개혁개방 초기 중국이 세계 경제에서 차지하는 비중은 5% 안팎에 불과했지만 2014년에는 13%에 달했다.

중국공산당의 18기 5중전회에서는 '개방 발전'을 강조했는데, 여기에는 기존의 개방 발전을 이어가자는 내용과 함께 새로운 함의가 담겨 있다. 그 핵심 요지를 네 가지 측면에서 이해할 수 있다. 하나는 양방향 개방으로 국내와 국제적 요소의 질서 있는 흐름을 촉진하는 것이다. 다시 말하면 새로운 발전 양상과 발전 단계에서 중국은 전 세계적인 관점에서 자원 분배를 고려하고, 글로벌 경제 시스템에 더욱 깊이 연계되어야 한다는 것이다. 둘째는 협력 상생이다. 즉 광범위한 이익공동체와 운명공동체를 만들어 더 넓은 범위의 포용적 발전을 이루고 세계 경제 성장을 이끌어야 한다. 셋째는 개방 메커니즘이다. 한편으로는 국내의 경영 환경을 보완하고 국제 무역 투자 규범에 적응하는 체제 메커니즘을 만들어야 하며, 다른 한편으로는 해외 투자 서비스 체계와 보호 메커니즘 수립을 추진해야 한다. 넷째는 국제적 책임이다. 즉 세계 제2의 경제 대국으로서 더 많은 책임을 져야 하는데 여기에는 더욱 공정한 글로벌 경제 거버넌스 구축 추진, 국제 평화 수호, 개발도상국에 대한 원조 등이 포함된다.

'12차 5개년 계획 기간' 동안 특히 18차 당 대회 이후, 중국의 대외 개방의 심도와 범위가 달라졌으며, 더 높은 수준에서의 개방이 이루어지고 있다. '개방 발전'의 측면에서 어떤 난제가 시급히 해결되어야 하며, 또 어떤 잠재력을 발굴할 수 있는가?

12차 5개년 계획 이래, 중국의 대외 개방에는 새로운 추세가 나타났는데, 즉 '양방향 개방'이다. 30여 년 동안 '외자 유치'를 특징으로 하는 개방적 발전을 통해 중국은 '투자유치'에 대한 많은 거버넌스 경험을 쌓았지만, 이러한 경험은 주로 외국인 투자자를 어떻게 끌어들일 것인가에 관한 것이었고, 중국 자본의 '해외 진출' 수요를 만족시키기는 어려웠다. 따라서 새로운 개방 발전에서 가장 먼저 풀어야 할 난제는 중국의 '해외 진출' 경험 부족이다. 선진국은 수십 년에서 100년이 넘는 경험을 갖고 있지만 중국은 대규모로 '해외 진출'을 개시한 지 10년이 채 되지 않는다. 정부든 기업이든 국제적 규범을 열심히 배우고 해외 투자에 대한 경험을 더 잘 쌓아야 한다. 학계에서는 하루빨리 가치관과 지원체계를 바꾸어 '해외 진출'을 보조할 수 있는 학문적 분위기를 조성하고 관련 국가의 거버넌스 구조, 투자환경, 시장수요 등에 대한 연구를 강화해야 한다.

　두 번째 풀어야 할 난제는 각종 조율의 문제이다. 중국의 거버넌스 구조에서는 중앙정부의 발언권과 동원력이 매우 강하다. 정책이 나오면 각 부처와 지방정부, 사회 각계에서 즉각 호응할 것이다. 그러나 그런 적극성을 어떻게 조율하느냐가 큰 문제이다. 중국이 '해외 진출'을 하는 과정에서 기업 간에 악성 경쟁을 한 사례도 적지 않다. 지금 각 부처와 지역에서 해외투자, 협력, 지원 등에서 불협화음이 나타나고 있다. 일부 이익에만 집중하는 부정적인 사례가 향후 협력에 좋지 않은 영향을 가져올 수 있다. 따라서 새로운 개방 발전에는 총괄 조율할 수 있는 기구가 반드시 필요하다.

　세 번째 풀어야 할 난제는 균형 문제이다. '해외 진출'과 '외자 유치' 간의 균형이 필요하다. 개방 발전은 바로 국제적 범위 내에서 비교우위에 의한 상호보완을 모색하는 것으로서 중국은 선진국과 여전히 기술 격차가 매우 크고, 여전히 더 높은 차원의 외자를 유치하는 데 큰 관심을 가져야 한다. 다른 한편으로는 기업의 대규모 해외 진출과 국내 제조업 일자리 창출 사이에도 균형이 필요하며, '해외 진출'로 인한 중국 제조업의 공동화를 경계해야 한다.

| 중국이 국제사회에서 영향력 있는 강국이 되려면 글로벌 경제 거버넌스에 적극적으로 참여해야 한다. 이 부분에서 중국은 무엇을 해야 하는가?

경제력이 향상되면서 글로벌 경제 거버넌스에 참여하는 중국의 역할이 점차 커지고 있다. 예를 들어 아시아인프라투자은행AIIB과 브릭스 신개발은행NDB을 설립해 세계은행과 국제통화기금IMF에서 중국의 발언권이 어느 정도 향상되었다. 글로벌 경제 거버넌스에서의 발언권을 높이는 것이 '기존의 판을 뒤엎고 완전히 새로운 판'을 만들려는 것이 아니라는 점을 알아야 한다. 한편으로는 경제 세계화의 메커니즘을 유지하면서, 다른 한편으로는 세계화 메커니즘의 개혁을 추진해 세계화의 혜택이 더 많은 국가와 지역에 돌아갈 수 있도록 해야 한다. 협력과 상생의 포용적 세계화를 적극적으로 추진하는 것은 글로벌 경제 거버넌스에 대한 중국의 중요한 공헌이다. 중국이 글로벌 경제 거버넌스에서의 발언권을 더 많이 얻을 수 있을지의 여부는 중국이 제시한 글로벌 발전 이념과 실천이 얼마나 많은 국가의 공감을 얻느냐에 달려 있다.

| '일대일로'는 세계적인 주목을 받고 있다. '일대일로'는 중국과 세계에 무엇을 가져다줄 것인가?

근본적으로 '일대일로'는 상생과 협력의 제안이자 포용적 세계화의 제안이다. '실크로드'는 연선 국가들과 공유하는 하나의 역사 문화유산이다. 중국은 '실크로드'의 역사 문화적 함의를 통해 앞으로 우리가 가야 할 발전의 길, 즉 '평화, 발전, 협력, 상생의 길'을 세계에 알리는 것이다. 중국에 있어서 '일대일로'는 전면적인 대외 개방의 총괄적인 구상으로서 '개방 발전'을 실현하는 주요 기치이자 매개체이며, 양방향의 투자와 무역의 편리화를 가져와 향후 수십 년간 중국의 발전 방향과 패러다임을 결정하고 있다. 세계에 있어서 '일대일로'는 기존의 글로벌 경제 거버넌스 모델을 개혁하고 포용적 발전을 실현하려는 시도로서, 세계를 '핵심 – 주변부'의 이원화 구조에서 '삼원화' 융합 발전(즉 신흥국을 고리로 선진국과 개발도상국을 긴밀하게 연결하는 것)으로 나아가게 하는 노력으로, 앞으로 수십 년간 세계 경제의 판도를 바꿀 가능성이 있다. 따라서 '일대일로'는 단순히 몇 개의 길, 몇 개의 회랑을 만드는 것이 아니라 중국이 글로벌 경제 시스템에 더 깊이 융합되어 더 큰 선도적 역할을 할 수 있는 장이 될 것이다. '일대일로' 건설은 세계에 평화와 번영을 가져오고 포용적 발전을 가져와 각국을 행복하게 할 것이다.

'일대일로' 전략과 다중 스케일 공간계획에 대한 인터뷰

❙ '일대일로' 구상의 함의를 어떻게 이해해야 하는가?

'일대일로'는 중국의 전면적인 대외 개방을 총괄하는 중대한 국가 계획이며, 중국 개방 발전의 주요한 기치이자 매개체이다. 국가발전개혁위원회, 외교부, 상무부가 공동으로 발표한 〈비전과 행동〉에 따르면 '일대일로'는 "경제 요소의 질서 있고 자유로운 이동, 자원의 효율적 배치와 시장의 심도 있는 융합을 촉진하고, 연선 각국 간의 경제정책의 조화를 도모하며, 보다 광범위하고 심층적인 지역 협력을 전개하여, 개방·포용·균형·보편적 혜택의 지역 경제협력 구조의 공동 조성"을 목적으로 한다. 따라서 '일대일로'는 경제 세계화 체제 아래 지역 상생 발전을 위한 국제 협력의 장으로 포용적 세계화의 제안이다.

지난 30~40년 동안 경제 세계화의 메커니즘과 과정은 세계 경제의 구도를 크게 변화시켰지만, 경제 세계화 메커니즘의 내재적 갈등은

---

* 〈서부주거환경학보西部人居環境學刊〉 특집 취재자 뤼빈呂賓, 2016, 제1기.

세계적으로 빈부격차의 급격한 확대를 가져왔다. 경제 세계화를 추진하면서 빈부격차가 더 이상 확대되지 않도록 하는 것은 전 세계의 지속 가능한 발전이 직면한 가장 중요한 문제이다. 1978년 이후 중국은 점진적인 개혁개방을 통해 끊임없이 경제 세계화에 참여하였고, 중국 경제의 도약을 촉진하여 7억 인구의 빈곤탈출에 성공해 세계 발전의 중요한 동력이 되게 하였다. 이제 중국은 글로벌 경제 거버넌스를 발전시키는 데 더 크게 기여하고 세계 경제 발전을 이끄는 과정에서 더 적극적인 역할을 해야 한다. '일대일로'는 바로 이런 배경에서 탄생했다. '일대일로'는 글로벌 자유무역 체계와 개방형 세계 경제를 지키는 데 주력하면서도 기존의 경제 세계화를 단순히 이어가는 것이 아니라 세계화의 새로운 표현인 '실크로드'의 문화적 의미, 즉 포용성을 제시한 것이 특징이다.

▌ '일대일로'에 대한 몇 가지 잘못된 인식은 무엇인가?

현재 '일대일로'에 대해 적지 않은 잘못된 인식이 있다. 우선 '일대일로'는 고대의 국제 무역로를 재건하려는 것이 아니라 실크로드라는 역사 문화적 함의를 강조하는 것이다. 둘째, '일대일로'는 중국의 국내 지역 발전 전략이 아니라 전면적인 대외 개방을 총괄하는 장기적이고 중대한 계획이다. 국내 지역 발전 전략은 국내의 일이고 '일대일로'는 국제협력을 위주로 한다. 셋째, '일대일로'는 일방적인 '해외 진출'이 아니라 '해외 진출'과 '외자 유치'의 긴밀한 결합이 필요하다. 넷째, '일대일로'는 지정학적 전략이 아니라 발전·협력·상생 등 국제협력의 새로운 경로를 모색하는 시도이다. 다섯째, '일대일로'

는 단순한 '선형线狀' 경제 체가 아니라 '실크로드'의 문화적 함의를 활용해 국제 지역 경제 협력의 장을 구축하는 것이다. 이러한 잘못된 인식에 대해서는 《국가행정학원학보國家行政學院學報》의 2016년 1권 논문을 참고할 수 있다.

'일대일로'와 징진지京津冀(베이징 - 톈진 - 허베이성) 협동 발전 및 창장長江 경제벨트의 관계는?

현재 일반적으로 '일대일로'와 징진지京津冀(베이징 - 톈진 - 허베이성) 협동 발전, 창장長江 경제벨트를 같이 논하고 있다. 이 세 가지는 중국의 중요한 세 가지 국가급 계획이지만 결코 동일 선상에서 논할 수는 없다. '일대일로'는 중국의 전면적인 대외 개방을 총괄하는 장기적이고 중대한 국가계획으로 향후 수십 년 동안 중국의 발전 경로와 패러다임을 결정하고 있다. 또한 기존의 글로벌 경제 거버넌스 모델을 개혁하고 포용적 발전을 실현하려는 시도로 향후 수십 년의 세계 경제 구도를 변화시킬 가능성이 있다. 반면 징진지京津冀(베이징 - 톈진 - 허베이성) 협동 발전과 창장長江 경제벨트는 주로 국내 지역 발전 계획인데, 이 두 가지도 개방 발전을 다루고 있지만 '일대일로'처럼 총체적인 장기계획은 아니다. 결국 '일대일로'란 중국의 세계화 계획으로 보다 장기적이고 선도적인 구상이며, 나머지 둘은 국지적이고 단기적인 계획이라는 것이다.

'일대일로' 구상이 국내 지역경제 발전에 어떤 영향을 줄 수 있는가?

'일대일로'는 지역적 영향이 뚜렷하다. 예를 들어, 6대 경제 회랑의 건설과 내륙 개방형 경제 지대의 건설(〈비전과 행동〉 참조)은 중서부 일부 지역의 발전을 이끌어 새로운 성장 거점지역을 형성하게 될 것이다. 특히 유라시아 대륙의 상호 연결과 무역 편리화는 서부 국경 지역의 발전을 추진하는 데 중요한 역할을 하고 있으며 서부 대개발 전략을 도약시킬 수 있는 중요한 계기이다. 또 연선 국가와의 경제교역 심화와 확대는 연해 지역의 지속적인 발전을 촉진하고 국제 경쟁력 향상에 도움이 될 것이다. 따라서 중국공산당 중앙위원회의 〈국민경제와 사회 발전 제13차 5개년 계획수립에 관한 건의〉에서 확장발전의 새로운 공간을 제시하면서 지역 발전의 총체적인 계획을 바탕으로 '일대일로' 건설, 징진지京津冀(베이징-톈진-허베이성) 협동 발전, 창장長江 경제벨트 건설을 선도하여 연해, 내륙 수운, 연선 경제벨트 위주의 격자형 경제벨트를 형성한다고 언급하였다. '일대일로' 건설은 중국의 균형적인 국토개발에 도움이 될 것으로 보인다.

　여기서 설명해야 할 것은 '일대일로' 건설은 전국 각 지역이 모두 참여할 수 있는 개방 발전의 장이지 소수 고대 실크로드 상에 존재했던 지역의 배타적인 '보너스'가 아니라는 것이다. 인프라 상호 연계 및 무역 편리화는 중국 각 지역의 발전에 새로운 기회를 가져다줄 것이다. 물론 국경의 주요 관문 도시들이 새로운 성장 지역으로 발전할 기회는 더 많을 것이다.

| '일대일로' 구상에서 언급한 결절 도시, 거점 도시의 건설, 그리고 도시
| 군이 '일대일로'에서 어떤 역할을 하는가?

　'일대일로'는 국제 지역 경제 협력 플랫폼으로 인프라의 상호 연계

와 경제 무역, 인문분야 등의 협력 프로젝트를 기반으로 하고 있다. 공간구조를 보면 '일대일로'는 경제 회랑과 결절 도시로 구성된 네트워크식 구조로 되어 있다. 회랑은 주로 유통의 기능, 즉 사람, 화물, 정보, 기술, 문화 등의 교류 통로를 담당하고 있으며, 결절 도시는 각종 '흐름'의 합류점으로 특히 각종 경제 무역 협력과 인문 교류의 접점이다. 따라서 결절 도시나 도시 군은 구체적인 협력 사업의 발생지이며 '일대일로' 건설의 터전이자 거점이다.

│ '일대일로' 전략 추진과 관련해 현재 가장 큰 관심을 가지고 있는 문제는 무엇인가?

우선 '해외 진출' 경험 부족 문제이다. 선진국은 수십 년, 심지어 100년이 넘는 경험을 갖고 있지만 중국이 대규모로 '해외 진출'하게 된 것은 10년이 채 안 된다. 그러므로 정부든 기업이든 국제 규범을 열심히 배우고, 해외 투자 경험을 쌓아야 한다. 학계에서는 하루빨리 관련국의 거버넌스구조, 투자환경, 시장수요 등에 대한 연구를 강화해야 한다.

다음은 조율의 문제이다. 중국의 거버넌스 구조 하에서 중앙 정부의 발언권과 동원력이 매우 강하다. 정책이 나오면 각 부처와 각 지방정부 그리고 사회 각계에서 적극적으로 호응할 것이다. 그러나 그 적극성을 어떻게 조율하느냐가 큰 문제이다. 중국이 '해외 진출'을 하는 과정에서 기업들이 악성 경쟁을 한 사례가 적지 않기 때문에 '일대일로' 건설은 이를 총괄 조율을 할 수 있는 기구가 필요하다.

'일대일로' 건설은 연선 국가들의 합창이다

중국과학원 '일대일로' 전략연구 센터장 류웨이둥 교수는 유일한 학계 전문가 대표로 '일대일로' 건설 사업 간담회에 참석하였고, 매일 눈코 뜰 새 없이 바빴다. 그는 8월 17일 회의에 참석했던 당시 상황을 떠올리며 "시진핑 주석의 발언에서 '일대일로' 건설에 대한 확고한 결심이 가장 기억에 남는다"고 말했다.

'일대일로': 포용적 세계화 시대를 연다

'일대일로'가 "중국이 원하는 세계화의 길"이라고 말씀하신 적이 있는데 이 '길'을 어떻게 이해하고 계십니까?

지난 30~40년간 세계화는 세계 경제의 구도를 크게 바꿔놓았습니다. 한편으로 선진국의 경제는 '금융화'와 '하이테크화'를 거듭하는 반면 제조업 '공동화'를 가속시켰고, 다른 한편으로 중국을 비롯한 일부 개발도상국이 제조업 대국으로 부상했습니다. 이것이 전통적인

---

* 〈광명일보光明日報〉 원위안溫源 기자, 2016.9.12.

'핵심 - 주변부' 이원二元 구조를 바꿔 '선진국 - 신흥국 - 저개발국'의 삼원三元 구조를 형성한 것입니다. 이와 함께 세계 경제는 2008년 국제 금융 위기의 그늘에서 벗어나지 못하고 있습니다. 무역은 지속해서 하향세이고, 경제성장은 부진해지고 있으며 보호무역주의와 포퓰리즘이 대두하고 있습니다. 따라서 이러한 상황에서 세계 경제 회복을 어떻게 이끌 것인가 하는 것이 각국이 바라는 발전의 '최대 공약수'입니다.

1978년 이후, 중국은 점진적인 개혁개방을 통해 경제 세계화에 깊이 참여하여 세계가 주목하는 발전성과를 거두었습니다. 현재 중국은 이미 세계 2위 경제국이자 제조업 1위 국가, 1위 상품 수출국, 3위 대외투자국이 되었습니다. 중국 자본의 '해외 진출'이 특징인 제2차 글로벌 산업 이전이 시작되었습니다. 이런 맥락에서 중국은 경제 세계화의 성과를 지키고, 경제 세계화의 메커니즘을 발전시키기 위해 더욱 크게 기여해야 하며, 글로벌 경제 성장을 이끌기 위해 더욱 큰 책임을 져야 합니다.

'일대일로'는 바로 세계 구도의 큰 변화 속에서 탄생했으며, 세계화를 포용적으로 발전시키려는 노력으로 포용적 세계화의 새 시대를 열 것입니다. 그 포용성은 주로 '개방 포용'과 '평등 호혜'라는 건설 이념, '함께 논의하고, 함께 건설하며, 함께 공유한다'라는 원칙, '화이부동和而不同'이라는 가치관에서 나타납니다. '일대일로'는 배타적이지 않고, '중국만의 주장'을 내세우지 않으며 문화의 다양성을 지키는 토대 위에서 발전을 함께 도모하고, 번영을 함께 추구하며, 평화를 공유합니다. 그것은 중국만의 독창이 아니라 연선 국가들의 합창입니다. 이는 중국의 '해외 진출'의 필요성에도 부합하고, 세계화의 혜택이 더 많은 나라와 지역의 국민들에게 돌아가게 할 것입니다.

'일대일로'에 대한 이해에 있어 오해하지 않도록 해야 한다.

> '일대일로'는 여러 분야에 걸쳐 있는 총괄적인 전략인 만큼 사회 각계에서 이에 대해 아직도 서로 다르게 이해하고 있는데, 이 가운데 오해가 있는지 요?

'일대일로'에 대한 현재의 인식에는 약간의 오해가 있습니다. 우선 '일대일로'는 역사 속에 존재했던 국제 무역로를 재건하려는 것이 아닙니다. '일대일로'가 '실크로드'라는 개념을 사용했기 때문에, 일부 지역에서는 그것의 시작점, 경유지, 결절지역 등 옛 실크로드에 존재했던 자신들의 위치를 발굴하는 데 열중하고 있습니다. 사실 역사적으로 '실크로드'는 몇 개의 고정된 노선이 아니라 상당히 촘촘한 무역 네트워크였습니다. 오늘날 '실크로드'는 연선 국가들이 공유하는 역사 문화유산으로 이해해야 하며, '평화, 발전, 협력, 상생'의 발전 이념을 세계에 전해야 합니다. '일대일로'는 고대 무역로를 복원하려는 것이 아니라 중국이 연선 국가와 함께 발전을 도모하고 번영을 공유하는 국제 지역 협력 플랫폼을 건설하려고 하는 것입니다.

둘째, '일대일로'를 중국 국내 지역 발전 전략으로 이해하는 사람도 있습니다. 어떤 성省(중국의 지방행정 단위)은 자신들이 '일대일로'에서 어떤 특수하고 배타적인 지위를 가지고 있다고 생각하는가 하면, 어떤 성은 '일대일로' 건설과 아무런 관계가 없다고 생각하기도 합니다. '일대일로'는 중국의 전면적인 대외 개방을 총괄하는 장기적인 최상위의 계획이며, 국제협력에 관한 국가 구상입니다. 이는 지역 발전전략 아닌 전국 각 지역이 모두 참여해야 하고, 또 모두 참여할 수 있는 사업입니다.

셋째, '일대일로'는 일방적인 '해외 진출'이 아닙니다. '해외 진출'은 '일대일로' 건설의 중요한 내용이자 그 구상의 기초이기도 합니다. 그러나 중국과 선진국 사이에는 여전히 매우 큰 기술 격차가 있기 때문에 앞으로도 상당히 긴 시간 동안 '외자 유치'를 중시해야 합니다. 사실 경제 세계화는 바로 각국 간의 상호 투자가 끊임없이 심화되는 과정이며 구미 선진국은 해외 투자 대국이자 외자 유치 대국이기도 합니다. 따라서 '일대일로' 건설은 자본의 '해외 진출'을 장려하는 동시에 자본의 '외자 유치'도 중시해야 합니다.

> 회의에 참여한 유일한 학계(전문가) 대표로서, 회의에서 어떤 내용을 발표하셨습니까?

'일대일로'를 연구하며 느낀 점을 주로 이야기했습니다.

첫째, '일대일로'는 완전히 새로운 국가구상입니다. 지난 30년간 중국 대외 개방의 주요 메커니즘이 주로 '외자 유치'였다면, 지금은 '해외 진출'로 그 중심이 옮겨졌습니다. 체제 메커니즘 개혁을 심화시켜야만 '일대일로' 건설을 더 잘 추진할 수 있습니다.

둘째, '일대일로'의 건설은 정부의 역할과 시장 메커니즘 간의 관계 균형을 잘 맞추고 시장 메커니즘을 더욱 적극적으로 활용하여 '일대일로'의 건설을 추진해야 합니다. 어떤 해외 인사들이 '일대일로'를 중국 정부의 프로젝트라고 이해하지만, 사실은 그렇지 않습니다. '일대일로'는 중국 정부가 세계 자본 흐름을 위해 제공한 글로벌 공공서비스 플랫폼입니다. 전 세계 모든 기업과 자본이 '일대일로' 건설에 참여할 수 있습니다.

셋째, '일대일로' 건설은 더 많은 이론 연구와 학술 연구가 필요하며, 더욱 명확한 학술 체계를 세워야 합니다.

'일대일로' 건설에 대한 학술 연구를 강화해야 한다.

> 시 주석은 "못을 박는다는 심정으로'일대일로' 건설을 한걸음, 한걸음 추진시켜 '일대일로' 건설이 연선 각국의 국민들에게 행복을 가져다줄 수 있도록 해야 한다."라고 말했습니다. 여기서'못을 박는다는 심정으로'를 어떻게 이해하십니까?

제가 이해한 '못을 박는다는 심정'은 착실하게 한걸음, 한걸음 각 조치를 착실하게 실행하고 꾸준히 노력해야 한다는 것입니다. 내실 있는 사업 추진으로'일대일로'의 혜택과 복지를 연선의 국민들이 체감할 수 있도록 해야 합니다.

> 시 주석은 '일대일로' 건설에 대한 학술연구, 이론적 뒷받침, 학술체계 구축 강화를 말하였는데, 교수님께서는 현재 어떤 분야에 관련된 연구를 하고 계십니까?

중국의 '일대일로' 건설에 관한 이론 연구는 구체적인 실천에 비해 뒤떨어지고, '일대일로' 주변 국가에 대한 이해와 연구도 부족하며, 관련 인재풀이 빈약합니다. 우리는 이론 연구자로서 적극적인 학술 연구를 통해 국제적으로 그에 맞는 학술 체계 구축을 추진하고, '포용적 세계화'의 학술 체계를 구축하여 '일대일로' 건설에 기여할 것입니다.

'일대일로': 포용적 세계화의 새로운 시대를 이끈다

2016년, 심층적으로 변화하는 국제정세 하에서 '일대일로'가 각국 경제 세계화의 심화 발전과 메커니즘 개혁을 추진하는 새로운 플랫폼이 되고 있으며, 포용적 세계화의 새 시대를 선도할 것이라는 의견이 점점 늘어나고 있다.

어쩌면 역사의 전환점이 될지도 모른다. 브렉시트, 미국 대선, 그리고 왜곡된 포퓰리즘과 보호주의가 나타난 여러 사건들이 신자유주의의 글로벌 확장이 종착점으로 치닫고 있음을 예고하고 있다. 지난 30여 년간 신자유주의의 글로벌 확장은 심각한 사회적 갈등을 초래했다. 자본은 자유롭게 국경을 넘나들 수 있지만 노동력은 그렇지 못한 내재적 갈등에서 벗어날 수 없었으며 그 결과로 '빈부 격차'가 심화되었다. 자선단체 옥스팜의 연구에 따르면 2016년 세계 인구의 상위 1%가 차지하는 부가 나머지 99%가 소유한 부를 합친 것보다 많은 것으로 나타났다. 그래서 신자유주의의 글로벌 확장 과정에서 자본

---

* 류웨이둥, 원문은 〈인민일보人民日報〉 2016년 12월 27일자 제14-15면에 실려 있음.

은 최대 승자였고, 사회는 엄청난 대가를 치렀다. 현재 국제적으로 경제 세계화에 대한 의문이 커지는 이유이자 2016년 일련의 '블랙 스완' 사태를 이해하는 중요한 포인트이기도 하다.

이런 맥락으로 볼 때, 경제 세계화를 추진하는 과정에서 불평등과 관련한 문제 해결을 얼마나 중시할 것인가 하는 것이 세계 경제의 지속 가능한 발전이 당면한 절박한 명제이자 난제이다. 이에 따라 추진 중인 '일대일로' 건설에 대한 관심이 커지고 있다. 중국이 '일대일로' 건설을 주창하는 것은 단순히 글로벌 경제 거버넌스에 힘을 보태자는 취지였지만, 현재의 국제 정세는 '일대일로' 건설의 의미를 한 단계 높여주고 있다.

경제의 세계화를 더욱 포용적이고 보편적 혜택을 누릴 수 있는 방향으로 이끌어야 한다는 절박함이 커지는 현시점에서 '개방·포용·균형·보편적 혜택의 지역경제의 틀을 만드는 것을 목표로 하는 '일대일로' 건설은 경제 세계화의 지속적 심화 발전에 새로운 철학적 사고를 가져와, 경제 세계화를 포용적 새 시대로 이끌게 될 것이다.

'일대일로' 건설의 포용성에 대한 함의는 여러 가지 측면에서 나타난다. 우선 '일대일로' 건설은 자본의 공간 확장 수요만 충족시키는 것이 아니라, 연선 국가 간 발전전략의 연계와 이익 접점을 찾는 것을 강조하기 때문에, 더 많은 지역이 혜택을 얻을 수 있다. 둘째, 국가 발전전략의 연계를 통해 연선국가들은 중국의 경제발전과 빈곤퇴치에 대한 경험을 배울 수 있고, 나아가 스스로 빈곤 탈출과 현대화를 실현할 수 있을 것이다. 셋째, '일대일로' 건설은 개방적 포용과 상생의 이념을 견지하고 모든 국가와 지역의 평등한 참여를 환영한다. 넷째, '일대일로' 건설은 '함께 논의하고, 함께 건설하며, 함께 공유한다'라는 원칙을 강조하면서 발전을 위한 최대공약수 찾기를 최우선으로 하여 동반성장·공동번영을 부각시키고 있다. 다섯째, '일대일로' 건설은 화이부동和而不同의 관념에 따라 문명의 다양성을 수호하는 토대 위에서 모든 것을 관용하여 받아들이고. 평화 공존·공생 공영을 주장하고 있다. 마지막으로 '일대일로' 건설은 더 많은 저개발 지역을 현대화된 인프라 네트워크로 끌어들여 경제 발전의 기회를 제공할 것이다.

'일대일로' 공동 건설은 포용적 세계화의 중요한 실천이며, 세계화의 건전한 발전을 위한 중요한 시도임을 보여준다. 3년여의 실천에서 이것이 중국의 '독주獨走'가 아니라 경제 세계화 여건 속에서 지역 간 상생발전을 위한 국제협력의 장이라는 사실이 증명되었다. 장기적으로 볼 때 '일대일로' 공동 건설을 통해 경제 세계화를 보완하는 것이 중국 자체 발전 수요에 부합할 뿐만 아니라 경제 세계화의 혜택이 더 많은 국가와 지역에 돌아갈 수 있도록 하는 데도 도움이 될 것이다.

'일대일로' 이니셔티브는 균형적·보편적 혜택의 세계 경제 구조를 만드는 데 일조할 것

세계 정치, 경제 무대에서 '블랙 스완 사건'이 빈발하고 세계화가 좌절되는 지금, 국제협력은 새로운 사고와 혁신적 협력 모델을 도입해 세계 경제의 새로운 성장을 견인하는 것이 시급하다. 세계 경제포럼WEF 2017년 연차총회에서는 '일대일로' 등 중국이 지역경제 협력과 세계 경제 회복 전망을 높여 참석자들의 관심을 모았다.

이와 관련하여 류웨이둥 중국과학원 '일대일로' 전략연구센터 센터장은 신화통신 기자와의 인터뷰에서 "새로운 상황에서 각국이 고정된 사고방식에서 벗어나 낡은 패러다임을 버리는 것이 시급하다."라고 지적했다. '일대일로'는 혁신적 국제협력의 모범사례로서 세계 경제를 균형, 보편적 혜택, 상생의 새로운 단계로 이끄는 데 유리하다.

'포용적 세계화'를 핵심 이념으로 하는 '일대일로' 구상이 발의돼 시행된 지 3년여 만에 기대 이상의 성과를 거뒀다는 것이 류웨이둥의 설명이다. 현재 이 구상은 유엔 결의안에 포함되었으며, 100여 개

---

* 〈신화통신사新华社〉 왕모잉王墨盈, 푸위웨이傅于威, 장샤오张骁 기자. 2017.1.18.

국가와 국제기구의 지지를 받고 있다. 중국은 40여 개 연선 국가·국제기구와 '일대일로' 공동 건설에 관한 협약을 체결했다. '일대일로'가 주창한 협력의 이념과 패러다임이 국제사회의 관심과 공감, 지지받고 있음을 보여준다.

류웨이둥은 2016년 전 세계적으로 '블랙 스완 사건'이 빈발하면서 세계화가 정체되거나 후퇴할 가능성이 높다고 지적했다. 이와 동시에 중국은 30여 년의 발전을 거쳐 이미 전 세계 제2의 경제국가, 제1의 무역국 및 제2의 대외투자국이 되었다. 세계 경제에서 차지하는 위상만큼 국제사회에서의 그 책임도 커졌다.

류웨이둥은 "중국은 '일대일로'의 역할을 심화시켜 포용적 세계화를 이끌어야 한다"며 "연선 국가 간 협력을 통해 세계 경제의 새로운 성장을 유도해야 한다."라고 말했다.

그는 우선 '일대일로'의 틀 속에서 연선 국가들과 전략적으로 연계하고, 이밖에 조건이 성숙한 일부 경제회랑, 이를테면 중국-파키스탄 경제회랑과 중국-동남아시아 경제회랑 등을 우선 개통해야 한다고 조언했다. 아울러 주변국과의 인프라 연계를 심화함으로써 이들 국가의 인프라 여건을 개선하고, 양자 및 다자간 투자와 무역의 편의성을 높여야 한다.

류웨이둥은 '일대일로' 건설이 시장 원리에 따라 기업 위주로 건설되어야 리스크를 줄일 수 있다고 조언했다. 제3자 협력 플랫폼을 도입하고 유럽이나 미국 등의 기업과 협력을 강화해 '일대일로' 건설을 추진해야 한다고 조언했다.

'일대일로' 틀에서 중국-해외 간 생산능력 협력 이슈에 대해 류웨이둥은 산업 이전이 시장경제 법칙에 부합한다고 강조했다. 중국은 산업 이전을 통해 중국-해외 간 생산능력 협력을 촉진하고 '일대일로' 연선 국가의 경제사회 발전에 큰 힘을 보태고 있다는 사실이 실증적으로 증명되었다.

'일대일로' 건설에 박차를 가하는 데는 '5통(정책 소통, 인프라 연결, 무역 확대, 자금 조달, 민심 상통)'이 관건이다. 이에 대해 류웨이둥은 '5통'은 모두 똑같이 중요하지만, '일대일로' 건설에서의 역할은 미세하게 차이가 있다면서 각국이 주도면밀하게 파악해야 한다고 지적했다.

그는 "중국과 연선 국가의 발전 수준, 발전 모델, 정치경제 체제, 종교문화는 천차만별"이며 "효율적인 협력이 이뤄지려면 정책 소통이 전제돼야 한다"고 말했다. 아울러 "무역의 원활한 흐름은 핵심 목표이고, 인프라 연계는 기초이며, 자금 융통은 이 계획을 보장하는 도구이며, 민심이 통하는 것은 근본"이라고 말했다.

'일대일로'는 경제 세계화 변혁을 추진한다

　"'일대일로'는 하나의 '길'(즉 새로운 협력 이념과 사고방식)로, 이 '길'의 키워드는 바로 포용적 세계화이다." 류웨이둥은 지난 2년 동안 줄곧 포용적 세계화라는 화두를 던졌다. 그는 '일대일로'가 제안된 후 3년 동안의 가장 큰 변화는 '일대일로'가 중국의 이니셔티브에서 글로벌 컨센서스로 바뀐 것이라고 했다.

　중국과학원 '일대일로' 전략연구센터 류웨이둥 센터장은 '일대일로' 국제협력 정상 포럼 개최를 앞두고 중국경제시보中国经济时报 기자와 가진 인터뷰에서 "'일대일로'는 기존의 국제경제 거버넌스 모델을 개혁해 포용적인 발전을 위한 시도"라며 "세계를 이원二元적 분할 구조에서 삼원三元적 융합 발전으로 나아가게 하기 위한 노력으로, 앞으로 수십 년간 세계 경제의 판도를 바꿀 수도 있다."라고 말했다.

---

　* 〈중국경제시보中国经济时报〉, 판스리范思立 기자, 2017.5.8.

경제 세계화의 한계성이 '일대일로'를 탄생시켰다

> '일대일로' 건설은 이미 전면 실시 단계에 접어들어 많은 진전을 이루었습니다. 교수님께서는 '일대일로' 제안이 경제 세계화의 한계라는 큰 배경에서 생겨났다고 여러 차례 언급하셨는데, '일대일로' 제안의 중요한 의의와 역할이 무엇이라고 생각하십니까?

'일대일로' 제안은 경제 세계화라는 큰 배경 하에서 나왔습니다. 이 제안의 중요한 의의와 역할을 정확히 이해하고, 경제 세계화의 메커니즘과 그 한계를 잘 인식해야 합니다.

경제 세계화는 제도·경제·기술력이 복합적으로 작용해 나타나는 역사적 현상으로 객관적인 동력과 제도적 요소를 포함하고 있습니다. 객관적 동력을 살펴보면, 자본 축적은 끝없는 공간확장과 공간재편의 내재적 수요를 갖는 한편, 포드주의에서 포스트 포드주의로 생산 방식이 바뀌면서 부품의 아웃소싱이 유행하고 있어 세계 여러 지역이 긴밀한 공급 망으로 연결되어 다양한 글로벌 공급사슬이 형성되고 있습니다. 또 지난 반세기 이상 교통과 통신 기술의 발달로 공간을 넘나드는 경제 활동의 비용이 크게 낮아지는 이른바 '시·공간 단축' 현상도 생겼습니다. 그러나 이 모든 것은 가능성을 만들었을 뿐이며, 결정적인 요인은 선진·개도국을 포함한 세계 다수 국가가 자유무역이 유리하다고 '믿고' 투자와 무역자유화 정책을 채택했다는 점입니다.

지난 30여 년간의 경제 세계화는 유럽과 미국 등 선진국이 당시 맞닥뜨린 '스태그플레이션stagflation' 문제를 해결하기 위해 만든 국제 경제 거버넌스로 그 근간에는 신자유주의 사상이 자리 잡고 있습니다. 이들 선진국은 경제 세계화 과정에서 시장이 모든 문제를 해결할 수 있을 뿐 아니라 세상에는'최고의' 발전 경로가 존재한다는 인식을 갖고 개발도상국에 꾸준히 전파해 왔습니다. 1990년대의 '워싱턴 컨센서스'가 바로 소련과 동유럽 국가들을 다년간의 경기 침체로 몰아넣은 신자유주의 정책의 산물입니다. 여기에 서구 주류경제학과 발전 경제학이 힘을 보태는 역할을 했습니다. 많은 주류 경제학자들이 수학적 모델로 자유무역이 각국을 균형 있게 발전시킬 수 있다고 논증하고 있지만 현실은 크게 다릅니다. 사실 영국은 19세기 중엽 자국의 〈곡물법〉을 폐기한 뒤 서유럽 국가들에 완전한 자유무역을 종용했고, 불과 20여 년 만에 다른 나라들이 손해를 느끼며 잇달아 보호주의 조치를 취했습니다. 또 자유무역에 대한 주류 경제학의 이론은 평균 개체 인식론에 기초해 사회 기층을 '평균'으로 바라보기 쉽습니다. 이것이 선진국은 세계화에서 큰 이익을 얻었지만, 그 기층 민중들은 손해를 보게 된 중요한 원인입니다.

따라서 신자유주의 경제 세계화는 자본의 공간적 확장에 대한 수요를 충족시켜 주는 메커니즘입니다. 이 메커니즘 하에서 자본과 대기업은 큰 이익을 거뒀으나, 사회, 특히 기층에 있는 사람들은 큰 대가를 치르면서 심각한 사회문제를 야기했습니다. 또 자본은 국경 없이 자유롭게 이동할 수 있으나 노동력은 자유롭게 이동하기 어려운 내재적 모순으로 신자유주의 세계화는 '빈부 격차'를 초래하는 과정이라고 할 수 있습니다. 이 메커니즘이 세계 경제 거버넌스를 지배하도록 내버려 두면, 전 세계 사회의 모순은 갈수록 심화될 것이며, 세계의 지속 가능한 발전 목표는 실현되기 어려울 것입니다. 사실 브렉시트와 같은 여러 '블랙 스완 사건'은 경제 세계화의 메커니즘을 개혁해야 할 거대한 필요가 있음을 보여줍니다. 포용적 세계화는 '일대일로' 건설의 핵심 이념입니다.

> 경제 세계화가 후퇴하는 모습을 보이고 있는 상황에서 어떻게 경제 세계화를 효과적으로 개혁할 수 있을까요?

경제 세계화는 '양면성'이 있습니다. 글로벌 경제 성장을 가능하게 했을 뿐만 아니라 심각한 사회 문제도 야기했습니다. 현대적 생산 방식, 글로벌 생산 네트워크, 통신 기술은 이미 세계의 많은 나라들을 밀접하게 연결시키고 있습니다. '네 속에 내가 있고, 내 속에 네가 있는' 형태이며, 세계는 더 이상 완전한 고립주의와 폐쇄의 시대로 되돌아갈 수 없습니다. 따라서 이 역사적 시점에서 세계가 필요로 하는 것은 경제 세계화의 개혁이지 고립주의와 폐쇄의 시대로 되돌아가는 것이 아닙니다.

개혁을 위한 목소리가 울려 퍼지는 요즘, 특히 새로운 사고방식과 새로운 패러다임이 필요하다는 것을 쉽게 알 수 있습니다. 세계 2위의 경제 대국이자 성공적 성장 경험을 가진 나라로서, 중국은 경제 세계화 개혁을 위한 중국의 방안을 제시해야 합니다. 세계화의 부정적인 문제를 해결하기 위해 새로운 국제경제 거버넌스 모델은 사회 기층의 이익을 고려해 현대화된 인프라를 더 많은 지역으로 확장하고, 경제 성장의 혜택이 더욱 많은 국민들에게 돌아갈 수 있도록 해야 합니다.

지난 30여 년간의 경험은 시장 메커니즘만으로는 이 같은 목표를 달성하기 어렵다는 것을 증명했습니다. 따라서 경제 세계화에 도움이 되는 측면은 계승하되 개혁도 병행해야 합니다.

근본적으로는 신자유주의적 사고를 버리고 '포용적 세계화'의 기치를 세워야 합니다. 이것이 바로 시진핑 주석의 '일대일로' 공동 건설 구상의 핵심 내용입니다. '일대일로'는 포용적 세계화를 이끄는 기치가 될 것입니다.

| '일대일로' 제안이 세계 경제 성장의 성장 동력이 되고, 경제 세계화 개혁 발전을 촉진하는 기치가 될 것이라고 생각되는데, '일대일로'가 어떻게 포용적 세계화를 이끌 것이라고 생각하십니까?

'일대일로' 건설은 포용적 세계화의 제안으로 적어도 아래 몇 가지 측면에서 이해할 수 있습니다.

첫째, 시장메커니즘에 의해 모든 문제를 해결할 것이 아니라 정부의 역할, 특히 사회 형평성을 유지하고 빈곤을 줄이는 데 중요한 역할을 해야 합니다. 둘째, 발전 경로의 다양성(신자유주의 세계화는 단지 선진국이 이미 걸어온 하나의 경로)을 추구하며, 각국은 자신의 특성에 맞게 적절한 발전 경로를 모색해야 합니다. 셋째, 국가 간 발전전략의 연계를 강조하며 이익의 접점을 찾는 것은 자본의 무조건적인 공간 확장 필요를 충족시키는 것이 아니라 더 많은 지역에 이익 줄 수 있습니다. 넷째, '개방 포용'과 '평등 호혜'의 이념을 견지하고, '함께 논의하고, 함께 건설하며, 함께 공유한다'라는 원칙을 부각시키고, 발전의 최대 공약수를 찾는 것을 최우선으로 하여 공동 발전과 공동 번영을 도모합니다. 다섯째, '화이부동和而不同'의 관념에 따라 문화적 다원성을 바탕으로 발전을 도모하고 번영을 추구하며 평화를 공유합니다. 그래서 '일대일로' 공동 건설 제안은 경제 세계화를 심화시키는 새로운 사고를 제공하는 포용적 세계화입니다. 포용적 세계화는 경제 세계화의 2.0 버전으로 볼 수 있으며, 세계 평화와 발전에 중국의 방안을 내놓은 것입니다. 어쩌면 이것이 케인스주의와 신자유주의 이후의 새로운 거버넌스 모델이 될지도 모릅니다.

'일대일로'에 대한 오해에서 벗어나자

> '일대일로'가 제기된 지 3년여 만에 뚜렷한 성과를 거두었지만 '일대일로' 제안에 대해서는 여전히 서로 다른 이해가 존재하고, 심지어 일부 편파적인 이해도 적지 않습니다. 교수님께서는 '일대일로' 제안에 대한 오해를 벗어나야 한다고 일찍이 말씀하셨는데, 이것은 현재에도 '일대일로' 건설을 추진하는 데 현실적인 의의가 있는 것 같습니다.

작년 초에 '일대일로'에 대한 사회적 인식에 오해가 있다고 문제를 제기했는데 지금도 이런 오해가 남아있습니다.

'일대일로'는 국제 무역로가 아닙니다. '일대일로'는 실크로드라는 개념을 사용하였는데, 이 때문에 일부 학자와 지방 관료들이 '일대일로' 건설을 역사 시기의 국제 무역로를 재건하려는 것으로 착각하고 있습니다. 그 대표적인 현상으로 고대 실크로드에 존재했던 자신의 위치를 '일대일로'에서 확립하기 위해 시작점, 경유지, 결절지역 등을 발굴하는 데 열중하고 있는 것이 있습니다. 이러한 인식의 현실적 의의, 특히 '과거를 살펴 현실을 이롭게 하는' 역할을 전적으로 부정할 수는 없지만 '일대일로'가 '실크로드'라는 개념을 사용한 것에 대한 오해임이 분명합니다.

'일대일로'는 지정학적 전략이 아닙니다. '일대일로'의 등장은 중국 발전단계 변화의 내재적 원인도 있지만 지난 30년간 국제 경제 구도 변화의 필연적인 결과이기도 합니다. 그중에서도 중국이 세계 2위 경제국, 1위 제조업 국가, 그리고 중요한 자본 수출국이 된 것이 '일대일로' 건설의 중요한 기초가 되었습니다. 이런 배경에서 일부 학자들은 '일대일로'를 중국의 지정학적 전략으로 해석하는 경향이 있습니다. 이런 해석은 '일대일로'의 근본이념과는 거리가 멉니다.

'일대일로'는 선형의 경제체가 아닙니다. '일대일로'라는 명사를 보는 사람마다 '띠帶'가 어디에 있고, 또 '길路'이 어디에 있는지 상상하거나 의문을 가질 것입니다. 비록 명사에 '선형 경제체'의 직접적인 의미가 담겨 있지만, '일대일로'라는 추상적이고 은유적인 개념의 핵심 내용은 '실크로드'의 문화적 함의를 활용한 국제 지역 경제 협력의 장을 만드는 것이지, 단순히 몇 개의 길을 건설하는 것만이 아닙니다. 선형 경제체는 이 플랫폼의 중요한 구성요소 또는 상징적 표현일 뿐입니다. 결론적으로 '일대일로' 공동 건설을 통해 경제 세계화의 메커니즘을 보완하는 것이 중국의 '해외 진출' 수요에 부합할 뿐만 아니라, 세계화를 더 많은 나라와 지역의 수요에 부응하게 하는 것이며, '일대일로'는 포용적 경제 세계화의 새로운 시대를 열 것입니다.

포용적 세계화로 이끌어 나가는 '일대일로' 건설

중국은 '일대일로' 제안이 국제 경제 거버넌스 개혁과 경제 세계화를 발전시키는 데 도움이 될 수 있음을 3년여 동안 행동으로 세계에 보여주었다.

중국과학원 지리·자원연구소 소장조리 겸 '일대일로' 전략 연구센터 센터장인 류웨이둥은 CCTV와의 인터뷰에서 이런 배경에서 열린 '일대일로' 국제협력 정상 포럼은 '일대일로' 건설 추진뿐만 아니라 세계 각국이 함께 글로벌 금융위기의 영향에서 벗어나 글로벌 경제 거버넌스 개혁을 추진하는 데 중요한 의의가 있다고 말했다.

세계 경제를 침체에서 벗어나게 하기 위한 '새로운 처방'을 찾다

3년여 동안, '일대일로' 건설은 이미 전면적인 실시 단계에 접어들어 많은 중요한 진전을 이루었으며, 국제사회에서 갈수록 광범위한

---

* CCTV 기자 왕샤오잉王小英, 2017.5.11.

영향을 미치고 있다.

류웨이둥은'일대일로' 공동 건설이 제안된 이래 갈수록 많은 국가와 국제기구의 인정을 받고 있으며, 중국의 이니셔티브에서 글로벌 컨센서스로 발전하면서, 연선 국가뿐만 아니라 관망하거나 외면하던 선진국들도 '일대일로' 공동 건설을 재검토하기 시작했다고 말했다.

'일대일로'는 개방적이고 포용적인 제안으로 모든 관심 있는 국가들이 적절한 방식으로 참여하는 것을 환영한다. 참여하는 국가가 많아짐에 따라 다양한 참여 방식을 받아들이고 적합한 메커니즘을 발전시키는 것은 회피할 수 없는 문제이다.

이런 맥락에서 곧 열릴 포럼도 참가국들이 '일대일로' 이니셔티브가 제시한 새로운 협력 이념과 협력 모델을 활용해 국제 경제협력을 심화하고, 세계 경제를 침체에서 벗어나게 하기 위한 새로운 길과 '새로운 처방'을 도출하는 데 많은 공감대를 형성할 것으로 기대된다고 류웨이둥은 밝혔다.

또 하나의 예상 성과로는 관련 국가들이 '일대일로' 제안의 큰 틀에서 제도화된 대화의 장이 마련되어 세계 경제 거버넌스의 새로운 플랫폼이 되는 것이다. 예를 들어 이런 정상회의가 정기적으로 열리고, '일대일로' 건설 이사회 같은 국제기구가 신설된다면 더 좋을 것이다.

시 주석이 참석하고 주재할 '일대일로' 국제협력 정상 포럼 행사 관련 언론 브리핑에서 왕이王毅 외교부장은 "포럼은 이론적 체계의 보완과 협력 방향을 명확히 하고, 다음 단계인 양자 및 다자간 중점 협력 분야를 정립하며, 향후 5년간 내지 그 이상의 협력 계획을 세워, 행동 방안을 구체화하는 등 네 가지 측면의 성과를 낼 것이다."라고 말했다.

포용적 세계화로 이끌어 나가는 '일대일로' 건설

지금 세계적으로 개혁을 도모하려는 목소리가 높아지고 있다. 개혁에는 새로운 아이디어와 새로운 패러다임이 필요하다. 중국은 세계 2위의 경제 대국이자 성공적인 발전 경험을 가진 국가로서, 경제 세계화의 개혁 발전을 위한 중국의 방안을 제공해야 한다. 류웨이둥은 이를 위해 '일대일로'를 함께 건설하고, '실크로드 정신'으로 연선 국가들의 협력을 추진하여 상호 이익을 거두어야 한다고 말했다.

'일대일로' 제안의 핵심적 함의와 핵심 키워드는 포용적 세계화이다. 류웨이둥은 '일대일로' 건설이 포용적 세계화를 이끄는 기치가 될 것이라고 말했다.

그는 '일대일로'가 발전 경로 선택의 다양성을 추구하고, 각 국가들이 자신의 특성에 맞는 적합한 발전 경로를 모색해야 하며 동시에 국가 간 발전 전략의 연계와 이익의 접점을 찾아야 한다고 설명했다.

'일대일로'는 '개방 포용'과 '평등 호혜'의 이념을 견지하고 '함께 논의하고, 함께 건설하며, 함께 공유한다'라는 원칙을 강조하며, 발전의 최대공약수를 찾아 공동 발전, 공동 번영을 도모하는 한편, 화이부동和而不同의 관념에 따라 문화적 다원성을 바탕으로 발전을 도모하고 번영을 추구하며 평화를 공유한다. "이 때문에 '일대일로' 공동 건설 제안은 경제 세계화를 심화시키는 새로운 사고를 제공한 것이며 이것이 바로 포용적 세계화이다."라고 류웨이둥은 말했다. 그는 또 '일대일로' 제안이 포용적 세계화를 이끌 것이고, 포용적 세계화는 세계 평화와 발전에 중국의 방안을 제공한 것이라고 말했다.

'일대일로'의 길을 따라서

작년 8월 17일 중앙정부에서 개최한 '일대일로' 건설 사업 간담회에서 선생님께서는 유일한 학계 대표로 국가발전개혁위원회 주임, 외교부장, 몇 개 성의 당 서기들과 한자리에서 발언한 것으로 알고 있습니다. 이 회의가 언론에 보도된 이후 각 언론매체에서 선생님의 인기가 아주 높아졌습니다.

저의 인기가 높아진 것이 아니라, '일대일로'가 인기가 많기 때문입니다. 제가 학계를 대표하는 사람으로서 회의에 참여하고 역할을 할 수 있었던 것은 아주 '큰 영광'이었습니다. 그 회의에서 제가 시진핑 주석의 대각선 맞은편에 앉았는데, 그렇게 중요한 자리에 앉을 줄은 몰랐습니다. 회의가 끝난 후 시진핑 주석이 다시 제 손을 잡고 연구를 강화하라고 당부한 것은 학계에 대한 중앙정부의 중시와 우리 어깨에 있는 짐이 무겁다는 것을 실감케 했습니다.

* 〈중국통일전선中國統一戰線〉, 장싱페이張醒非 기자, 2017년 6호.

┃ 일전에 베이징에서 열린 '일대일로' 국제협력 정상 포럼에 참석하셨지요?
┃ 소감과 경험을 말씀해 주실 수 있으신지요?

저는 이번 행사의 개막식, 고위급 전체 회의, 정책소통 포럼, 환영
만찬, 공연 등에 참석했습니다. 이번 정상 포럼은 지난 4년간의 '일대
일로' 건설의 이정표라고 생각합니다. '일대일로' 제안은 세계적으로
널리 인정받아 국제적인 공감대가 형성되고 있습니다. '일대일로' 건
설은 강한 포용성을 지니고 있으며, 더 많은 지역이 세계화의 혜택을
공유할 수 있도록 할 것이라고 많은 국가 정상들이 연설에서 말했습
니다. 예를 들어 파키스탄의 셰리프Mian Muhammad Nawaz Sharif 총리
는 '일대일로' 이니셔티브가 강한 문화적 다양성과 포용성이 있으며
세계화의 주변부에 있는 사람들에게 발전의 기회를 제공했다고 말했
으며, 도미니크 드 빌팽Dominique de Villepin 프랑스 전 총리는 '일대
일로' 건설은 고금을 통틀어 미래로 향하는 다리이며, 인류의 발전
과정에서 '한 사람도 뒤떨어지지 않게 한다'는 것이 목적이라고 하였
습니다. 칠레의 미첼 바첼레트Michelle Bachelet 대통령, 터키 레제프
에르도안Recep Tayyip Erdogan 대통령, 체코 밀로시 제만Milos Zeman
대통령, 에티오피아 물라투 테쇼메Mulatu Teshome 대통령 등도 이와
같은 기대감을 나타냈습니다. 유엔 사무총장 안토니우 구테흐스
António Guterres는 정상회담을 앞두고 CCTV와의 인터뷰에서 "'일대
일로'는 세계를 하나로 통합하는 매우 중요한 이니셔티브로서, 세계
화를 더욱 공정한 방향으로 발전시킬 수 있을 것이다."라고 말했습니
다. '포용적 세계화 추진'은 이번 정상회의에서 도출된 중요한 공감
대였습니다. 포럼이 끝나는 시점을 기준으로 중국은 이미 60개 국가
및 국제기구와 '일대일로' 건설을 위한 협력 각서에 서명했습니다.

포럼의 성공적인 개최는 '일대일로' 제안이 세계 대다수 국가와 국민들의 기대에 부합하고, 또한 중국이 글로벌 경제 거버넌스 및 21세기 세계 평화와 발전에 중대한 기여를 하고 있음을 보여줍니다.

'포용적 세계화'라는 말을 저는 교수님의 논문과 인터뷰에서 여러 번 보았습니다. 올해 초 교수님 주도로 출판한 《'일대일로' 전략 연구》를 〈인민일보〉, 〈중국 청년보〉, 〈중국사회과학보〉에서 크게 보도했는데, 이 인터뷰에서도 이 연구의 핵심 관점은 '포용적 세계화'라고 말씀하셨습니다.

그렇습니다. '포용적 세계화'는 시 주석이 제시한 '실크로드 정신'으로 연선 국가와의 협력을 추진한다는 것은 실크로드 정신+세계화로써 더 많은 나라, 더 많은 지역과 사람들에게 혜택이 돌아가도록 하는 새로운 아이디어라고 생각합니다. 중국이 '일대일로' 구상을 제안한 후 외국 학자들은 '어느 띠帶, 어느 길路'인지 알고 싶어 합니다. 이는 큰 오해가 있는 것을 말해줍니다. 사실 지금 우리가 실크로드라는 개념을 사용하는 것은 주로 고정된 노선을 가진 공간 현상이 아니라 그 문화적 의미를 사용하는 것입니다. 그것은 역사 현상+은유이며, 이 은유는 우리가 말하는 '실크로드 정신'입니다. 실크로드는 연선 각국을 따라 공유되는 하나의 문화유산으로 유라시아 대륙 여러 나라들의 공통된 이야기입니다. 따라서 '일대일로' 구상은 우선 개방적이고 포용적인 국제 협력의 플랫폼을 뜻하고, 그다음 중점 경제회랑과 중점협력 산업단지 등이 포함됩니다.

▎ '실크로드 정신'은 이번 정상 포럼에서 처음으로 제기된 것인가요?

이에 앞서 시진핑 주석이 외국을 방문할 때 중요한 연설에서 '실크로드 정신'을 여러 차례 언급했습니다. 이번 정상회의 개막연설에서 시 주석이 '실크로드 정신'에 대해 포괄적이고 심오한 설명을 했습니다. 시 주석은 포럼 개막연설에서 "역사는 최고의 스승이다.…… 아무리 멀리 떨어져 있어도 우리가 과감하게 첫걸음을 내딛고 서로 향해 나아간다면 서로 만나 함께 발전하는 길을 걸을 수 있을 것이다."라고 말했습니다. 또 원탁회의 개회사에서 "우리는 고대 실크로드에서 지혜와 힘을 얻을 수 있으며, 평화 협력, 개방 포용, 상호 학습, 호혜 상생의 실크로드 정신에 따라 협력을 추진하고, 더욱 밝은 비전을 함께 개척해 나갈 수 있다."라고 강조했습니다. 이로써 더 많은 외국 정상들이 '일대일로' 구상의 근본적인 의미를 명확하게 이해하게 하고, 이 구상이 세계가 직면한 과제를 해결하는 데 있어 중요한 역할과 의의가 있다는 것을 이해할 수 있도록 했습니다.

▎ '일대일로'에 대한 일부 이념과 표현, 예를 들면 '포용성', '만남과 이해'라든가 그리고 "'일대일로' 건설은 중국의 '독주곡'이 아니라 각국이 함께 연주하는 '교향악'이다."라는 표현들이 우리 저널의 독자들에게 친숙하게 느껴지며 또한 저널의 이념과 비슷합니다.

확실히 비슷한 점이 많이 있습니다. 정상 포럼에서 시 주석은 '일대일로' 건설이 '집단정치'나 '대항적 동맹'이 아닌 호혜적인 '상생의 이익 공동체'를 만들고 함께 발전하는 '운명 공동체'라는 점을 강조했습니다. 포럼을 앞두고 왕이 외교부장은 '일대일로' 구상은 광범위하게 참여기회가 열려 있다면서 실크로드 정신에 공감하면 각자 적합하다고 생각하는 방식으로 '일대일로' 공동 건설에 참여할 수 있다고 밝힌 바가 있습니다. 개인적으로 이 저널의 이념과 비슷하다고 생각합니다. '일대일로' 건설은 공동 발전과 공동 번영 그리고 평화 공유를 추구하는 길입니다.

> 저는 선생님과 여러 행사를 함께 참여한 적이 있는데, 또 다른 수행 기자들과도 선생님의 인상에 대해 대화를 나눈 적이 있습니다. 표정이 항상 진지하고 냉정하며, 질문이 날카롭고 솔직하며, 듣기 좋은 말만 하지 않는 편이십니다. 냉철한 분이라는 생각을 많이 했습니다……

하하! 제가 그렇게 '냉정'한가요? 일을 할 때는 항상 최선을 다해 대책을 세워 문제를 해결해야 합니다. 문제를 회피하지 않고 제기된 문제를 함께 머리를 맞대고 잘 풀기 위한 것입니다. 학자로서 독립적인 사고를 유지하고 부화뇌동하지 않는 것이야말로 국가에 기여하는 것입니다. 국가적 행사에 여러 번 참여하면서 개인적으로도 많은 것을 얻었는데, 하나는 현장 조사를 하면서 많은 공부를 했다는 점, 또 하나는 개인적으로 공무에 참여하는 것에 대한 가치와 자부심을 느꼈습니다. 물론 정치참여나 의정 수준의 제고 및 소통방식도 더 성숙하게 만들어 많은 사람들이 쉽게 받아들일 수 있게 하겠습니다. 특히 린이푸林毅夫 선생님은 저의 본보기입니다. 최근 그가 귀국하여 10년 동안 교편을 잡았던 추억에 대해 쓴 글을 읽고 매우 감명을 받았습니다. 서구에서 공부하고 서구에 대해 많이 알면서도 서구를 답습하지 않는 이런 지식인들이 있기 때문에 우리만의 '중국의 길'을 모색해 낸 것입니다.

> 많은 부서와 상공분야 조직이 '일대일로' 건설에 적극적으로 참여하고 일련의 행사를 개최했는데, 선생님께서 우리에게 지도와 건의를 해 주실 수 있습니까?

'일대일로' 건설에 있어 첫째, '일대일로'에 대한 '정확한 해석'을 하여 오독과 잘못된 정보의 전파를 피해야 합니다. '일대일로' 건설을 위해 많은 관심을 갖고 참여하는 것은 물론 좋은 일이지만, '일대일로' 공동 건설을 위한 좋은 '생태계'를 만드는 것이 더 중요합니다. '일대일로'를 '바구니'로 삼아 무엇이든 그 속에 담아서는 안 됩니다. 광범위한 구성원들을 '일대일로' 건설에 참여하도록 홍보하는 데 중요한 것은 언론 홍보 용어를 규범화하고 당 중앙의 지시와 대외 홍보 용어를 일치시켜야 합니다. 한편으로는 '일대일로' 건설이 가져온 혜택을 중국과 연선 국가 국민들에게 적극적으로 알리고, '중국 경제'라는 성장의 열차에 탑승한 장점을 알려주어야 합니다. 다른 한편, '일대일로'는 중국 정부의 프로젝트가 아니라 중국이 세계를 위해 제공한 글로벌 플랫폼으로서 여러 나라의 공동 노력으로 실현될 수 있다는 것을 알려주어야 합니다. 둘째, 기업이 '일대일로' 건설에 참여하는 것에 대해 '해외 진출' 뿐만 아니라 '해외 진출'과 '외자 유치'가 밀접하게 결합되어야 한다는 점을 알려주어야 합니다. 어떤 기업이 '해외 진출'에 적합한지, 어떻게 진출하는지가 관건인데, 성급하게 서둘러서는 안 됩니다. '해외 진출'을 맹목적인 목적으로 삼지 말고 국내에서 산업 고도화와 일자리를 창출하는 것을 더 큰 목적으로 삼아야 합니다. 수요가 있고 능력이 있는 기업이 밖으로 나갈 수 있도록 도와주고, 주변 국가에 대해 고찰하여 그들에게 가치 있는 정보 서비스를 제공할 것을 건의합니다.

| 저자 소개 |

류위둥劉衛東은 현재 중국과학원 국제협력국 국장, 중국과학원 지리·자원연구소 연구원, 중국과학원대학 교수이다. 2011년 '국가걸출청년과학기금'(학술 업적이 탁월한 젊은 학자들을 지원하는 중국 최고의 연구 지원 프로그램)을 획득하였다. 중국과학원 지리·자원연구소 부소장副所長, '일대일로' 전략 연구 센터장을 역임하였다. 중국지리학회 '일대일로' 연구분회 회장, 국제지역연구협회(RSA) 중국 분회 이사장(2014~2020), 중국경제사회이사회 이사, 국제지역연구협회(RSA) 이사, 세계경제지리학대회 상임위원회 위원 등을 겸직하고 있다. *Area Development and Policy* 창간 편집위원장, *Journal of Geographical Sciences* 부편집위원장, *Progress in Human Geography*, *Eurasian Geography and Economics*, *Chinese Geographical Science* 등 학술지의 편집위원이다. *Wiley-AAG International Encyclopedia of Geography*의 총 편집장 중 한 사람으로, '경제지리와 지역발전' 총 7권을 담당하였다. 현재 주로 경제 세계화, 지역발전, '일대일로', 탄소배출에 관한 연구를 진행하고 있다.

2013년 9월부터 '일대일로'와 관련된 연구 과제 30여 개를 수행했으며, '일대일로' 연구의 선구자 중 한 명으로, 가장 많은 학술 논문을 발표하고, 가장 많이 인용된 학자이다. '일대일로' 연구와 그 계획에 있어 풍부한 경험을 가지고 있다. 류위둥 교수가 제시한 학술적 관점은 '일대일로'가 포용적 세계화라는 것이며, 이는 국내외 학계에서 널리 인정받았다. 중국 중앙 텔레비전(CCTV), 신화사, 인민일보, 광명일보 등 중국 유수 언론 매체와의 인터뷰에도 다수 참여한 바 있다.

| 옮긴이 소개 |

류우劉宇 교수는 현재 중국의 중산대학교 번역대학 한국어학과 교수이며 중산대학교 한국어학과 학과장, 동아시아연구센터 책임교수, 한국아시아학회 국제이사 등을 맡고 있다. 연변대학교에서 문학석사, 한국 계명대학교 대학원에서 경영학 석박사 학위를 받았다. 중국 광동성 통번역협회 부주임 위원, 중국 지역 및 국별 연구인재 양성연맹 이사 등을 역임했다. 그리고 한국어교육 연구, 중한 통상관계와 관련 다수의 논문과 저서가 있다.

강보유姜寶有 교수는 현재 중국의 복단대학교 외문대학 한국어학부 교수이며 교육부 대학교외국어교육지도위원회 위원 및 비통용어종분과위원회 부주임위원을 맡고 있다. 연변대학교에서 문학학사, 문학석사, 문학박사 학위를 받았다. 중국 조선어학회 부이사장, 중국한국(조선)어교육연구학회 비서장, 부회장, 회장 등을 역임했다. 한국어 연구와 한국어교육 연구 관련 논문과 저서가 있다.

이중희李重熙 교수는 현재 한국의 부경대 중국학과 교수이며 한국아시아학회 편집위원장을 맡고 있다. 연세대 경영학 학사학위와 미국 브라운대 사회학 석박사학위를 받았다. 베이징대, 중국인민대 및 중산대 방문학자와 한국아시아학회 회장, 국제지역연구학회 회장, 부경대 국제교류본부장, 부경대 글로벌차이나연구소장 등을 역임했다. 그리고 중국 관련 다수의 논문과 저서가 있다.

포용적 세계화로 이끌어 나가는
'일대일로' 건설
"一帶一路" : 引領包容性全球化

초판 인쇄 2023년 12월 5일
초판 발행 2023년 12월 15일

지 은 이 | 류위동劉衛東
옮 긴 이 | 류우劉宇 · 강보유姜寶有 · 이중희李重熙
펴 낸 이 | 하운근
펴 낸 곳 | 學古房

주   소 | 경기도 고양시 덕양구 통일로 140 삼송테크노밸리 A동 B224
전   화 | (02)353-9908 편집부(02)356-9903
팩   스 | (02)6959-8234
홈페이지 | http://hakgobang.co.kr/
전자우편 | hakgobang@naver.com, hakgobang@chol.com
등록번호 | 제311-1994-000001호

ISBN 979-11-6995-394-8 93300

값 : 24,000원